未来を切り開く学力
シリーズ

図でわかる中学理科

2分野［生物・地学］

改訂新版
中1〜中3

Z会進学教室 理科講師
湯村 幸次郎
（ゆむら こうじろう）

文藝春秋

とうとうこのシリーズの"理科版"が出版されました。

　著者はＺ会進学教室で理科の授業を担当しておられる湯村幸次郎先生です。

　この本の特色のひとつは「転写法」を使っていることです。

　まずその単元にひととおり目を通して，理解をします。そのうえで，「転写」と書いてある図をノートに写すのです。その図は，その単元をまとめたもので，いわばその単元の全体像です。この写すという過程で，理解が深まります。

　「転写法」にはその先があります。今度はテキストを閉じて，その図を再現できるようにしてみるのです。この作業を通して概念が定着したかどうかが確認できるのです。書き出そうとするその過程で自分自身の理解したものの中のあいまいなところが必ず明確になります。

　さらにこの過程で，その章の要（かなめ）となる部分が構造的に理解できることになり，どんな問題でも対応できるようになってきます。

　この「転写法」は私も32年間の教師生活の中で工夫し実践してきた方法です。この方法で学習させたところは記憶の定着率が非常に高く，１年たっても記憶は薄れませんでした。

　湯村先生のこのテキストのすぐれている点は，まず非常にわかりやすく解説がなされており，その全体像をひとつの図におとしこむその仕方に独創性があるのです。理解が定着しているかどうかは，例題や練習問題などで確認できるようになっていますが，それらの問題には入試問題が時に選ばれているにもかかわらず，「転写」の作業を終えたうえで取り組むと，やさしく感じるのです。

　定期テスト対策にも使え，公立，私立の入試対策にも使える本です。

大阪府教育委員・小河学習館館長
小河　勝（おごう　まさる）

| 未来を切り開く学力シリーズ　図でわかる中学理科　2分野（生物・地学） |

刊行によせて

Z会進学教室 理科講師　湯村幸次郎（ゆむらこうじろう）

◆ 読んで理解し，解いて理解を深めます

　　この問題集には，中学理科の基本がぎっしり詰まっています。
　　私は中学理科に10年以上かかわるなかで，たくさんの生徒から，さまざまな質問や素朴な疑問を受けてきました。そこではいつも基本が抜けているな……ということを感じていました。そこで，多くの中学生が抱く疑問をきちんと解消し，しっかりとした中学理科の枠組みをつくり，高校入試に必要な解く力をつける。読んで理解し，解いて理解を深める問題集をつくるにいたりました。

◆ 定期テスト対策から入試対策まで

　　従来の定期テスト対策の本は，基本事項が充実していても，空欄補充ややさしい問題が多く，入試対策には向いていません。また，入試対策の本は，問題をたくさん解いて問題の形式に慣れていくものが多く，基本はないがしろになる傾向があります。受験参考書はすべてを網羅するため，膨大なページと論文的な記述で全体像がつかみにくい傾向にあります。
　　本書は定期テスト対策本と入試対策本の長所をしっかり吸収しました。日々の学習を当たり前に，しっかり基本を積み上げることで，入試対策までしてしまうものです。本書の学習を通して入試対策は特別なものではないことが実感できるでしょう。

◆ 本の構成

　　この本の構成は「単元解説→例題演習→例題解説」が基本です。単元解説を読み，例題を解き進め，例題解説をじっくり読むことで，どんどん理解が深まります。時間をかけてもあまり実りが多くない空欄補充や，ただひたすら問題を解くだけの問題集ではないのです。多くの中学生が抱く疑問をしっかり解消することを目的として構成されています。なるほどそうだったのかと実感しながら，解く力を養成します。

◆ どうやって使うのか

　　この問題集には応用が利く基本問題が厳選されています。例題はまず自力で解くことが大切です。単元解説を読み，例題を目で追うだけの勉強では力がつきません。わかった気分になるかもしれませんが，解く力とは違うものです。ですから必ず手を動かして自分の解答を書く学習をしましょう。まず自力で解こうとする努力が何より大切です。
　　基本問題はやさしい，と勘違いしている人は少なくありません。応用・発展が利くから基本なのであって，必ずしも基本問題がやさしいとは限らないのです。ですから，例題を自力で解こうとしてもよくわからないときもあるはずです。その場合は例題の解説をよく読んで，もう一度解き直しましょう。

◆ 仕上げに「転写図」

　　単元解説と例題演習を終えたら各章の冒頭にある転写図をノートに写します。転写図は各単

元の重要事項をギュッと1つの図に凝縮したものです。単元解説を読み，例題演習を解き終えた段階までくると，転写図の意味がしっかりと理解できるはずです。単元解説で読んだ事柄，例題演習で解いて確認した事柄など，頭の中に散らかった状態のものを，転写図を写すことを通して1つにすっきり整理することができるのです。

◆「練習問題」で腕試し

練習問題は，転写図を振り返ってから解くとよいでしょう。この単元でどんなことを学んだのか，一度振り返ってから練習問題に取り組むと，より効果的です。また，練習問題の解説には，直接問われてはいないその問題の周辺の知識事項も盛り込んであります。正解した場合でも目を通すとよいでしょう。

◆ わかりにくい項目はじっくり「重点学習」

多くの中学生がつまずきやすい項目を重点学習で独立させました。ここはじっくり取り組んでください。つまずきは説明不足に起因して，本当の意味まで理解が届いていないことによって起きます。重点学習では，考え方に重きをおいています。腰をすえて，じっくり取り組んでください。

◆ 時機をみて復習する

練習問題や重点学習は，時機をみて復習するとよいでしょう。転写図の威力はこのときさらに発揮されるでしょう。転写図を通して記憶の引き出しを開け，再び解き直してみることで，転写図がどのように手を動かし進めていくのかの道しるべとなることがわかるでしょう。そして，わかったという実感が，もっと先へ前進させる原動力となるものです。

ここまでくると，公立高校の一般入試問題は怖くありません。容易に解くことができるようになっています。

◆ 天体も転写法を使って体感的に理解する

2分野生物は植物，神経系，消化吸収……と暗記事項が多いのが特徴です。地学は苦手意識をもつ人が多い地震・地層・天体といった単元がいくつもあります。生物は図表をふんだんに使って理解の手助けとなる工夫をしてあります。また，地学分野は体感的にわかるような工夫をしてあります。特に天体はなかなか理解が届きにくい単元ですが，図表を利用して体感的に理解することで，手にとるような理解が体を通して得られるようなつくりになっています。そして，両分野ともに，「転写法」によって，全体を理解することができ，どんな問題にも対応できる力がつくようになっています。

◆ さいごに

中学理科は横糸にあたります。たとえば，天体の運行などは，そのことをエッセイに書いた英文が入試の長文問題で問われることがあります。このとき，そのしくみがわかって英文を読むのと，よくわからずに英文を読むのでは，大きな違いがあります。理科は他教科という縦糸の間をスルスルとぬって編みあげていくのです。逆に言えば，国語，数学という基礎教科の土台があって，初めて横糸である理科も，よく理解ができるということになります。本書の説明を読んでもよくわからない，という人は，先生に質問をする一方で，「未来を切り開く学力シリーズ」の国語，数学の基礎篇にも同時に取り組むとよいと思います。すべての教科は相互に連関し，補完しあっているのです。

この本の使い方

この問題集の特長
① 中学理科を全部で 80 の図にまとめた。
② わかりやすく簡潔な説明。
③ 転写法によって，学習する単元を構造的に理解し，記憶を定着させる。
④ 定期テスト対策にも，入試対策にも使える。
⑤ つまずきやすい分野は重点学習のコーナーで習熟できる。

▼ 各単元の学習の流れ

ステップ1：単元解説をよく読む
新しく登場した用語の意味や考え方を「解説」を通して学びます。理解を助ける「実験」や「観察」，実験器具の使い方をまとめた「基本操作」をよく読みます。

ステップ2：例題を自力で解く
「例題」は自分で解くことが大切です。わからなくても，まず考えてみる。自ら考えることで，問題を解く力を養います。解き終えたら「例題の解答」で自分の考え方が正しかったのか確認します。

ステップ3：転写図をノートに写し，再現する
各単元の最初には，その単元で学ぶ内容を凝縮した「転写図」がついています。この図を，意味を考えながらノートに写します。最終的にはテキストを閉じて，自分で図を再現できるまでくり返します。

ステップ4：練習問題で実力アップ
その単元で学んだことが身についたかどうか，練習問題で確認します。

▼ 各単元の内容

転写図
その単元で学ぶ重要事項を1つの図にまとめました。ひととおり解説を読んだ後で，図の意味を考えながらノートに写します。さらにテキストを閉じて，図がノートに再現できるか試してみます。

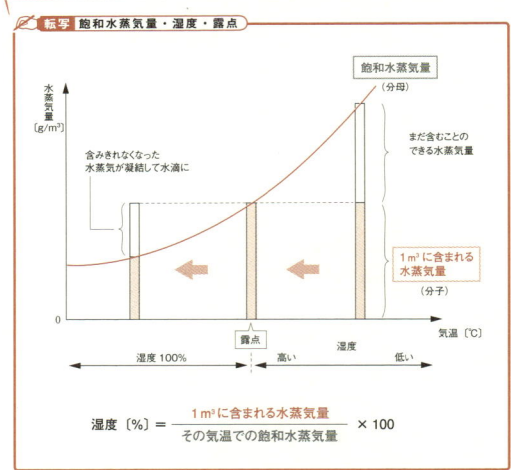

単元解説
その単元で新しく学ぶ用語や考え方，内容をわかりやすく解説しました。ただ暗記するのではなく，なぜそうなるのかを理解できるように工夫してあります。「実験」「観察」「基本操作」も充実。

ポイント
記述式問題でよく問われるポイントをまとめました。「なぜそうなるのか（理由）」と「何のためにそうするのか（目的）」がわかります。

ここで紹介するのは標準的な勉強法です。さらに個別のケースについては，文藝春秋ホームページの『未来を切り開く学力シリーズ』のコーナー http://www.bunshun.co.jp/book/gakuryoku/index.htm を参照してください。
また，わからないことがあれば，学校や塾の先生に聞きましょう。
わからないということは恥ずかしいことではありません。
質問することで，理解もより深まります。

▼重点学習の内容

練習問題
「転写図」を頭に入れてから取り組みます。解答・解説は巻末に収録されています。

例題
まずは解説されたことがらを使って，自分で解いてみましょう。

重点学習 蒸散量の計算

植物が，体内の水分を水蒸気として放出するはたらきを**蒸散**といい，**蒸散量**とは植物が蒸散で放出した水蒸気量のことをいう。植物は，吸い上げた水の約90％を空気中に放出してしまう。しかしこれは，水と水にとけ込んだ養分の取り入れを活発にするというはたらきをもつ。

例題1 水を入れ，水面に油を浮かべた試験管に植物の枝をさし，1日放置した。葉に何の操作もしない枝を入れた試験管の水は 15 cm³ 減少した（図A）。葉の表にワセリンをぬった枝を入れた試験管の水は 11 cm³ 減少した（図B）。葉の裏にワセリンをぬった枝を入れた試験管の水は 6 cm³ 減少した（図C）。葉の表，葉の裏，茎からそれぞれ何 cm³ ずつ蒸散しているか。なお，この実験には葉の太さや長さ，葉の大きさや数が等しい枝を使う。

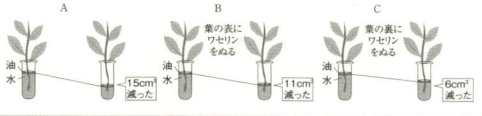

考え方 水の出口「葉の表」「葉の裏」「茎」を表にする
・水面の油は，水面からの水の蒸発を防止している。
・ワセリンは，粘り気の強い油で水蒸気の出口をふさいでいる。
・水の減少量は，植物による蒸散量と考える。
以上を確認したうえで，蒸散量の問題は表を使って解く。
水（水蒸気）の出口は「葉の表」「葉の裏」「茎」の3か所。ワセリンでふさがれた場所には×を記入する。

	A 15cm³減少	B 11cm³減少	C 6cm³減少
葉の表	○	×	○
葉の裏	○	○	×
茎	○	○	○

例題1の解答（次ページを参照）

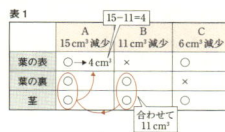

まず，Bの列に注目する。Bの列は，「葉の裏」と「茎」からの蒸散量は，合わせて 11 cm³ であることを示している。この 11 cm³ を，そのままAの列に移動する。「葉の表」からの蒸散量は，15 − 11 = 4 cm³ と求められる。

例題の解答
その単元の基本的な学習事項を実際の問題の中でどう使うかがわかります。また，実際の問題で，条件をどのように整理して解答に行きつくことができるかがわかります。

▼「重点学習」の使い方

中学理科で誰もが苦手な計算問題や作図の問題を「重点学習」として独立させました。典型的な「例題」を取り上げ，問題に対する考え方をじっくり学びます。

ここで学ぶ考え方は，さまざまなタイプの問題に応用が利きます。実際に手を動かしながら練習問題を解くことで，考え方が自然と身につくように工夫されています。

▼復習のしかた

各単元の内容は「転写図」に凝縮されています。この図を見なくても再現できるように，くり返しノートにかいてください。
転写図がきちんと頭に入っていれば，「例題」や「練習問題」をやり直すときも，スムーズに解くことができます。
一度読んだらそれでおしまいにはしないで，時間をおいて，もう一度取り組むと，記憶の定着はより確実なものとなります。

目　次

『未来を切り開く学力シリーズ　図でわかる中学理科　2分野（生物・地学）』刊行によせて …… 2
この本の使い方 …………………………………………………………………… 4

2分野　生　物

第1章　植物の生活と分類

1. 花のつくりとはたらき　中1　…………………………………………… 10
2. 根・茎・葉のつくりとはたらき　中1　………………………………… 15
3. 葉のはたらき①　呼吸と光合成　中1　………………………………… 20
4. 葉のはたらき②　葉緑体　中1　………………………………………… 26

重点学習　蒸散量の計算 …………………………………………………… 30

5. 植物の分類　中1　………………………………………………………… 33

第2章　人体のしくみ

1. 細胞のつくりとはたらき　中2　………………………………………… 40
2. 刺激と反応①　感覚器官　中2　………………………………………… 42
3. 刺激と反応②　神経系　中2　…………………………………………… 46
4. 刺激と反応③　運動器官　中2　………………………………………… 49
5. 消化と吸収①　消化　中2　……………………………………………… 50
6. 消化と吸収②　吸収　中2　……………………………………………… 57
7. 血液の成分と循環のしくみ　中2　……………………………………… 59
8. 呼吸と排出のしくみ　中2　……………………………………………… 64

第3章　動物の分類

1. 草食動物と肉食動物　中2　……………………………………………… 68
2. 動物の分類　中2　………………………………………………………… 70

第4章　遺伝と進化

1. 細胞のふえ方（体細胞分裂）　中3　…………………………………… 76
2. 生物のふえ方（生殖と発生）　中3　…………………………………… 82
3. 生殖細胞のでき方（減数分裂）　中3　………………………………… 85
4. 遺伝の規則性　中3　……………………………………………………… 89
5. 生物の変遷　中2　………………………………………………………… 95

第5章　自然と人間

1. 食物連鎖（生産者と消費者）　中3　…………………………………… 104
2. 土壌動物と分解者　中3　………………………………………………… 107
3. 炭素の循環　中3　………………………………………………………… 110

CONTENTS

2分野 地学

第1章 大地の変化
1. 火山 中1 ... 114
2. 火成岩とその種類 中1 ... 117
3. 堆積岩とその種類 中1 ... 121
4. 地層のなりたち 中1 ... 126
5. 地震 中1 ... 135

重点学習 初期微動継続時間と震源距離 ... 142

第2章 天気とその変化
1. 空気中の水蒸気量 中2 ... 146
2. 雲のでき方 中2 ... 153
3. 気団と前線 中2 ... 158

重点学習 台風 中2 ... 168

第3章 地球と宇宙
1. 天体の1日の動き 中3 ... 172
2. 時刻と方角 中3 ... 176
3. 天体の1年の動き 中3 ... 178
4. 昼の長さと季節の変化 中3 ... 182
5. 南中高度の求め方 中3 ... 186
6. 黄道12星座 中3 ... 193
7. 金星の満ち欠け 中3 ... 197
8. 月の見え方 中3 ... 201

解答・解説 篇

- ▶ 2分野（生物） ... 208
- ▶ 2分野（地学） ... 214

巻末付録・指示薬と物質の見分け方 ... 220
巻末付録・震度の階級 ... 221
巻末付録・もっと理解を深めるために（推薦図書） ... 222
この本の使い方に関するQ＆A ... 223

◎『図でわかる中学理科　1分野（物理・化学）』の内容

1分野　**物　理**

第1章　光と音
- 1 光の性質
- 重点学習 反射の作図
- 重点学習 屈折の向き
- 2 凸レンズ
- 重点学習 凸レンズの実像
- 3 音の性質

第2章　力と圧力・浮力
- 1 力とバネ
- 2 力と圧力
- 重点学習 圧力の計算
- 3 大気圧と水圧
- 4 浮力

第3章　電流と電圧
- 1 電流と電圧
- 2 オームの法則とその利用
- 重点学習 直列回路と並列回路
- 3 消費電力
- 4 発熱量

第4章　電流のはたらき
- 1 電流と磁界
- 2 電流が磁界から受ける力
- 3 電磁誘導

第5章　力と運動
- 1 力の合成・分解とつり合い
- 2 作用・反作用
- 3 運動の記録
- 4 等速直線運動と慣性の法則
- 5 だんだん速くなる運動
- 重点学習 摩擦のある運動

第6章　仕事とエネルギー
- 1 仕事と仕事の原理
- 2 力学的エネルギー
- 重点学習 仕事の測定

1分野　**化　学**

第1章　身のまわりの物質
- 1 物質のすがた
- 2 気体の性質
- 3 水溶液の性質
- 4 物質の状態変化
- 5 物質の分け方

第2章　化学変化と原子・分子
- 1 化合と分解
- 2 原子と分子
- 3 化学変化のきまり
- 4 酸化と還元
- 重点学習 物質の質量比
- 重点学習 化学反応式の係数

第3章　イオン
- 1 水溶液とイオン
- 2 電気分解とイオン
- 3 中和とイオン

2 分野
生物

第 1 章

植物の生活と分類

　みなさんは，ヒマワリを上から見たことがありますか？
　ヒマワリは横から見ると，図1のように葉がついていますが，上から見ると，図2のように上の層の葉は下の層の葉と互い違いになり，すべての葉を見通すことができます。
　なぜ，このように葉がつくのか考えてみましょう。その理由は，こうした葉のつき方が最も効率的に日光を受けられるからです。
　では，なぜ植物は日光を必要とするのでしょうか？
　植物は光のエネルギーによって「光合成」という非常に重要なはたらきをしています。この光合成によって，二酸化炭素と水からデンプンと酸素をつくり出します。
　光合成で生み出されたデンプンは植物の成長のエネルギーになります。だからこそ，植物は日光を効率よくとりこむ必要があるのです。
　この章では，こうした植物のはたらきの他に，植物の体のつくりや，成長のしかたなどについて，学んでいくことになります。

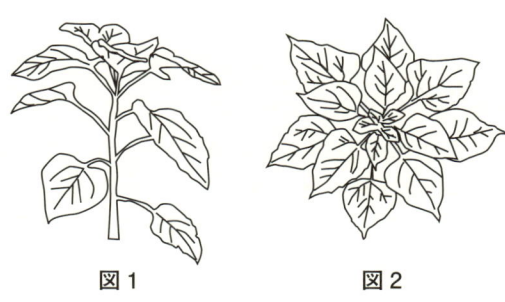

図1　　　　図2

1 花のつくりとはたらき

転写 花のつくりとはたらき

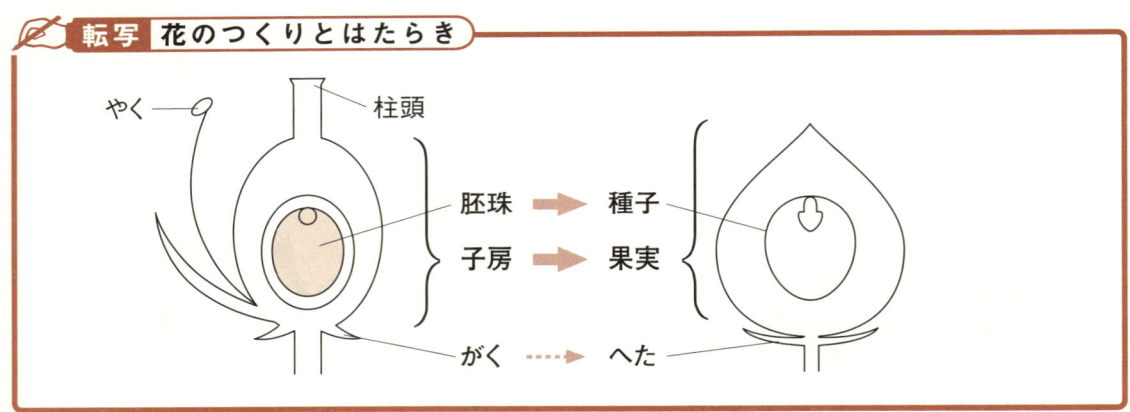

解説 ▶ アブラナの花のつくり

アブラナの花の中央には**めしべ**が1本あり、めしべの先端を**柱頭**という。めしべのもとのふくらんだ部分を**子房**，子房の内部の小さな粒を**胚珠**という。胚珠は種子に変化する部分で，子房は胚珠を包んで保護している。子房は果実に変化する。

めしべを複数の**おしべ**が囲んでいる。おしべの先端にある袋状のものを**やく**といい，袋の中には**花粉**がつまっている。やくを支える部分を花糸という。

花弁と**がく**は，めしべとおしべを保護している。

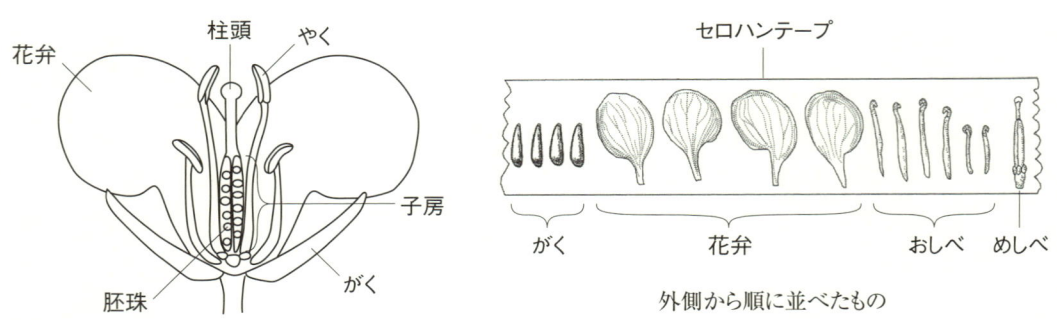

外側から順に並べたもの

解説 ▶ タンポポの花のつくり

タンポポは，たくさんの花の集まりである。タンポポの1つの花は，次の図のとおりである。

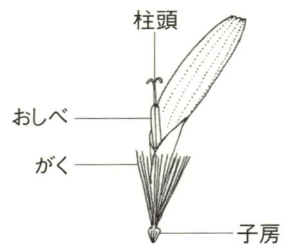

花のつくりの違い

	めしべ	おしべ	花弁	子房
アブラナ	1本	6本	4枚がばらばらに離れる	がくの内側（上）にある
タンポポ	1本	5本	5枚が1つに合わさっている	がくの外側（下）にある

タンポポとアブラナは花のつくりが異なる。タンポポの花弁は1つに合わさっているが、アブラナの花弁は1枚ずつ離れる。また、タンポポの子房はがくの下にあり、アブラナの子房はがくの上にある。

タンポポのように花弁が合体した花を**合弁花**、アブラナのように花弁が離れる花を**離弁花**という。

解説 ▶ マツの花のつくり

マツは5月ごろ花を咲かせる。胚珠がある**雌花**と花粉がつくられる**雄花**の2つが別々に咲く。若い枝の先端の赤っぽい色の部分が雌花の集まりで、そのもとの黄色っぽい部分が雄花の集まりである。

マツの花には花弁やがくはなく、目立たない。また、子房がなく胚珠がむき出しになっている。まつぼっくり（まつかさ）は雌花が変化したものである。

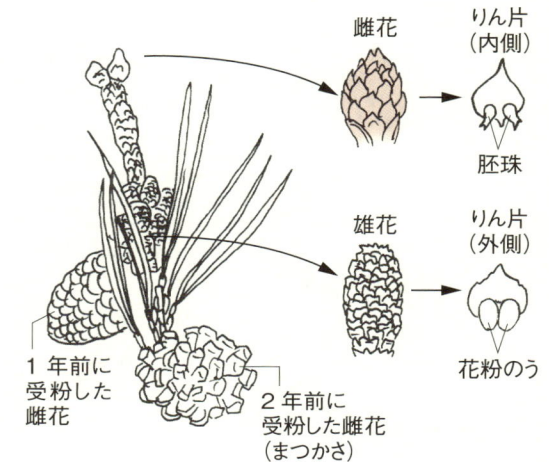

解説 ▶ 種子植物

花が咲き、種子をつくってなかまをふやす植物を**種子植物**という。種子植物は、次の2つに分かれる。

- **被子植物** 胚珠が子房に包まれた花をつける。アブラナ、タンポポ、サクラなど。
- **裸子植物** 子房がなく胚珠がむき出しの花をつける。マツ、イチョウ、スギなど。

※花を咲かせずになかまをふやす植物に、胞子でふえるシダ植物、コケ植物などがある（34ページ参照）。

解説 ▶ 受粉

種子植物は花を咲かせて種子をつくる。花には種子をつくってなかまをふやすはたらきがある。おしべのやくから出た花粉がめしべの柱頭につくことを**受粉**という。受粉が起き、しばらくすると、胚珠は種子に、子房は果実に変化する。子房がない裸子植物に果実はできない。

基本操作 ▶ ルーペの使い方

ルーペは観察対象を3〜5倍程度に拡大する。ルーペは目の近くに固定して使う。
- 観察対象が動かせるときは、対象を前後に動かしてピントを合わせる。
- 観察対象が動かせないときは、自分が対象に近づいてピントを合わせる。

【注意点】
・ルーペで太陽を見てはいけない。⇨ ［理由］目をいためてしまうから。

| 基本操作 ▶ **顕微鏡の使い方**

　顕微鏡は，2つのレンズ（接眼レンズと対物レンズ）を組み合わせて観察するものを拡大する。鏡筒を上下させるタイプと，ステージを上下させるタイプの2種類がある。

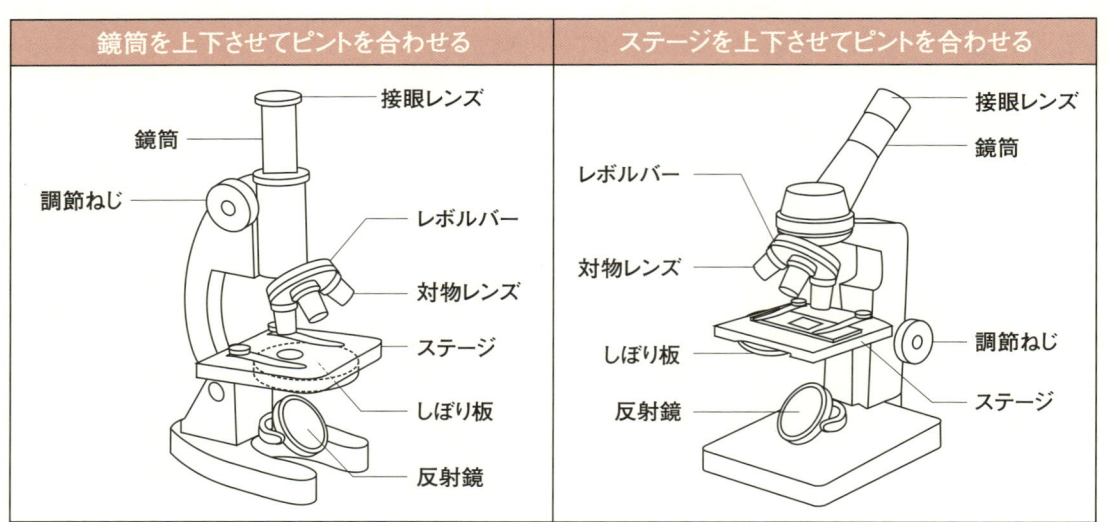

顕微鏡の倍率

　顕微鏡の倍率は「接眼レンズの倍率×対物レンズの倍率」で決まる。接眼レンズ10倍，対物レンズ30倍ならば，観察するものの長さを $10 \times 30 = 300$〔倍〕に拡大できる。

　対物レンズは"背が高い"ものの倍率が高い。逆に，接眼レンズは"背が低い"ものの倍率が高い。

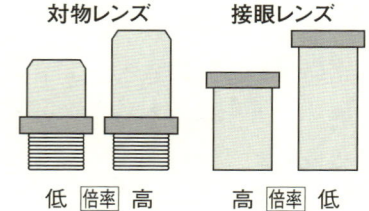

操作手順

① 北向きの窓際など，明るく平らで，直射日光が当たらない場所に置く。
② 接眼レンズ→対物レンズの順にとりつける（はずすときは逆に，対物レンズ→接眼レンズの順にはずす）。これは，下側の対物レンズにゴミが落ちないための工夫である。
③ 対物レンズの倍率を一番低く設定する。
④ 反射鏡としぼり板を調節して，視野全体が明るくなるようにする。
⑤ プレパラートをステージにクリップで止め，調節ねじを回して対物レンズとプレパラートをできるだけ近づける。レンズとプレパラートがぶつからないように，横からのぞいて行う。
⑥ 接眼レンズをのぞき，調節ねじを回して対物レンズとプレパラートを離しながらピントを合わせる。

観察上の注意点

① 高倍率にすると視野はせまく，暗くなる。まず低倍率で広い範囲を観察し，次にくわしく観察したい部分を，より大きく拡大して見る。

② 顕微鏡で見る像は上下左右が逆転している。実際にはプレパラート左下にあるものが図のように右上に見えるので，右上に見える像を中央に移動する場合，プレパラートを右上に動かす。

③ 反射鏡は，片面が平面鏡（表面が平らなもの），もう一方が凹面鏡（中央がへこんでいるもの）となっている。多くの光が集められる凹面鏡は，視野が暗くなる高倍率で観察するときに利用する。

④ 対物レンズの倍率を上げると，レンズとプレパラートの間隔はせまくなる。

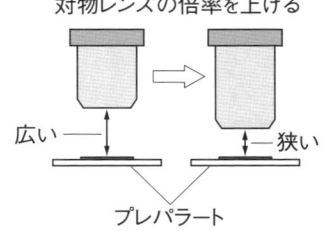

例題1　次郎さんは，アブラナの花とマツの雌花をルーペでくわしく観察し，植物のなかまをふやすしくみについて学習した。次に示したものは，このときのアブラナとマツの観察記録の一部である。

[観察1]
　アブラナの花を，図1のようにA〜Dの各部分に分けて，観察した。次に，アブラナのめしべのふくらんだ部分をカミソリの刃で縦に切り，それをルーペで観察した。そのときのスケッチが図2である。

[観察2]
　マツの雌花のりん片を取り出し，ルーペで観察した。そのときのスケッチが図3である。

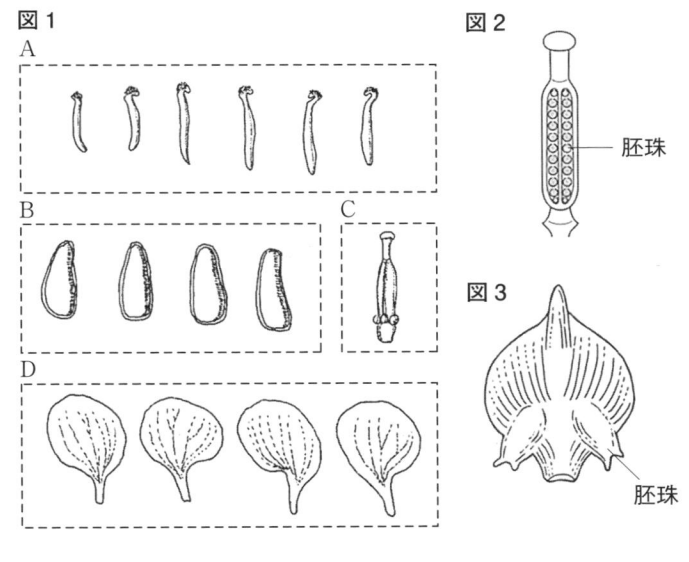

(1) アブラナを手に持って観察するときのルーペの使い方として，最も適切なものはどれか，ア〜エから1つ選びなさい。

　　ア　ルーペを目とアブラナの中間で持ち，アブラナを前後に動かしてピントを合わせる。
　　イ　ルーペを目に近づけて持ち，アブラナを前後に動かしてピントを合わせる。
　　ウ　ルーペをアブラナに近づけて持ち，目の位置を前後に動かしてピントを合わせる。
　　エ　ルーペを目から離して持ち，ルーペとアブラナを前後に動かしてピントを合わせる。

(2) 図1のアブラナの各部分について，A～Dを花の外側から順に並べなさい。

(3) 図2・3のアブラナの胚珠とマツの胚珠のようすにはどのような違いがあるか。「子房」という語句を用いて，簡潔に説明しなさい。

(4) アブラナやマツのように，花を咲かせ胚珠をもつ植物を何植物というか，書きなさい。

(2005年　徳島県)

例題1の解答
(1) イ　　(2) B→D→A→C
(3) アブラナの胚珠は子房に包まれているが，マツの胚珠は子房がなくむき出しになっている。
(4) 種子植物

(1) ルーペは目の近くに固定して使う。観察対象を動かせるときは，それを手に持ち，前後に動かしてピントを合わせる。
(2) アブラナの花にはめしべは1本，おしべは6本ある。外側からがく（B），花弁（D），おしべ（A），めしべ（C）の順である。
(3) アブラナは被子植物，マツは裸子植物である。被子植物の胚珠は子房に包まれているが，裸子植物には子房がなく胚珠がむき出しになっている。
(4) 花を咲かせ，胚珠（種子になる）をもつ植物は種子植物である。被子植物と裸子植物はどちらも種子植物のなかまである。

2 根・茎・葉のつくりとはたらき

転写 根・茎・葉のつくり

	双子葉類		単子葉類	
子葉		子葉が2枚		子葉が1枚
根		主根と側根		ひげ根
茎		維管束が輪のように並ぶ		維管束が全体にちらばる
葉		葉脈が網目状		葉脈が平行

解説 ▶ 双子葉類と単子葉類

発芽して最初に出る葉を**子葉**という。子葉の数によって，被子植物は次の2つに分かれる。

- **双子葉類** 子葉が2枚ある植物
- **単子葉類** 子葉が1枚の植物

双子葉類と単子葉類は，子葉以外にも根・茎・葉のつくりに違いがある。

解説 ▶ 根のつくりとはたらき

根は植物のからだを支え，水や水にとけた養分を吸い上げるはたらきがある。根の先端近くには，**根毛**とよばれる細かい糸のようなつくりが見られる。根の表面積が大きくなることで，土にふれる面が大きくなり，効率よく水と養分を吸い上げることができる。また，結果的にか

双子葉類	単子葉類
主根と側根	ひげ根

らだを支えるのにも役立っている。

> 双子葉類の根は，太い主根のわきから細い側根が伸びている。
> 単子葉類の根は，太さが同じひげ根からなる。

解説 ▶ 茎のつくりとはたらき

　茎は枝葉をつけ，地上部分を支えている。根で吸い上げた水と養分（無機物。1分野150ページ参照）は，道管とよばれる細い管を通って体中に運ばれる。葉でつくられた栄養分（有機物。1分野150ページ参照）は，師管とよばれる細い管を通って体中に運ばれる。道管と師管は物質の輸送を行う管である。茎において道管と師管は束になっている。この束を維管束という。

　双子葉類の茎の断面は，維管束が輪のように並ぶ。

　単子葉類の茎の断面は，維管束が全体にちらばる。

　維管束の配置に違いはあるが，茎の中心側に道管，茎の外側に師管がある点は共通している。

解説 ▶ 葉のつくりとはたらき

　葉に見られる筋を葉脈という。葉脈は茎から枝分かれした維管束である。

　運ばれた水の一部は，光合成の材料となる。

　光合成は，植物が生活に必要な栄養分をつくり出すはたらきである。水と二酸化炭素を原料に，光のエネルギーを利用してデンプンと酸素をつくり出している。光合成は主に葉で行われている（21ページ参照）。

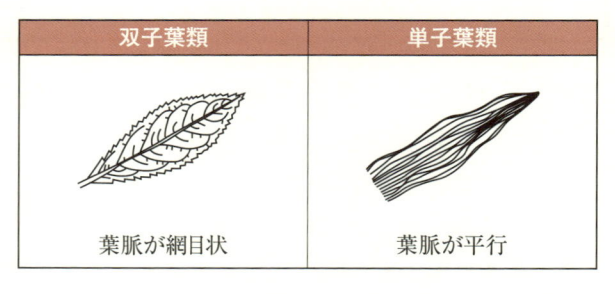

　運ばれた水の約9割は水蒸気となってからだの外に放出される。水をからだの外に放出することで，根から水と養分の吸収が活発になる。植物が水をからだの外に放出するはたらきを蒸散という。蒸散も主に葉で行われている（30ページ参照）。

　双子葉類の葉脈は，網目状になる（網状脈という）。単子葉類の葉脈は，平行に並ぶ（平行脈という）。

まとめ ▶ 種子植物の分類

種子植物は，子房がある被子植物と，子房がない裸子植物に分類される。
被子植物は，子葉が2枚の双子葉類と，子葉が1枚の単子葉類に分類される。
双子葉類は，花弁が合わさっている合弁花類と，花弁が1枚ずつ離れる離弁花類に分類される。

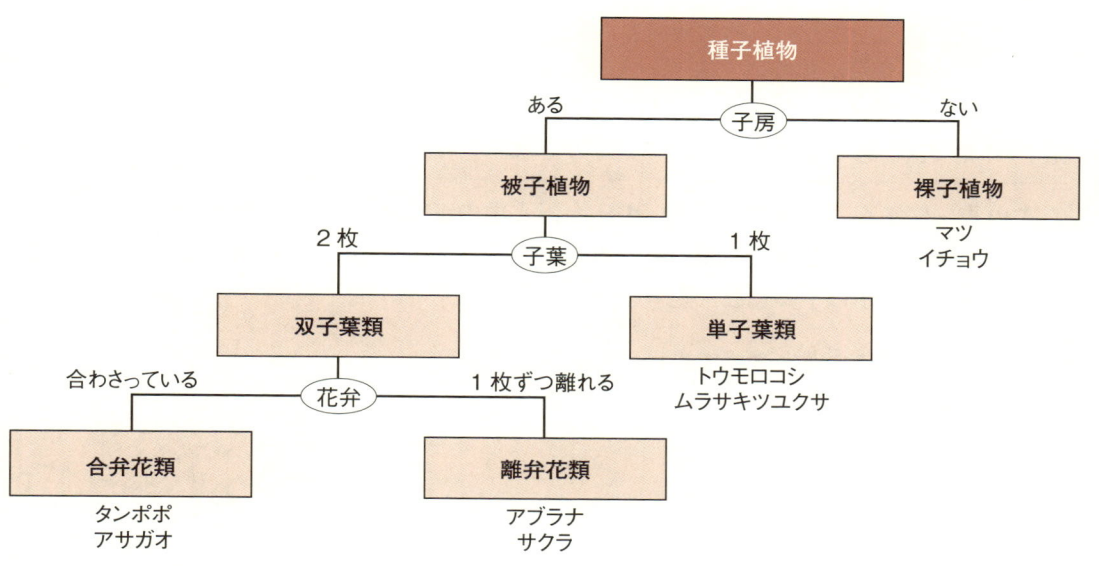

例題1　採集した植物Aと植物Bそれぞれの根と茎と葉のつくりを観察した。

(1) 図1は，AとBそれぞれの葉と根の特徴を図示したものの一部である。Aと同じ特徴の葉脈をもつ植物を，次のア～エから2つ選び，記号で答えよ。

　ア　トウモロコシ　　イ　アブラナ
　ウ　ツユクサ　　　　エ　アサガオ

図1

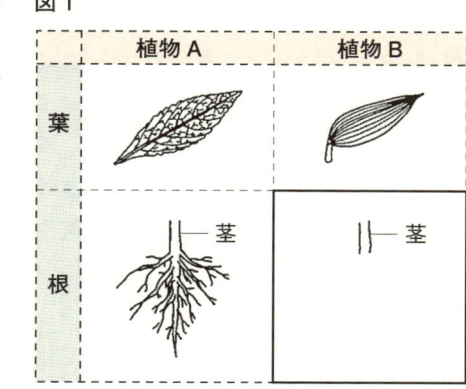

(2) Bの根のつくりを，その特徴がわかるように，図1の □ 内に簡単に図示せよ。

(3) 下の☐内は，水の通り道を調べようとしたときの，明さんと先生の会話の一部である。

明 「根から吸収された水が，茎のどこを通って運ばれているかを調べるには，どうしたらよいですか。」 先生「①葉がついたままの茎を，根の近くで切り取って，食紅で着色した水に１日つけておき，その後，茎を切断し，その茎の断面を観察するとよいですよ。すると，水の通り道が強く赤く染まって見えます。」 明 「なぜ，葉がついたままの植物を使うのですか。」 先生「葉で，②ある現象が起こっているので水が上昇しやすいからです。」

　この後，明さんは，植物Aを使って，会話文中の下線部①の実験を行った。図２は，Aの茎の断面の一部を模式的に表したものである。この実験で，強く赤く染まった部分を，図２のア～エから１つ選び，記号で答えよ。

(4) 下線部②の現象を漢字２字で書け。

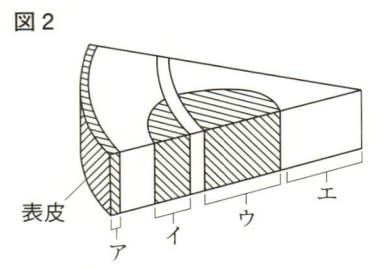

図２

(2005年　福岡県・改題)

例題１の解答　　(1) イ，エ　　(2) [図：茎と根]　　(3) ウ　　(4) 蒸散

(1) 植物Aは葉脈が網目状で，根に主根と側根があるので，双子葉類である。双子葉類はアブラナとアサガオ。トウモロコシとツユクサは単子葉類である。

(2) 植物Bは葉脈が平行なので，単子葉類である。単子葉類の根はひげ根なので，茎から枝分かれした同じ太さの根を書けばよい。

(3) 根から吸い上げられた水は道管を通って体中に運ばれる。道管は，維管束のうち茎の中心に近いほうなのでウである。外側のイは葉でつくられた栄養分を体中に運ぶ師管である。

(4) 葉から水分が水蒸気になって放出される現象を蒸散という。蒸散によって水がからだの外に出ていくために，根から水と水にとけた養分の吸い上げが活発になる。

練習問題

▶▶▶ 解答は208ページ

1 植物のからだのつくりとはたらきに関する次の問いに答えなさい。

[観察1]
校庭にはえていたタンポポのからだのつくりを観察した。図1は、そのとき観察したタンポポの1つの花をスケッチしたものである。

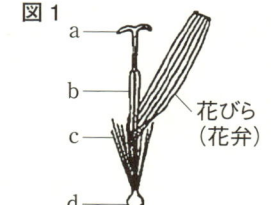
図1

(1) 図1のa〜dから、花粉がつくられる部分を1つ選び、その記号を書け。

(2) 次のア〜エの草のうち、タンポポのように、子葉が2枚であり、数枚の花びら（花弁）が合わさって1つになっている植物はどれか。適当なものをア〜エから1つ選び、その記号を書け。

　　ア　トウモロコシ　　イ　アブラナ　　ウ　ツユクサ　　エ　アサガオ

(3) タンポポの葉は、真上から見るとたがいに重なり合わないようについている。タンポポが栄養分をつくるとき、このような葉のつき方には、どのような利点があるか。簡単に書け。

[観察2]
根から赤インクを吸収させたホウセンカの茎をうすく輪切りにし、顕微鏡で観察すると、赤く染色された部分があった。図2は、そのときのスケッチである。

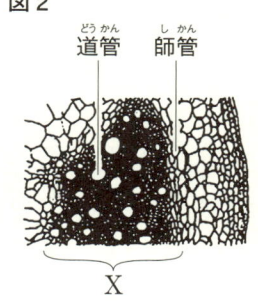
図2

(4) 赤く染色された部分は道管である。道管のたばと師管のたばとが集まっている図2のXの部分を何というか。その名称を書け。

(5) 図3は、植物のからだと師管のようすの一部を表した模式図である。図3の[ ]で囲まれたPとQの部分において、光合成でつくられた栄養分は、師管の中を主にどちらの方向に移動するか。それぞれ適当なものを1つずつ選び、ア、イの記号で書け。

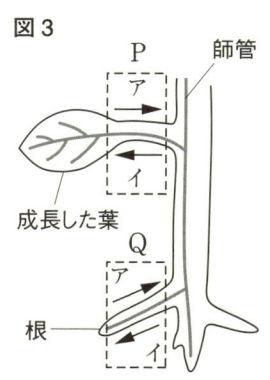
図3

(2005年　愛媛県・改題)

3 葉のはたらき①　呼吸と光合成

転写 呼吸と光合成

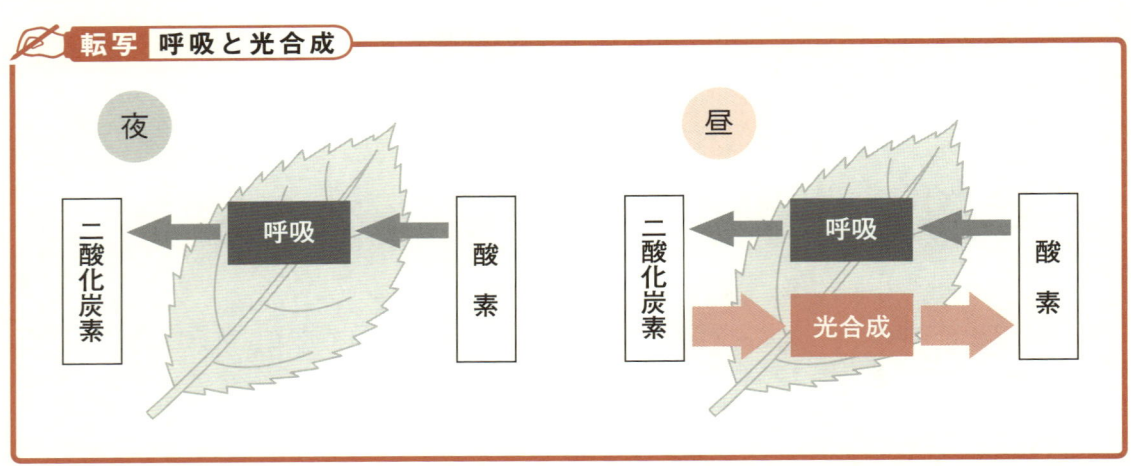

解説 ▶ 呼吸

　生物が酸素をとり入れ，二酸化炭素を放出することを**呼吸**という。

　袋の中に葉を入れ，暗室に放置すると，袋の中の二酸化炭素の量は増加する。葉が酸素をとり入れ，二酸化炭素を放出しているからである。

　植物は，暗い場所（夜）では呼吸だけを行い，明るい場所（昼）では光合成（右ページ参照）と呼吸を行っている。明るい場所では酸素だけを出すように見える。呼吸よりも光合成が盛んに行われるためで，呼吸で出した二酸化炭素も光合成に使ってしまう。

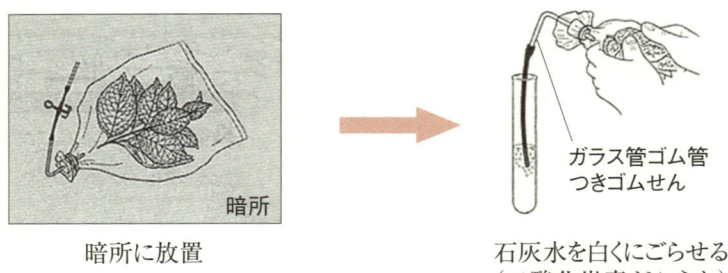

暗所に放置　　　　　　　石灰水を白くにごらせる
　　　　　　　　　　　　（二酸化炭素がふえた）

例題1 植物の呼吸について調べるために，次の実験を行った。

［実験］
① 図のように空気でふくらませたポリエチレンの袋 a，b を用意し，袋 a には植物の葉を入れ，袋 b には何も入れずに 2 つの袋とも暗い所に置いた。
② 十分な時間暗い所に置いた後，袋 a，b の中の気体に含まれる二酸化炭素を調べた。

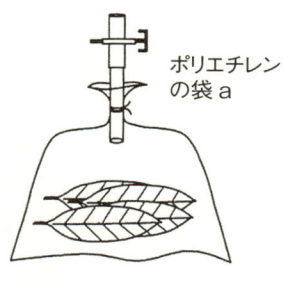 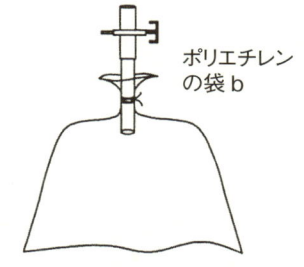

(1) 実験の②で、袋aの気体には袋bの気体よりも多くの二酸化炭素が含まれていることがわかった。どのような実験の結果からそのことがわかったと考えられるか。簡潔に述べなさい。

(2) 葉を入れない袋bを用意した理由を簡潔に述べなさい。

(2004年　愛知県A・改題)

例題1の解答
(1) 袋の中の気体を石灰水に通す。
(2) 葉の有無以外は同じ条件のものを用意して、結果の違いが葉のはたらきによるものと特定するため。

(1) 二酸化炭素の有無を調べるには石灰水を利用する。袋aの気体を石灰水に通すと白くにごるが、袋bの気体を通しても白くにごらなかったと考えられる。

(2) 袋aと袋bの違いは、葉が入っているかいないかの違いである。袋aのほうが袋bより二酸化炭素が多いという結果の違いは、葉の有無によっている。そのため、二酸化炭素をふやしたのは、間違いなく葉のはたらきによることが特定できる。

解説 ▶ **光合成**

植物の葉が、太陽の光を受けてデンプンなどの栄養分をつくることを**光合成**という。光合成の過程で、葉は二酸化炭素をとり入れ、酸素を放出している。気体の出入りは呼吸と逆である。

葉は、光が当たると光合成を始める。光の強さが十分であれば、光合成は盛んに行われ、全体として葉は二酸化炭素を吸収し、酸素を放出する。

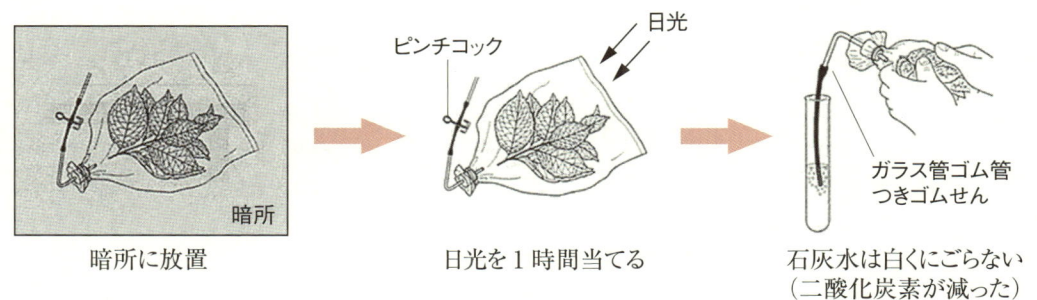

暗所から出したときの袋の中は二酸化炭素が多く含まれている（20ページ参照）。呼吸のはたらきで、葉が酸素を吸収して、二酸化炭素を放出したからである。葉に光を当てると、光合成が盛んに行われるので、二酸化炭素が多く吸収されて袋の中の二酸化炭素が減り、結果として、石灰水がにごらなくなる。

例題2 植物の光合成について調べるために，次の実験を行った。

[実験]
① 図のようにポリエチレンの袋で植物をおおい，袋にストローを差し込んで息を吹き込んだ後，二酸化炭素用気体検知管と酸素用気体検知管で，袋の中の気体にしめる二酸化炭素と酸素の割合を調べた。
② 次に，袋の穴をふさぎ，十分な時間日光に当てた後，ふたたび二酸化炭素用気体検知管と酸素用気体検知管で，袋の中の気体にしめる二酸化炭素と酸素の割合を調べた。

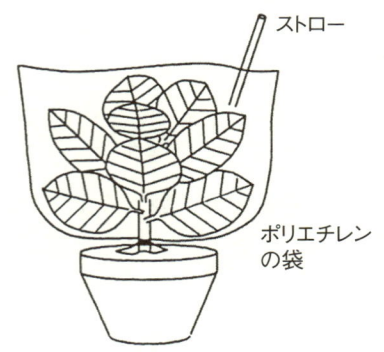

(1) 実験の①で，「袋にストローを差し込んで息を吹き込んだ」理由を簡潔に述べなさい。

(2) 次の文の{ }から適当なものを選びなさい。
十分な時間日光に当てた後の，袋の中の気体にしめる二酸化炭素の割合は{ (a) 増加・減少 }し，酸素の割合は{ (b) 増加・減少 }する。

(2004年　愛知県A・改題)

例題2の解答　(1) 袋の中の二酸化炭素の量をふやすため。
(2) (a) 減少　　(b) 増加

(1) はく息に多く含まれる二酸化炭素を袋に入れるのが目的である。二酸化炭素は光合成の材料となるので，袋の中に十分な量の二酸化炭素を入れておく必要がある。
(2) 「十分な時間日光に当てた」ため，植物は呼吸で放出するよりも多くの二酸化炭素を光合成で吸収するから，二酸化炭素の割合は減少する。酸素は逆に，呼吸でとり入れる量より多くの酸素を光合成で放出するから，酸素の割合は増加する。

例題3 うすい青色のBTB溶液に息を吹き込み緑色にした後，その溶液を透明なペットボトルA，B，Cに入れた。そして，図のようにA，Bにだけ同じ大きさのオオカナダモ（水草）を入れ，3本ともにふたをした。さらに，Bはアルミはくで包み，中に光が入らないようにした。

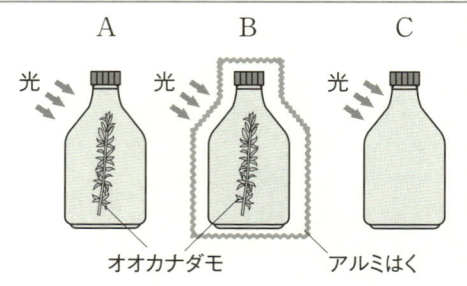

この3本のペットボトルに光を当ててしばらくすると，Aでは泡が出てきた。光をよく当てた後，Bのアルミはくをはがしてみると泡は出ておらず，Cも泡は出ていなかったが，Aではまだ少し泡が出ていた。また，3本のペットボトルのBTB溶液の色の変化は表のようになった。

表 BTB溶液の色

	A	B	C
ふたをした直後	緑	緑	緑
光を当て終わった後	青	黄	緑

(1) AのBTB溶液の色が緑から青に変化した理由を述べなさい。

(2) BのBTB溶液の色が緑から黄色に変化した理由を述べなさい。

(3) Cのペットボトルを用意した理由を述べなさい。

(2003年 滋賀県・改題)

例題3の解答　(1) 光合成によって，溶液中の二酸化炭素の量が減ったから。
　　　　　　(2) 呼吸によって，溶液中の二酸化炭素の量がふえたから。
　　　　　　(3) BTB溶液の色の変化が，オオカナダモのはたらきによることを特定するため。

　BTB溶液は酸性で黄色，中性で緑色，アルカリ性で青色に変化する（220ページ参照）。最初，青色（アルカリ性）だったBTB溶液に二酸化炭素を多く含む息を吹き込むと，二酸化炭素がとけ，溶液は酸性に近づいていく。ちょうど緑色（中性）になったところで，実験を開始する。二酸化炭素は水にとけて弱い酸性を示す（1分野 164ページ参照）。

(1) Aに光を当てると，オオカナダモは光合成を始める。発生する泡は酸素である。
　　ここで，BTB溶液の色が緑（中性）から青（アルカリ性）に変化したのは，二酸化炭素が減ったためである。つまり，盛んに光合成が行われて溶液中の二酸化炭素が減り，息を吹き込む前の状態に戻ったのであって，酸素がふえたからではないことに注意する(酸素の増減は色の変化と無関係)。

(2) アルミはくで包んだBには光が当たらないので光合成は行われず，オオカナダモは呼吸だけを行う。そのため，溶液中の二酸化炭素の量がふえ，酸性（黄色）になった。

(3) オオカナダモを入れないCに光を当てても，溶液の色は変化しなかった。これを確かめておかないと，BTB溶液の色の変化が，オオカナダモのはたらきによるものであることを特定できない。

練習問題

▶▶▶ 解答は208ページ

1. 植物が行う光合成について調べるために，次の実験をした。

   まず，青色のＢＴＢ溶液をビーカーに入れ，沸とうさせて，とけている気体を追い出した後，ラップシートでふたをして，さました。次に，試験管ａに，さましておいた青色のＢＴＢ溶液を入れ，オオカナダモを入れて，すぐにゴムせんでふたをした。さらに，残りのＢＴＢ溶液に呼気をじゅうぶん吹き込んで黄色にしたものを試験管ｂに入れ，オオカナダモを入れて，すぐにゴムせんでふたをした。その後，右の図のように，試験管ａ，ｂにじゅうぶん光を当てて，ＢＴＢ溶液の色の変化とオオカナダモからの気体の出かたを観察した。右の表は，その結果をまとめたものである。

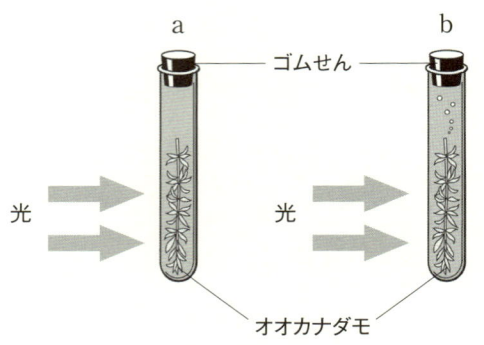

試験管	BTB溶液の色		気体の出かた
	光を当てる前	光を当てた後	
a	青色	青色	ほとんど出なかった
b	黄色	青色	盛んに出た

(1) 試験管ａ，ｂにＢＴＢ溶液とオオカナダモを入れた後，すぐにゴムせんでふたをしたのはなぜか。その理由として最も適当なものを，次のア～エから１つ選んで，その記号を書け。

　　ア　試験管内で，オオカナダモが呼吸を行うのを防ぐため
　　イ　試験管内で，オオカナダモが蒸散を行うのを防ぐため
　　ウ　ＢＴＢ溶液と空気の間で気体が出入りするのを防ぐため
　　エ　ＢＴＢ溶液の温度が実験中に変化するのを防ぐため

(2) 試験管ｂのＢＴＢ溶液の色が黄色から青色に変わったのは，オオカナダモの光合成により，ＢＴＢ溶液の性質がどのように変化したためか。二酸化炭素という言葉を用いて書け。

(3) 試験管ｂのオオカナダモから盛んに発生した気体には酸素が多くふくまれていると考えられる。このことを確かめるためには，発生した気体を試験管に集めた後，どのような実験を行い，どのような結果が得られればよいか。簡単に書け。

(2003年　香川県)

2　恵子さんのグループは，葉のはたらきを調べるために，新鮮なホウレンソウの葉を用いて，次の①～⑤の手順で実験を行った。表は，その結果をまとめたものである。

[実験]
① 4枚のポリエチレンの袋A～Dを準備し，BとDにはホウレンソウの葉を100gずつ入れた。
② A～Dのそれぞれで，袋に息を吹き込み，さらに袋の中の気体を口で数回吸ったりはいたりしてから，輪ゴムで袋の口を閉じた。
③ 図のようにして，A～Dのそれぞれの中の気体について，気体検知管を用いて酸素の割合（酸素濃度）を調べた。
④ AとBは暗室に，CとDは窓辺の明るい場所にそれぞれ6時間置いた。
⑤ ④のあと，A～Dのそれぞれの中の気体について，気体検知管を用いて酸素濃度を調べた。

表	A（暗室・葉なし）	B（暗室・葉あり）	C（窓辺・葉なし）	D（窓辺・葉あり）
③で調べた酸素濃度〔%〕	19.0	19.0	19.0	19.0
⑤で調べた酸素濃度〔%〕	19.0	17.5	19.0	21.0

(1) AとBの結果から，Bでは，ホウレンソウの葉が酸素を減少させたことがわかる。これはホウレンソウの葉が行ったあるはたらきによると考えられるが，このはたらきを何というか。また，このはたらきは，同時にある気体を増加させたと考えられるが，その気体は何か。はたらきと気体の組み合わせとして正しいものを，次のア～エから1つ選び，記号で答えなさい。

　　ア　はたらき：光合成，気体：窒素
　　イ　はたらき：呼吸，　気体：窒素
　　ウ　はたらき：光合成，気体：二酸化炭素
　　エ　はたらき：呼吸，　気体：二酸化炭素

(2) CとDの結果から，Dでは，ホウレンソウの葉が酸素を増加させたことがわかる。ホウレンソウの葉は，窓辺の明るい場所でも，Bで行っていたはたらきを行うことが知られているが，Dの中の酸素が減少せずに増加したのはなぜか。その理由を書きなさい。

（2004年　山形県）

4 葉のはたらき② 葉緑体

転写 葉緑体と光合成

光合成 光合成は葉緑体で行われる

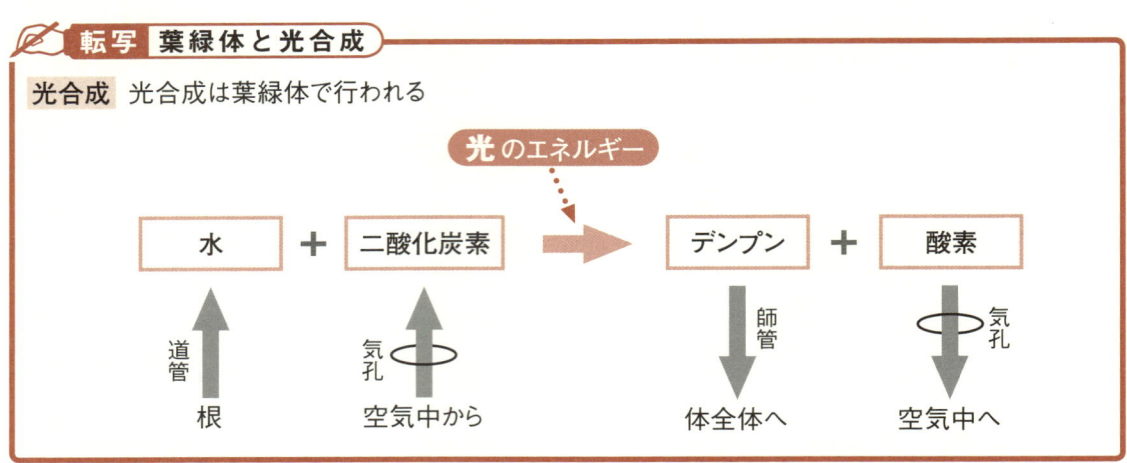

解説 ▶ 葉の断面

光合成は主に葉の細胞の中にある緑色の粒（葉緑体という）で行われる。葉緑体は葉全体にあるのではなく、表皮と葉脈（道管と師管の束）には存在しない。右の図で、色がついているところには葉緑体があり、光合成が行われている。

葉の表皮は乾燥から身を守るため、水を通しにくいつくりになっている。そのため、葉の裏側にたくさんのすきまがあり、酸素や二酸化炭素（光合成と呼吸）、水蒸気（蒸散）などの出し入れを行っている。このすきまを気孔といい、気孔をつくる細胞を孔辺細胞という。

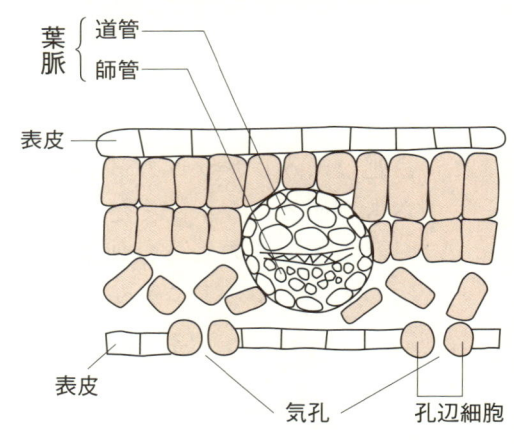

例題1 サツマイモを用いて、植物の茎と葉のつくりとはたらきについて調べた。図は、茎と葉の横断面を顕微鏡で観察し、スケッチしたものである。

(1) この観察をするときには、葉が①（ア かたい イ やわらかい）ので、ニワトコの髄や棒状の発泡ポリスチレンなどに葉をはさんで②（ア 厚く イ うすく）切る方法がよく用いられる。①、②の（ ）の中から正しいものを1つずつ選び、記号で答えなさい。

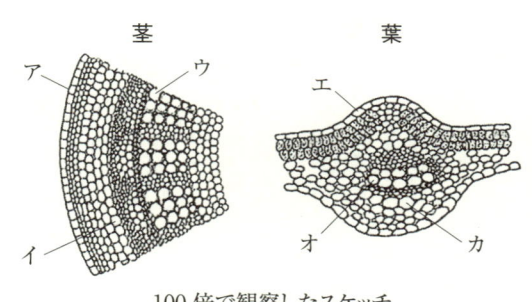

100倍で観察したスケッチ

(2) 根で吸収された水が通る道管を図のア〜カから2つ選び，記号で答えなさい。

(3) 植物の葉にある気孔では，光合成や呼吸によって酸素や ① が出入りし，蒸散によって ② が空気中に出ていく。 ① ， ② に適当な気体の名称を入れなさい。

(2004年　熊本県)

> 例題1の解答　(1) ① イ　② イ　(2) ウとオ
> (3) ① 二酸化炭素　② 水蒸気（気体の名称なので「水」ではない）

(1) うすくスライスして観察する。葉はやわらかく，うすく切ろうとするとつぶれてしまうので，かたいものにはさんで，それごと切る。ニワトコは植物の名称。

(2) 道管は茎の中心側，葉の表側を通る。アとエは表皮，カは師管。

(3) 気孔を通して酸素や二酸化炭素が出入りし（呼吸と光合成），水蒸気が放出される（蒸散）。

解説 ▶ 光合成とデンプン

光合成は，水と二酸化炭素を材料に，光のエネルギーを利用して，デンプンなどの栄養分をつくりだすはたらきである。このとき，酸素もつくられる。

デンプンの有無はヨウ素液につけて調べる。デンプンがあれば，ヨウ素液は青紫色に変化する。

> 例題2　植物が行う光合成について実験をした。
>
> ［実験］
> ① ふ入りのアサガオの葉の一部分を，図のようにアルミニウムはくでおおい，一昼夜暗い部屋に置いた。なお，「ふ」とは，葉の白い部分のことである。
> ② このアサガオの葉に次の日，朝から日光を当て，昼ごろ切り取った。
> ③ 切り取った葉を大型ビーカーに入れ，熱湯を注いだ。その後取り出し，あたためたエタノールに入れ，葉を水洗いした後，うすいヨウ素液につけて，色の変化を見た。

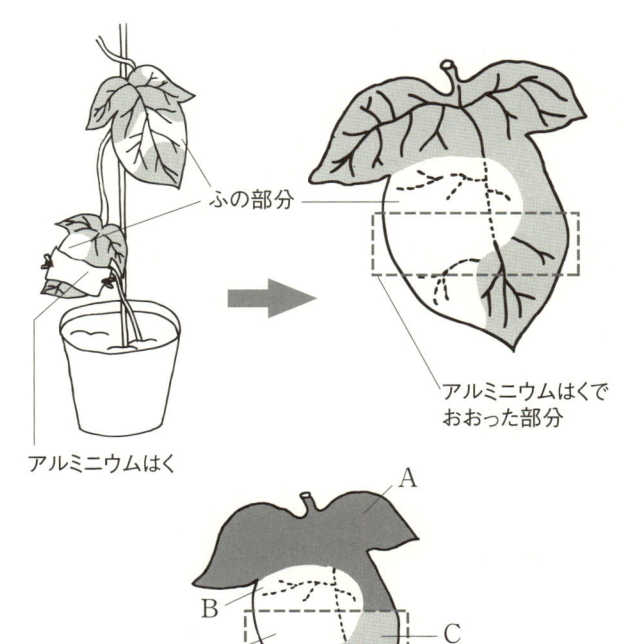

［結果］

位置	葉緑体	光	ヨウ素液
A	ある	当てた	青紫色に変化
B	なし	当てた	変化なし
C	ある	当てない	変化なし
D	なし	当てない	変化なし

(1) 実験の①で，アサガオを一昼夜暗い部屋に置いたのはなぜか。その理由を述べなさい。

(2) 実験の③で，葉をエタノールにつけたのはなぜか。その理由を述べなさい。

(3) 光合成に光が必要であることを確かめるためには，［結果］のA〜Dのうち，どの部分とどの部分の結果を比べればよいか。

(4) 光合成が葉緑体で行われていることを確かめるためには，［結果］のA〜Dのうち，どの部分とどの部分の結果を比べればよいか。

(2003年　埼玉県・改題)

例題2の解答　(1)　葉に残っているデンプンをなくすため。
　　　　　　(2)　葉の緑色を脱色し，ヨウ素液デンプン反応を見やすくするため。
　　　　　　(3)　AとC　　(4)　AとB

葉の白っぽくなった部分を「ふ」という。ふの部分には葉緑体がないから，ふ入りの葉を使って，光合成が葉緑体で行われていることを確認することができる。

(1) 葉には，それまでにつくられたデンプンが一時保管されていて，主に夜間，そのデンプンはからだの他の場所に運ばれる。葉にデンプンが残っていると，この実験でつくられたものかどうか判別できない。

(2) エタノールには色素をとかす性質がある。葉の緑色の色素はエタノールにとけ出し，エタノールは緑色に，葉は白っぽく変化する。それによって，ヨウ素液の色の変化が見やすくなる。なお，葉に熱湯を注いであたためたのは，葉をやわらかくしてエタノールによる脱色を助けるためである（葉の細胞の活動を止め，これ以上呼吸や光合成を行うのを防ぐためでもある）。

(3) ヨウ素液につけて色が変化したAにはデンプンがある。デンプンは光合成によってつくられたものだから，Aだけが光合成を行ったことがわかる。
光合成に光が必要であることを確かめるには，光以外の条件をそろえて比べる。AとCにはどちらも葉緑体がある。しかし，光を当てたAだけが光合成を行っているので，光合成には光が必要だということがAとCの比較からわかる。

(4) 光合成が葉緑体で行われていることを確かめるためには，葉緑体以外の条件をそろえて比べる。AとBはどちらも光が当たっている。しかし，葉緑体があるAだけが光合成を行っているので，光合成は葉緑体で行われることがAとBの比較からわかる。

練習問題

▶▶▶ 解答は208ページ

1. 植物の葉のはたらきについて調べるため，次の実験を行った。

[1] ふ入りの葉をつけたアサガオを一昼夜暗室に置いた。
[2] アサガオを暗室から出し，［図］のように葉の一部をアルミニウムはくで表裏ともにおおい，十分に光を当てた。ただし，［図］は，アルミニウムはくでおおった部分の葉のようすがわかるように示してある。
[3] この葉を切りとり，アルミニウムはくをはずして，湯に入れた後，あたためたエタノールにひたしたところ，エタノールの色が変化した。
[4] 次に，この葉を水につけてやわらかくした後，ある溶液につけたところ，葉のa～dの各部分は，［表］のような結果になった。

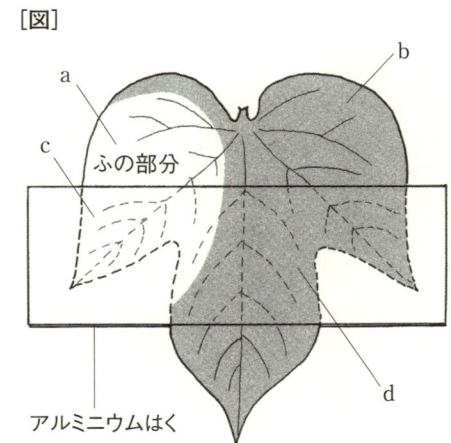

［表］

葉の部分	a	b	c	d
結果（色の変化）	変化しなかった	青紫色になった	変化しなかった	変化しなかった

(1) [1]で，アサガオを一昼夜暗室に置いた理由として正しいものを，ア～エから1つ選び，記号で書きなさい。
　ア　葉にある水分を減らしておくため。
　イ　葉に二酸化炭素をふやしておくため。
　ウ　葉にデンプンを貯蔵しておくため。
　エ　葉にあるデンプンをなくしておくため。

(2) [3]で，エタノールはどんな色になったか，その色を書きなさい。

(3) [4]で，葉をつけた「ある溶液」とは何か，その名称を書きなさい。

(4) 実験結果を次のようにまとめた。（①）～（④）には［図］のa～dのうち当てはまる記号を，（⑤）には適切な語句を書きなさい。

　　［図］の（①）の部分と（②）の部分の結果を比較すると，光合成は葉の緑色の部分で行われることがわかった。また，［図］の（③）の部分と（④）の部分の結果を比較すると，光合成が行われるためには（⑤）が必要であることがわかった。

(2004年　大分県)

重点学習 蒸散量の計算

植物が，体内の水分を水蒸気として放出するはたらきを**蒸散**といい，**蒸散量**とは植物が蒸散で放出した水蒸気量のことをいう。植物は，吸い上げた水の約90%を空気中に放出してしまう。しかしこれは，水と水にとけ込んだ養分の取り入れを活発にするというはたらきをもつ。

例題1 水を入れ，水面に油を浮かべた試験管に植物の枝をさし，1日放置した。葉に何の操作もしない枝を入れた試験管の水は15 cm³減少した（図A）。葉の表にワセリンをぬった枝を入れた試験管の水は11 cm³減少した（図B）。葉の裏にワセリンをぬった枝を入れた試験管の水は6 cm³減少した（図C）。<u>葉の表，葉の裏，茎それぞれから何 cm³ずつ蒸散しているか。</u>なお，この実験には茎の太さや長さ，葉の大きさや数が等しい枝を使う。

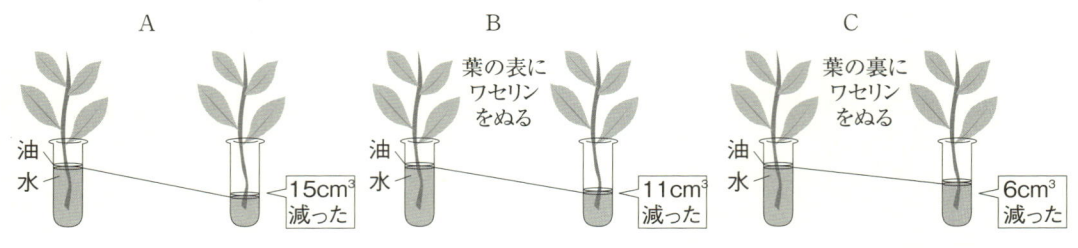

考え方 水の出口「葉の表」「葉の裏」「茎」を表にする

- 水面の油は，水面からの水の蒸発を防止している。
- ワセリンは，粘り気の強い油で水蒸気の出口をふさいでいる。
- 水の減少量は，植物による蒸散量と考える。

	A 15 cm³減少	B 11 cm³減少	C 6 cm³減少
葉の表	○	×	○
葉の裏	○	○	×
茎	○	○	○

以上を確認したうえで，蒸散量の問題は表を使って解く。

水（水蒸気）の出口は「葉の表」「葉の裏」「茎」の3か所。ワセリンでふさがれた場所には×を記入する。

例題1の解答（次ページを参照）

表1

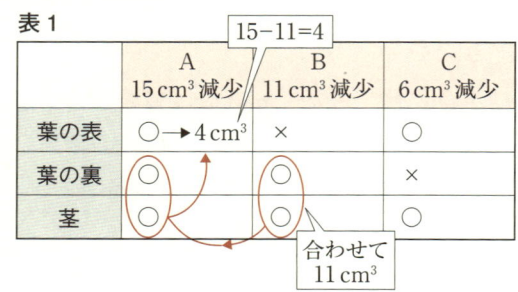

まず，Bの列に注目する。Bの列は，「葉の裏」と「茎」からの蒸散量は，合わせて11 cm³であることを示している。この11 cm³を，そのままAの列に移動する。「葉の表」からの蒸散量は，15 − 11 = <u>4 cm³</u>と求められる。

表2

	A 15cm³減少	B 11cm³減少	C 6cm³減少
葉の表	○→4cm³	×	○→4cm³
葉の裏	○	○→9cm³	×
茎	○→2cm³	○→2cm³	○→2cm³

11−2=9　　6−4=2

表1で求めた4cm³は，そのままCの列「葉の表」の欄に移動できる。Cの列に注目して「茎」からの蒸散量6−4=2cm³ が求められる。茎の行を2cm³で埋めると，再びBの列に戻って，「葉の裏」からの蒸散量11−2=9cm³ が求められる。

（答え）葉の表からの蒸散量…4cm³
　　　　葉の裏からの蒸散量…9cm³
　　　　茎からの蒸散量…2cm³

※ 表の○×だけを見ながら解答できるように練習しましょう。最初は表1，2を確認しながら，同じ手順を追ってみます。表1，2を見ないでできるようになるまで手順を追いかけてください。

練習問題

▶▶▶ 解答は209ページ

1　植物の蒸散について調べるため，実験を行った。茎の太さや長さ，葉の大きさや数が等しい枝を4本用意し，以下のA〜Dの処理をした後，目盛りのついた試験管にさし，12時間後の水の減少量を調べた。表はその結果である。

　A　とってきた枝をそのまま使う。
　B　すべての葉の表側にワセリンをぬる。
　C　すべての葉の裏側にワセリンをぬる。
　D　葉をすべて取って，葉を取った切り口にワセリンをぬる。

	A	B	C	D
水の減少量〔cm³〕	12	8	5	x

(1) この実験では，各試験管に少し油を入れた。その理由は何か。

(2) 表の x の値を求めよ。

2 植物の蒸散について調べるため,次のような実験を行った。

[実験]

ある樹木の枝を4本切り取り,枝A～Dとした。枝A～Dはそれぞれ葉の表面積がほぼ等しく,また,茎の表面積もほぼ等しい。枝A～Dをゴム管でガラス管とつなぎ,ガラス管に水を満たした図のような器具を用意した。

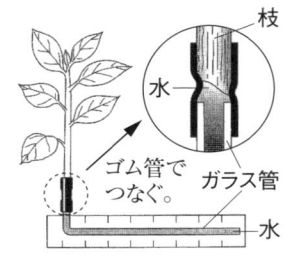

Aには葉の表側に,Bには葉の裏側に,Cには葉の表側と裏側の両面にそれぞれワセリンをぬり,Dにはワセリンをぬらなかった。1日後に水の減少量を調べたところ,表のような結果になった。

(1) 実験における水の減少量はすべて蒸散によるものであるとすると,枝Dの1日後の水の減少量はいくらになると考えられるか。表中の x に入る数字をア～エから1つ選べ。

枝	A	B	C	D
水の減少量〔cm^3〕	8.5	2.9	1.5	x

ア 8.4　　　　イ 9.9　　　　ウ 11.4　　　　エ 12.9

(2) 次の文は,実験結果から考察したことを述べたものである。{ } から適当なものを選び,( ) に入る適当な言葉を書け。

実験で,ワセリンをぬった部分のちがいにより水の減少量が異なったことから,各部分からの蒸散量を求めることができる。その結果,{ 葉の表・葉の裏・茎 } に,水蒸気の出口である ( ) の数が多いことが考えられる。

(2004年　岩手県・改題)

5 植物の分類

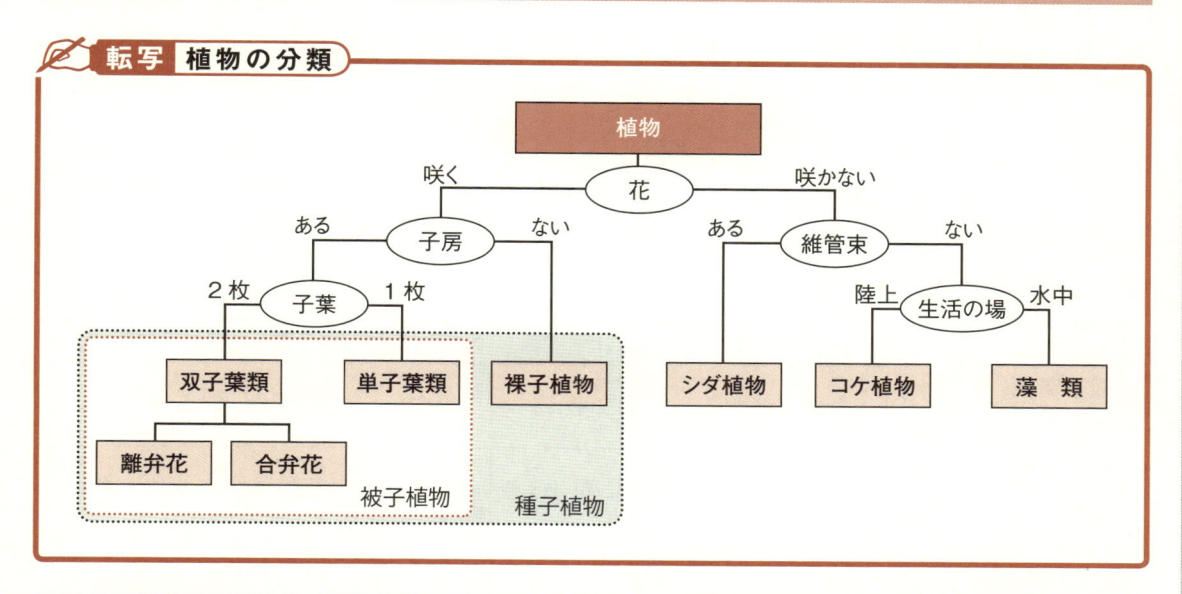

転写 植物の分類

```
                    植物
                     |
                     花
            咲く ／      ＼ 咲かない
              子房            維管束
         ある／ ＼ない      ある／ ＼ない
          子葉   ｜         ｜   生活の場
       2枚／＼1枚 ｜        ｜   陸上／＼水中
       双子葉類 単子葉類 裸子植物 シダ植物 コケ植物 藻類
       ／＼
    離弁花 合弁花
       （被子植物）
       （種子植物）
```

解説 ▶ 種子植物

　花を咲かせ，種子でなかまをふやす植物を<u>種子植物</u>という。種子植物は花のつくりの違いから大きく被子植物と裸子植物に分類される。<u>被子植物の胚珠は子房におおわれていて，裸子植物には子房がなく胚珠がむき出しになっている。</u>

　<u>胚珠は種子に変化する部分</u>で，<u>子房は果実に変化する部分</u>。したがって被子植物は果実をつくる植物ともいえる。被子植物は昆虫や鳥をパートナーに，受粉をするものが多い。裸子植物の花には花弁がなく目立たない。花粉は風に飛ばされ受粉する。

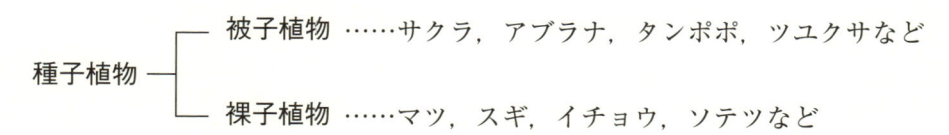

```
種子植物 ─┬─ 被子植物 ……サクラ，アブラナ，タンポポ，ツユクサなど
          └─ 裸子植物 ……マツ，スギ，イチョウ，ソテツなど
```

解説 ▶ 被子植物

　陸上植物の種の約9割が被子植物である。胚珠は種子に変化する大切なつくり。それが子房でおおわれて，乾燥などから守られている。陸上での生活により適したつくりになっている。被子植物は，芽生えのようすから<u>単子葉類</u>と<u>双子葉類</u>とに分類される。

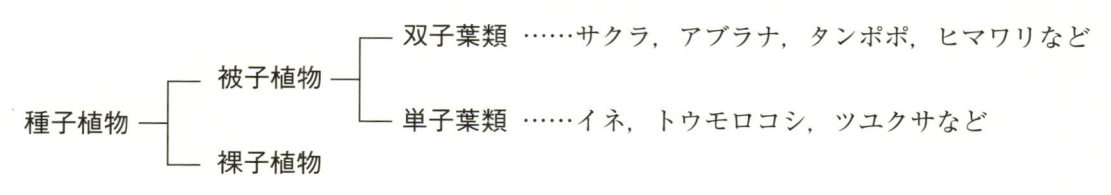

```
種子植物 ─┬─ 被子植物 ─┬─ 双子葉類 ……サクラ，アブラナ，タンポポ，ヒマワリなど
          │              └─ 単子葉類 ……イネ，トウモロコシ，ツユクサなど
          └─ 裸子植物
```

解説 ▶ 双子葉類

　双子葉類の根は，主根と側根からなり，茎の維管束が輪に並び，葉の維管束（葉脈）は網目状になる。花弁は4，5枚のものが多い。単子葉類の根はひげ根，茎の維管束は全体に散り，葉の維管束（葉脈）は平行になる。花弁は3，6枚のものが多い。双子葉類は，花弁が1枚1枚離れる離弁花と，花弁が合わさって1つになっている合弁花に分類される。

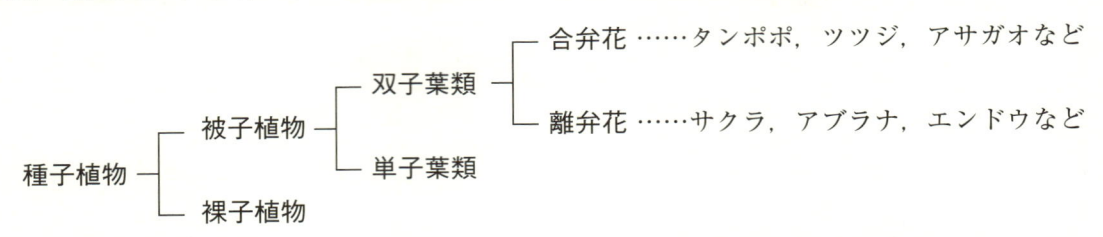

```
                          ┌─ 合弁花 ……タンポポ，ツツジ，アサガオなど
              ┌─ 双子葉類 ─┤
              │           └─ 離弁花 ……サクラ，アブラナ，エンドウなど
種子植物 ─┬─ 被子植物 ─┤
          │           └─ 単子葉類
          └─ 裸子植物
```

	根のつくり	茎の維管束	葉脈（葉の維管束）	花弁
双子葉類 子葉が2枚の植物	主根と側根	輪に並ぶ	幅広い，網状脈	4，5枚が多い
単子葉類 子葉が1枚の植物	ひげ根	全体にちらばる	細長い，平行脈	3，6枚が多い

解説 ▶ 花が咲かない植物

　花の咲かない植物には，藻類（ワカメ，昆布など），コケ植物（ゼニゴケ，スギゴケなど），シダ植物（ワラビ，ゼンマイ，スギナなど）がある。これらの植物は胞子で仲間をふやしている。
　種子には発芽に必要な栄養分が蓄えられている。適当な温度と水分と酸素があれば種子は芽生え，ある程度の大きさまでその栄養分で育つことができる。そのため胞子に比べて種子でふえるほうが有利であると考えられている。

解説 ▶ シダ植物

　シダ植物は，光合成によって自ら栄養分をつくり出し，胞子でふえる。
　シダ植物には維管束があり，からだが根・茎・葉と分かれている。維管束は根で吸収した水と養分，光合成でつくられた栄養分などを運搬する管である一方，植物のからだの「芯」となって支えることにも役立っている。陸上で生活するためには，シャキッとからだを支え高く伸びたほうが有利に光合成を行える。藻類とコケ植物には維管束がない。
　ワラビ，ゼンマイ，スギナ（ツクシの親）など，現在のシダ植物は小さめだが，約3億年前の地球上は，大型のシダ植物が大森林をつくっていたと考えられている（この化石が石炭。98ページ参照）。

解説 ▶ コケ植物

コケ植物は，光合成によって自ら栄養分をつくり出し，胞子でふえる。根のように見える部分は仮根とよばれ，からだを固定するはたらきをしている。水や養分はからだ全体で吸収している。維管束がなく，根，茎，葉の区別はない。雄株と雌株に分かれている。

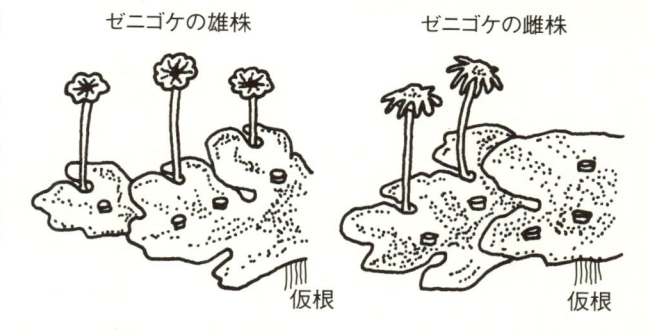

ゼニゴケの雄株　ゼニゴケの雌株　仮根

解説 ▶ 植物の分類

種子植物（被子植物と裸子植物），シダ植物，コケ植物，藻類。これらの植物はすべて葉緑体をもち光合成を行う点で共通している。

維管束をもつ種子植物とシダ植物をまとめて維管束植物とよぶこともある。

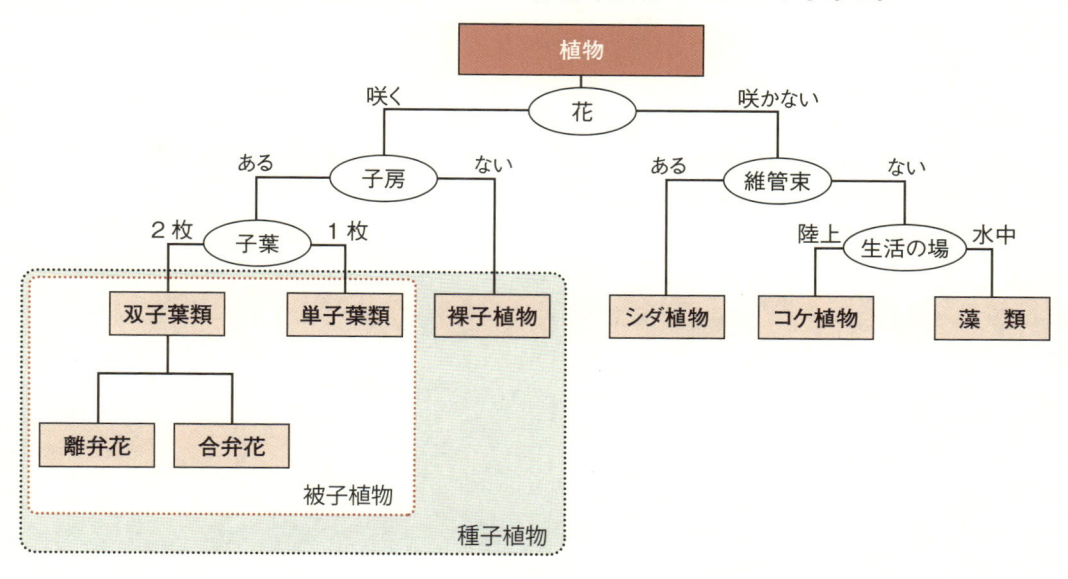

```
                          植物
              咲く ─── 花 ─── 咲かない
         ある ── 子房 ── ない       ある ── 維管束 ── ない
      2枚 ─ 子葉 ─ 1枚   裸子植物   シダ植物  陸上 ─ 生活の場 ─ 水中
    双子葉類  単子葉類                        コケ植物      藻類
   離弁花 合弁花
          被子植物
              種子植物
```

練習問題

▶▶▶ 解答は209ページ

1. 次のア～オは，いろいろな植物のからだの一部を示したものである。

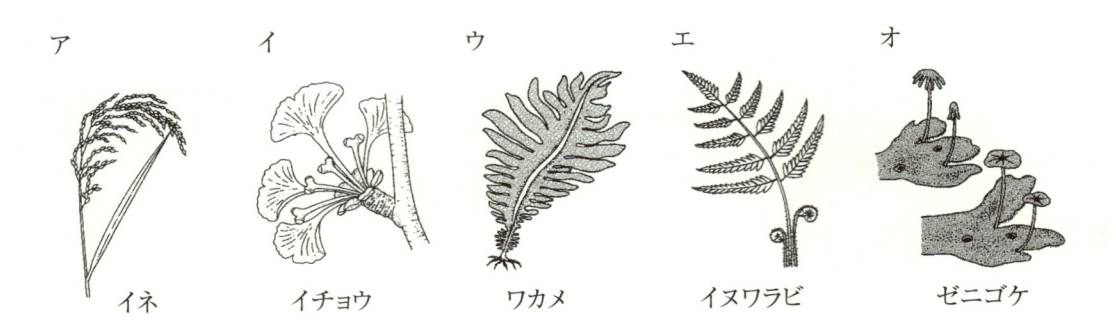

ア　イネ
イ　イチョウ
ウ　ワカメ
エ　イヌワラビ
オ　ゼニゴケ

(1) ア～オの植物をある観点をもとに，（ア，イ）と（ウ，エ，オ）の2つのグループに分けた。その観点とは何か。簡潔に書きなさい。

(2) 維管束がある植物はどれか。ア～オの中からすべて選び，記号を書きなさい。

(2001年　佐賀県)

2. 図のa～dは，身近に見られる植物のからだの一部をスケッチしたものである。

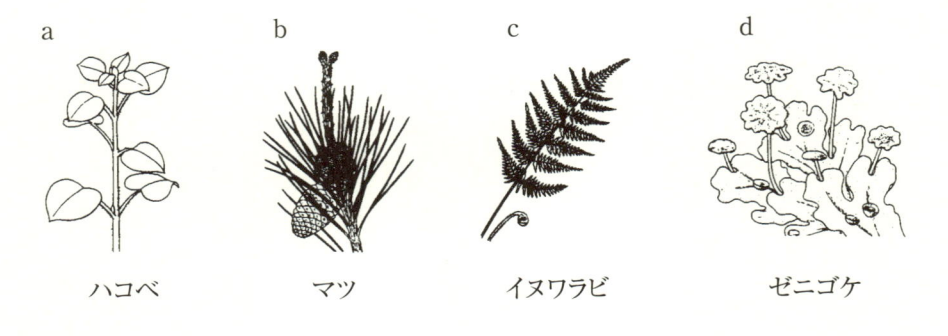

a　ハコベ
b　マツ
c　イヌワラビ
d　ゼニゴケ

(1) a～dの植物に共通する特徴は何か。次から選べ。

　ア　葉緑体をもち光合成を行う　　イ　花を咲かせる
　ウ　雄株と雌株に分かれている　　エ　胞子でふえる

(2) aは被子植物，bは裸子植物である。被子植物と裸子植物の花のつくりの違いを書け。

(3) 次の文中の（　）に当てはまる最も適当な言葉を書け。

　　dには，からだに張りめぐらされている（　　　　　）がなく，水をからだの表面から直接吸収している。このため，dは湿ったところに生活している。

(4) 採集した植物を図のルーペを用いて観察するとき，ルーペの使い方で正しいものはどれか。次から選べ。

　　　ア　ルーペを目から離し植物を前後に動かす
　　　イ　ルーペと植物を密着させ前後に動かす
　　　ウ　ルーペを前後に動かし植物は動かさない
　　　エ　ルーペを目に近づけ植物を前後に動かす

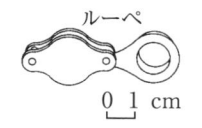

（2002年　鹿児島県）

2 分野
生物

第 2 章

人体のしくみ

　パソコンでいろいろな処理をします。例えば，デジカメに記録された写真を修整してプリンターに出力する，キーボードで入力された情報をディスプレイに表示する，といった処理です。パソコンはいろいろな入力情報を処理して出力します。

　人体もパソコンと同じように，「入れて処理して出す」をくり返しています。食べ物を"摂る"ことは，「入れて処理して出す」ことそのままです。口，食道，胃……と続く消化管とそれに付属する臓器のはたらきで，食べ物は消化され，体内に吸収されます（入れる）。体内に取り込まれた栄養素は，心臓のはたらきで体中にめぐらされ（処理），不要物は排泄されます（出す）。

　別の「入れて処理して出す」もあります。目，耳，鼻……といった感覚器官にはさまざまな情報が入ってきます。これらの情報は脳を中心とした中枢で処理され，筋肉と関節で体を動かします。これは，食べ物を"獲る"ためのものです。

　人体は複雑です。複雑だから大きな視野でとらえることが大切です。

1 細胞のつくりとはたらき

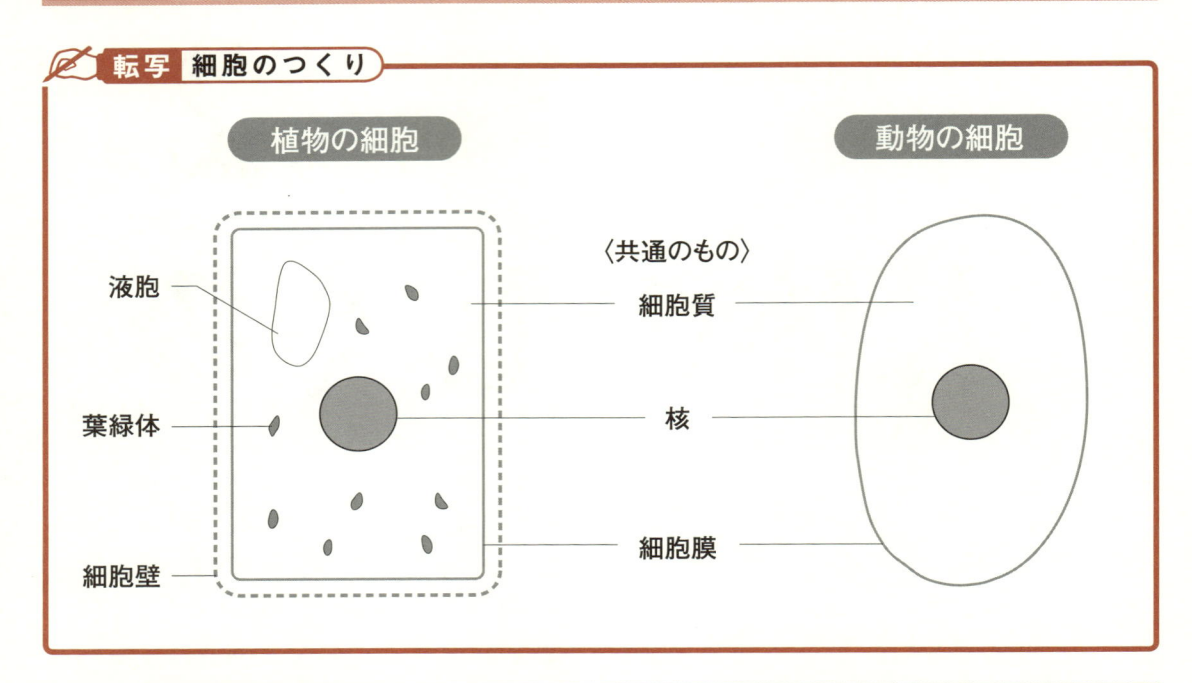

転写 細胞のつくり

植物の細胞　　　　　　　　　　動物の細胞

〈共通のもの〉
- 液胞
- 葉緑体
- 細胞壁
- 細胞質
- 核
- 細胞膜

解説 ▶ 生命の最小単位

生物のからだは細胞(さいぼう)でできている。ヒトの体には約200種類，合計約60兆個の細胞がある。200種類の細胞の大きさや形はさまざまで，たとえば赤血球1個も細胞であるが，その直径は約0.007mm，肝臓の細胞は約0.03mm，神経細胞は長いもので1000mm（＝1m）に達する。3～4日の寿命(じゅみょう)を終え，置きかわってしまう小腸の壁の細胞から，一生置きかわることのない神経細胞まで，寿命もさまざまである。

解説 ▶ 細胞の基本構造

細胞の基本構造は核(かく)と細胞質(さいぼうしつ)である。細胞の内部には球形の核が1個あり，核のまわりを細胞質が満たし，細胞質の一番外側は細胞膜とよばれるうすい膜になっている。細胞は種類豊富でさまざまだが，植物の細胞も動物の細胞もここまでのつくりは同じである。

解説 ▶ 動物と植物の違い

植物の細胞と動物の細胞には違いがあり，その違いが，植物と動物の生活の違いに反映される。植物の細胞だけに見られる箱形の細胞壁(さいぼうへき)は，細胞を高く積み上げるのに有利である。植物は背を高く伸ばすことによって，効率よく太陽の光を受けとることができる。箱形の細胞壁をもたない動物の細胞は，しなやかな動きを生み出すのに都合がよい。このように，細胞レベルから植物と動物の違いを見ることができる。

解説 ▶ 細胞のつくりとはたらき

核　1つの細胞にふつう1個含まれる。核の内部は細長い糸状のもの（染色糸）がちらばっていて，これを核膜が包んでいる。この糸状のものは細胞分裂のとき，折りたたまれ太く短い染色体になる。酢酸カーミン液，酢酸オルセイン液といった色素に赤く染まるので"染色"の名がつけられた。

染色体はDNAとよばれる物質でできている。染色体がからだの"設計図"で，DNAはそこに記された"文字"に当たる。DNAの90％以上は何のためにあるのかまだ解明されておらず，残りの10％弱に生命活動に必要な情報や身体の特徴などが記されている。この部分を遺伝子という。

細胞質　細胞の核以外の部分。体温の維持，物質の合成といった生命活動が行われる。

細胞膜　細胞の内と外を仕切る膜のこと。細胞に出入りする物質の量を調整している。細胞質の一部。

細胞壁　植物細胞だけにある細胞膜の外側をおおうかたく丈夫な壁。材質は炭水化物の一種であるセルロースが主成分。水や水にとけた物質を通す。

葉緑体　光のエネルギーを吸収し，光合成を行い，炭水化物（デンプンなど）を生産する"工場"にあたる緑色の粒。植物細胞だけにある。細胞質の一部。

液胞　細胞の生命活動の結果生じた不要物を貯蔵する袋。動物の細胞にも非常に小さな液胞が見られるが，大きな液胞は植物細胞にしか見られない。細胞質の一部。

2　刺激と反応①　感覚器官

転写　目のつくりとはたらき

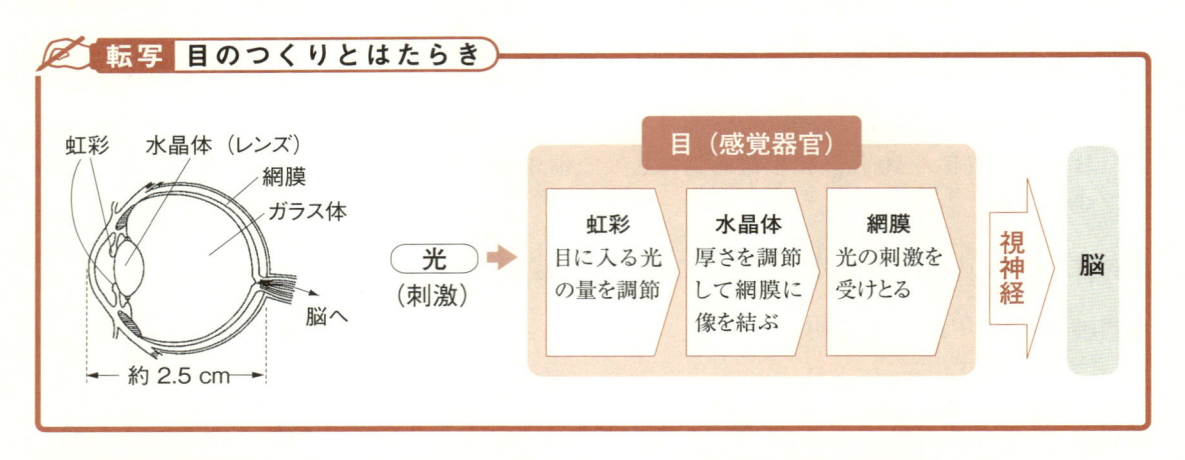

虹彩　水晶体（レンズ）
網膜
ガラス体
脳へ
約2.5 cm

光（刺激）→ 目（感覚器官）
- 虹彩：目に入る光の量を調節
- 水晶体：厚さを調節して網膜に像を結ぶ
- 網膜：光の刺激を受けとる
→ 視神経 → 脳

解説　刺激と反応

動物は獲物を見つけたり，危険から身を守ったりするために，身のまわりの情報を感じとり，それに応じて行動する。光，音，におい，味，圧力・温度など，外界からの情報を**刺激**といい，刺激を受けて行動することを**反応**という。

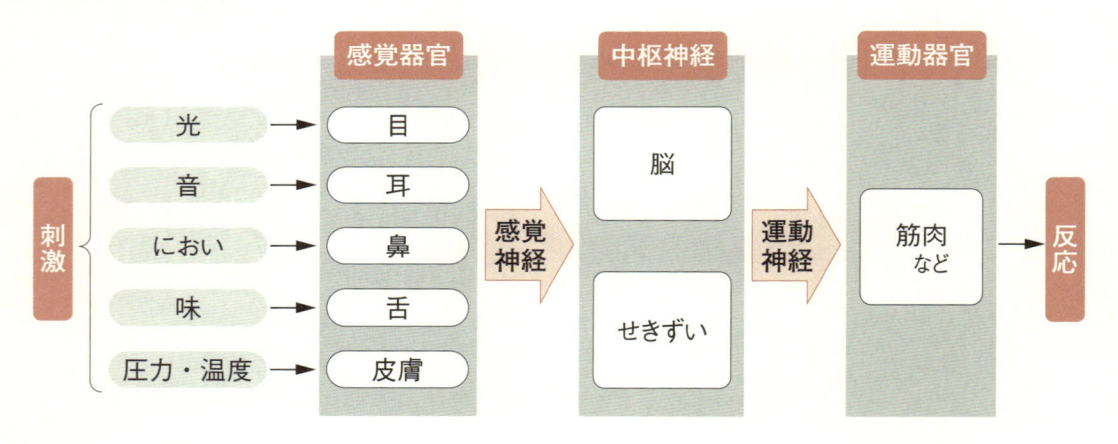

刺激　　感覚器官　　　　　　中枢神経　　　　　運動器官
- 光　→　目
- 音　→　耳
- におい　→　鼻　　→ 感覚神経 → 脳／せきずい → 運動神経 → 筋肉など → 反応
- 味　→　舌
- 圧力・温度　→　皮膚

解説　感覚器官

外界の刺激を受けとる器官を**感覚器官**という。光を受けとる目，音を受けとる耳などがある。

①目

光の刺激は最終的に**網膜**に受けとられ，感覚神経（視神経という）を通して脳に伝えられる。**虹彩**はひとみの大きさを変えて，目に入る光の量を調節する。**水晶体**（レンズ）は厚さを調節して，網膜に像を結ぶ。

②耳

音の刺激は最終的に**うずまき管**に受けとられ，感覚神経（**聴神経**という）を通して脳に伝えられる。

鼓膜は音の振動でふるえる。**耳小骨**はふるえを拡大してうずまき管に伝える。

耳は音の刺激を受けとるだけではなく，体の傾きや回転を感じとるはたらきがある（前庭で傾きを，半規管で回転を感じとる）。

③鼻

鼻の奥のほうの天井部分ににおいを感じる細胞があり，そこでにおいの刺激を受けとる。

④皮膚

あたたかさや冷たさを感じる点，圧力を感じる点，さわられたことを感じる点が点状に分布している。

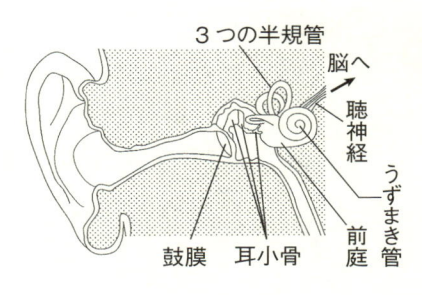

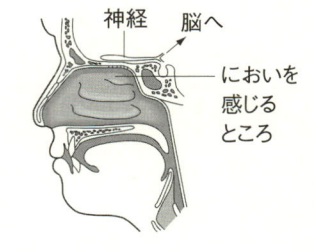

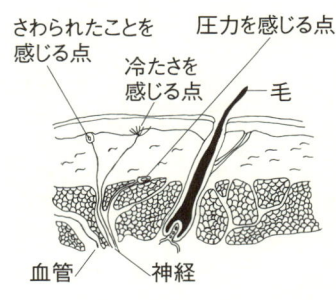

例題1 次の問いに答えなさい。

(1) 図1は，目の断面を模式的に示したものである。網膜の部分を黒くぬりつぶしなさい。また，光が通過できるように透明になっている部分をア～オからすべて選び，記号で書きなさい。

（2005年　大分県）

(2) 図2は，鼻の断面を模式的に示したものである。においを感じるところはどの部分にあるか。a～dから選びなさい。

（2003年　鹿児島県・改題）

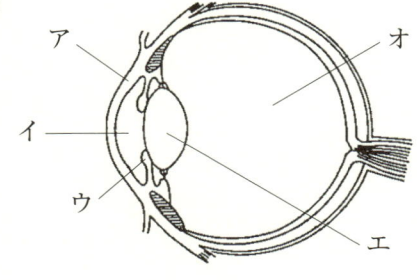

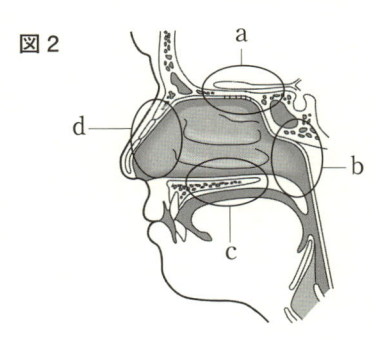

図1

図2

例題1の解答　　(1)　ア，イ，エ，オ（図は右を参照）　　(2)　a

(1) 網膜の位置は右図の赤色の部分。
　　光は，ア（角膜），イ，エ（水晶体），オ（ガラス体）を通って網膜に像が結ばれる。
　　ウ（虹彩）は光の量を調節するところなので，光を通さない。
(2) 鼻の中の空間の天井部分でにおいを感じとっている。

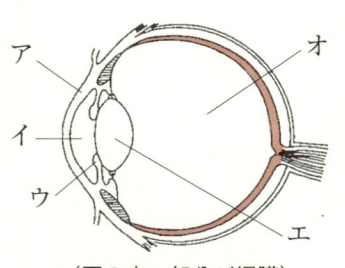

（図の赤い部分が網膜）

> **実験**▶ **メダカが刺激にどのように反応するか**

①ガラス棒で水の流れをつくる

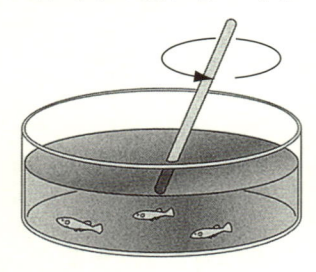

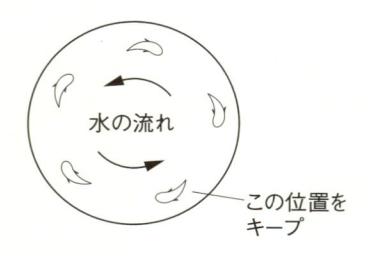

②水そうの周りの白黒模様を回転させる

水の流れをつくると，メダカは流れに逆らって泳ぐ（流れに反応して同じ位置をキープしようとする）。

模様を回転させると，メダカは回転と同じ向きに泳ぐ（周囲の模様に反応して，模様に対して自分の位置が変わらないように泳ぐ）。

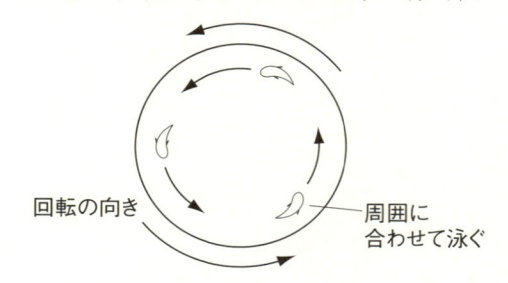

水の流れ　　この位置をキープ

回転の向き　　周囲に合わせて泳ぐ

　このようなメダカの反応は，生活の場（周囲の環境）が急に変わらないようにするためだと考えられる。

例題2 Tさんは，丸形水そうにメダカを数匹入れ，しばらく時間をおいて実験1，実験2を行った。実験を始める前はメダカはそれぞれ不規則に泳いでいた。

[実験1]
水そうの水を棒で一定方向にかき回し水の流れをつくると，メダカは水流に逆らって泳いだ。棒を除いたあとも水が流れている間はメダカは流れに逆らって泳ぎ続けた。

[実験2]
水そうの外側で模様がついた円筒状の紙をゆっくりと回転させたところ，メダカは紙の回転方向に泳いだ。

(1) 実験1，実験2の結果から，メダカの習性について考えられるものを次のア～エから1つ選んで記号で答えなさい。
　　ア　メダカは川の同じ位置にとどまろうとする。
　　イ　メダカは川の中で常に位置を変えようとする。
　　ウ　メダカは外からの刺激に対して反応するが，その反応に規則性はみられない。
　　エ　メダカは常に周囲の景色の変化に影響されることなく泳ぐ。

(2) 実験2と同じ結果が得られないと考えられるのは次のどの模様の紙を使ったときか。次のア～エから1つ選んで記号で答えなさい。

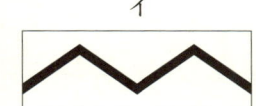

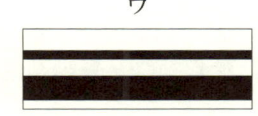

　　　ア　　　　　　イ　　　　　　ウ　　　　　　エ

（2004年　島根県）

例題2の解答　(1) ア　　(2) ウ

(1) 実験1の結果から，メダカには流れに流されない習性があり，実験2から，メダカには周囲の景色が変化しないようにする習性があることがわかる。メダカは同じ位置にとどまろうとする。
(2) まわりの模様の変化で，メダカは自分が流されていると思い込んでしまう。ウは回転させても模様の変化が起きない。

3 刺激と反応② 神経系

転写 意識して起こす反応・無意識に起きる反応（反射）

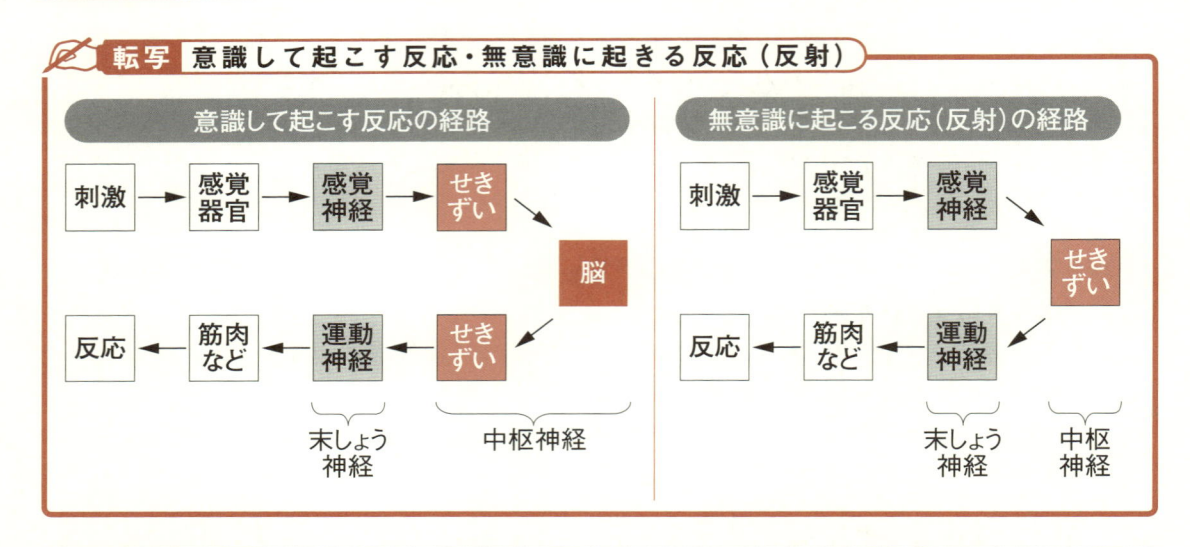

意識して起こす反応の経路

刺激 → 感覚器官 → 感覚神経 → せきずい → 脳 → せきずい → 運動神経 → 筋肉など → 反応

（運動神経・筋肉など：末しょう神経／せきずい・脳：中枢神経）

無意識に起こる反応（反射）の経路

刺激 → 感覚器官 → 感覚神経 → せきずい → 運動神経 → 筋肉など → 反応

（運動神経・筋肉など：末しょう神経／せきずい：中枢神経）

解説 ▶ 神経系

目や耳などの感覚器官が外界から刺激を受けると，その信号は感覚神経を伝わり，脳やせきずいに送られる。脳やせきずいからの命令は運動神経を伝わり，筋肉などに送られ，反応として現れる。脳やせきずい，感覚神経と運動神経をまとめて**神経系**という。

① **中枢神経**（信号を受けとり，命令を出す）
  - 脳（頭の骨に保護されている）
  - せきずい（背骨に保護されている）

② **末しょう神経**（体のすみずみまで行き渡っている）
  - 感覚神経（感覚器官で受けとられた刺激を中枢神経に伝える）
  - 運動神経（中枢神経からの命令を筋肉などに伝える）

解説 ▶ 神経細胞

神経系はたくさんの神経細胞の集まりである。刺激や命令の信号はいくつかの神経細胞をリレーして伝わる。ただし，神経細胞を伝わる信号は一方通行であることに注意する。

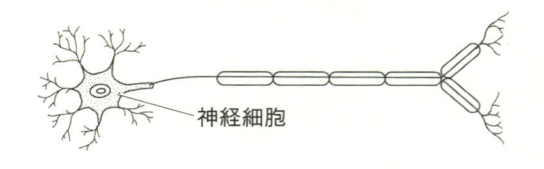

神経細胞

解説 ▶ 反射

熱いものにふれ，思わず手を引っ込める反応は，無意識に起こる。刺激を受けて無意識に起こる反応を**反射**という。反射は生まれつきそなわったものである。反射は脳を経由しないので，反応が起こるまでの時間が短い。多くは危険から身を守ることに役立っている。

[反射の例]

熱いものにふれたとき，手を引っ込める。
体温が上がると，汗が出る。
急に目の前に虫などが飛んでくると，目を閉じる。
くしゃみ，など。

　右の図は，神経系を模式的に表したものである。
　意識して起こす反応は脳を経由するので，「感覚器官→①→②→脳→③→④→筋肉」の順に信号が伝達される。それに対して，無意識の反射は脳を経由しないので，「感覚器官→①→⑤→④→筋肉」の順に信号が伝達される。

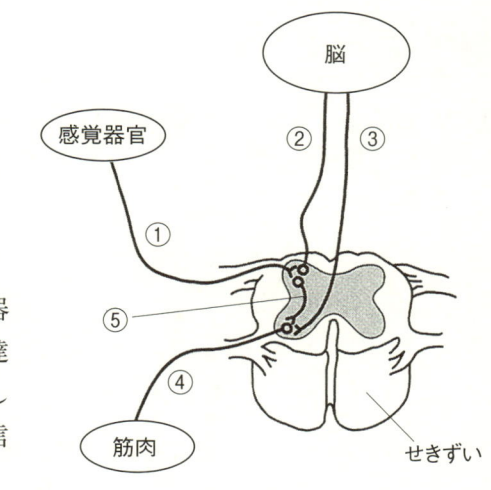

例題1　図は，ヒトの神経系を模式的に示したものである。

(1) うっかり熱い鍋にふれると思わず手を引っ込める。このような反応を何というか，名称を書きなさい。

(2) (1)の反応を起こすための信号が伝わる経路を図の①～⑤より選び，その番号を信号が伝わる順に，左から右に書きなさい。

(3) 次のうち(1)の反応と同じ種類のものを選びなさい。
　ア　電話中，用件をメモした。
　イ　ひざの下をたたくと，足がはね上がった。
　ウ　信号が青になったので歩き出した。
　エ　梅干しを見たら，だ液が出た。

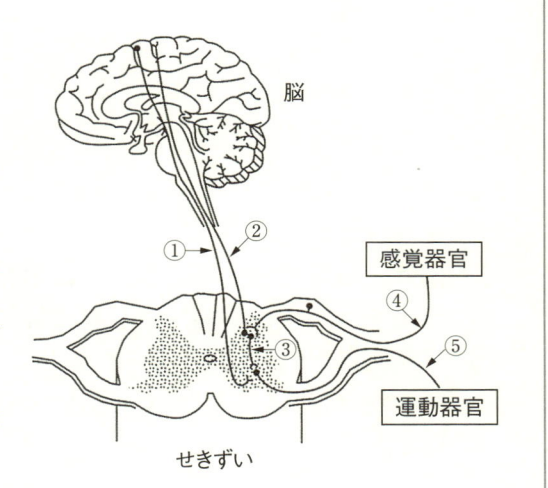

(2005年　佐賀県後期・改題)

例題1の解答　(1) 反射　(2) ④→③→⑤　(3) イ

(1) 無意識のうちに起きる反応を反射という。反射は生まれつきそなわったもので，学習して得るものではない。
(2) 反射は脳を経由しない。したがって，反応が起こるまでの道筋は，(感覚器官→)④感覚神経→③せきずい→⑤運動神経(→運動器官)の順。
(3) 無意識に起こる反応はイ。エは梅干しがすっぱいことを学習したために起こったもので，生まれつきそなわったものではない。

練習問題

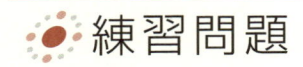

▶▶▶ 解答は 209 ページ

1. ヒトは外界からの刺激を受けて反応するためのしくみとして，感覚器官や神経系，筋肉，骨格などをもっている。下の①，②の文はヒトが刺激を受けて反応した例である。

> ① アイロンの熱い部分にふれてしまい，思わず手を引っこめた。
> ② 自動車を運転していて，歩行者が飛び出したので危険を感じ，ブレーキを踏んだ。このとき，歩行者が飛び出すのを見てから，ブレーキを踏もうと足を動かし始めるまでに0.4秒かかった。

(1) ①のような，刺激に対して無意識に起こる反応を何というか，書きなさい。また，①と同じ種類の反応を，次のア〜エから1つ選び，符号で書きなさい。

　　ア　運動場を歩いていたら，目の前にボールが飛んできたので，思わず目を閉じた。
　　イ　握手をしたら，力いっぱい手をにぎられたので，思わずにぎり返した。
　　ウ　肩がこっていたので，肩を手でもんだ。
　　エ　部屋が暑かったので，上着を脱いだ。

(2) 図は，ヒトの神経系を模式的に示したものであり，Aは大脳，B〜Fは神経，Gは感覚器官，Hは筋肉をあらわしている。①の場合について，刺激を受けてから反応が起こるまでの道すじを，図の中の符号で順に書きなさい。

(3) 信号が神経を伝わる速さはおよそ100 m/sであり，これをもとに考えれば，目から足先まで信号が神経を伝わるのに必要な時間は0.02秒程度になる。しかし，実際には，②で足を動かし始めるまでにかかった時間はそれより非常に長い。その理由を書きなさい。

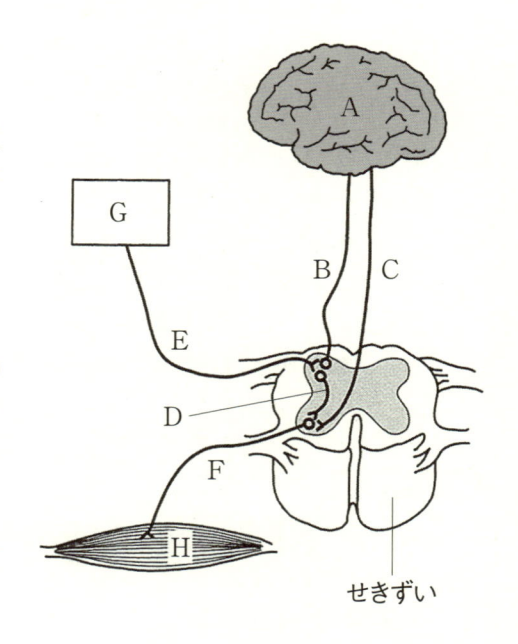

(2004年　石川県・改題)

4 刺激と反応③ 運動器官

転写 うでの曲げのばし

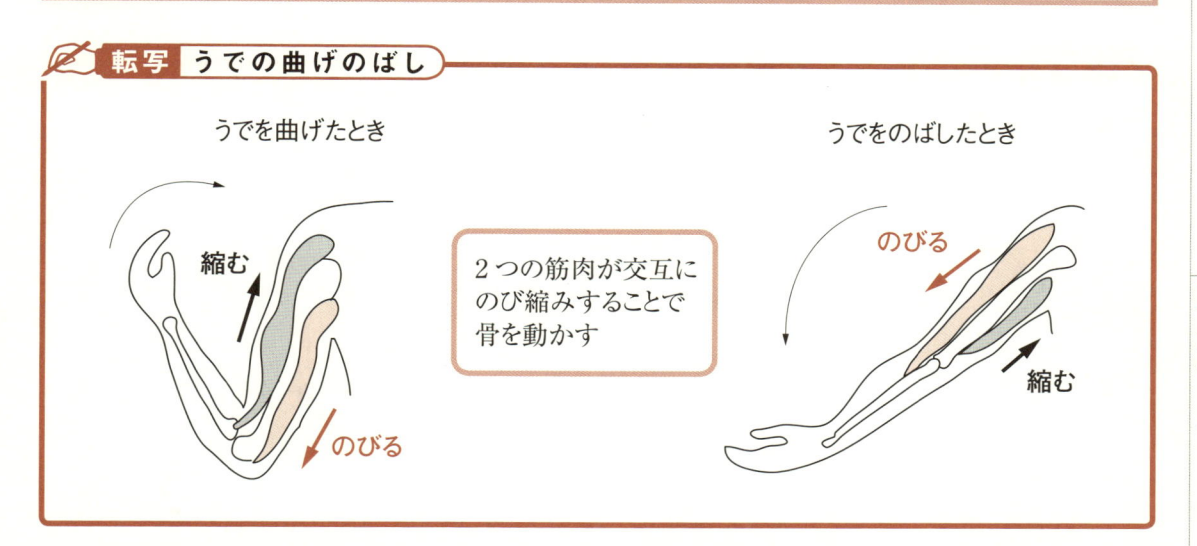

うでを曲げたとき　　縮む　　のびる

2つの筋肉が交互にのび縮みすることで骨を動かす

うでをのばしたとき　　のびる　　縮む

解説 ▶ 運動器官

　動物の多くは，丈夫な骨格と発達した筋肉をもつ。刺激に対する，すばやく，力強い動き（反応）は，骨格と筋肉の共同作業で生まれる。

- **骨格（こっかく）**　体を支え，神経や内臓を保護する。骨自体が動くわけではない。
- **関節（かんせつ）**　骨と骨のつなぎ目。2つの筋肉で骨と骨をつなぎ関節をつくる。
- **筋肉（きんにく）**　丈夫な**けん**で骨につながっている。2つの筋肉が交互に縮むことで，骨を動かす。

　筋肉は縮むことしかできない。そのため，2つの筋肉がセットになり，一方が縮んだときにもう一方がのびることで骨を動かす。

例題1 図は，うでをのばすときと曲げるときのものである。それぞれの場合に縮む筋肉の正しい組み合わせはどれか。表のア～エから選べ。

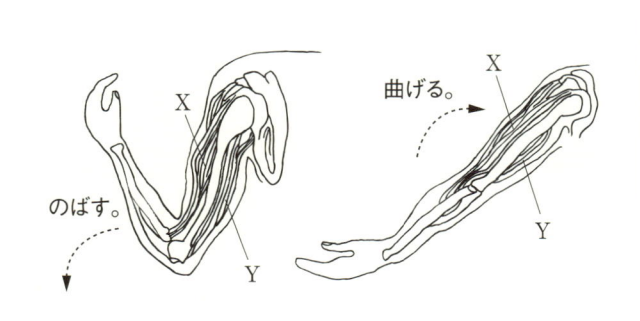

	ア	イ	ウ	エ
のばすとき	X	X	Y	Y
曲げるとき	X	Y	X	Y

（2003年　鹿児島県）

例題1の解答　ウ

うでをのばすときは，筋肉Yが縮んでひじから先をのばし，筋肉Xがのびる。
うでを曲げるときは，筋肉Xが縮んでひじから先を引き上げ，筋肉Yがのびる。

5 消化と吸収① 消化

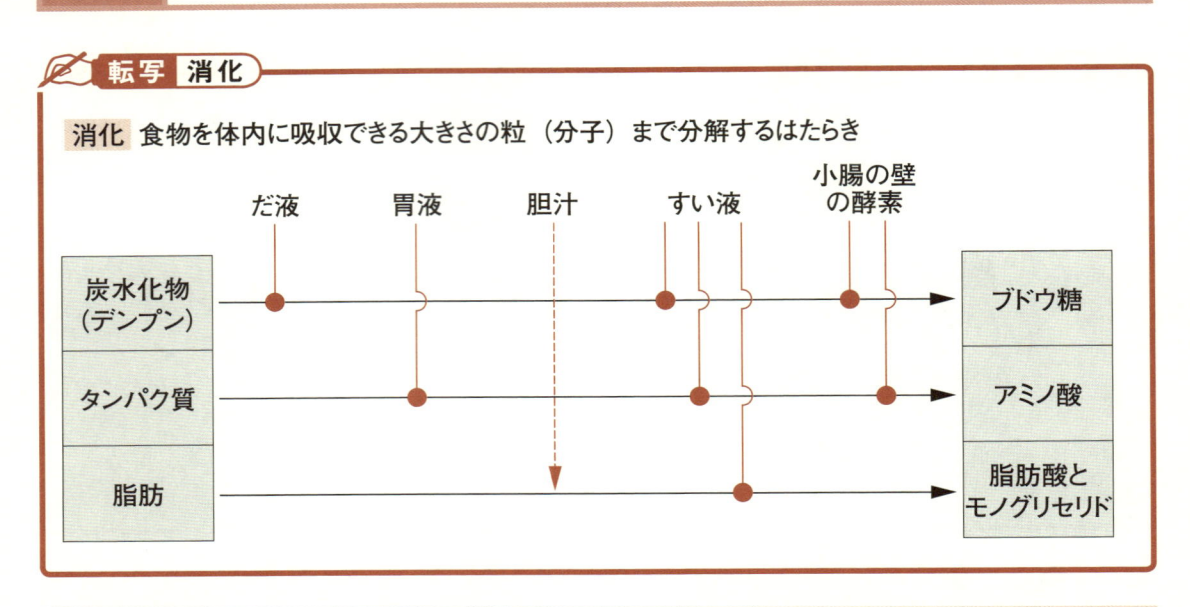

転写 消化

消化 食物を体内に吸収できる大きさの粒（分子）まで分解するはたらき

	だ液	胃液	胆汁	すい液	小腸の壁の酵素	
炭水化物（デンプン）	●			●	●	→ ブドウ糖
タンパク質		●		●	●	→ アミノ酸
脂肪			↓	●		→ 脂肪酸とモノグリセリド

解説 ▶ 消化

　動物は食べることで生活に必要なエネルギーを得たり，体をつくったりしている。食物に含まれる栄養分の中で，**炭水化物**と**脂肪**は体を動かすエネルギーとなる。**タンパク質**は体をつくる材料となる。
　食物に含まれる栄養分は粒が大きく，そのままでは体の中に吸収（57ページ参照）できない。**消化**とは，粒の大きな物質を体内に吸収できる大きさにまで分解するはたらきである。

```
⎧ 炭水化物（デンプン）→ ブドウ糖
⎨ タンパク質 → アミノ酸
⎩ 脂肪 → 脂肪酸とモノグリセリド
```

　炭水化物・脂肪・タンパク質は，どれも有機物である。有機物には炭素が含まれているので，燃やすと二酸化炭素を発生させ，蒸し焼きにすると炭になる。骨や血液などの成分となるカルシウム，カリウム，ナトリウムなどは無機物である（1分野150ページ参照）。

解説 ▶ 消化管

　ヒトの体は1本の長い管のようになっていて，食物は「口→食道→胃→小腸→大腸→肛門」と通過する。この食物の通り道にあたる長い管を**消化管**という。ヒトの消化管の長さは身長の約6倍，肉食動物の消化管の長さは体長の約4倍，草食動物の消化管は体長の10倍以上（ヒツジは約30倍）になる。植物の消化は，肉に比べて時間がかかるためである。食物の消化と吸収にかかわる器官をまとめて消化系という（消化管＋だ液せん＋肝臓＋胆のう＋すい臓など）。

口	食物をかんでこまかくする
だ液せん	だ液を分泌する
食道	食物を胃へ送る
胃	胃液を分泌する
肝臓	胆汁を分泌する
胆のう	胆汁をたくわえる
すい臓	すい液を分泌する
小腸	栄養分を吸収する
大腸	水分を吸収する
肛門	便の出口

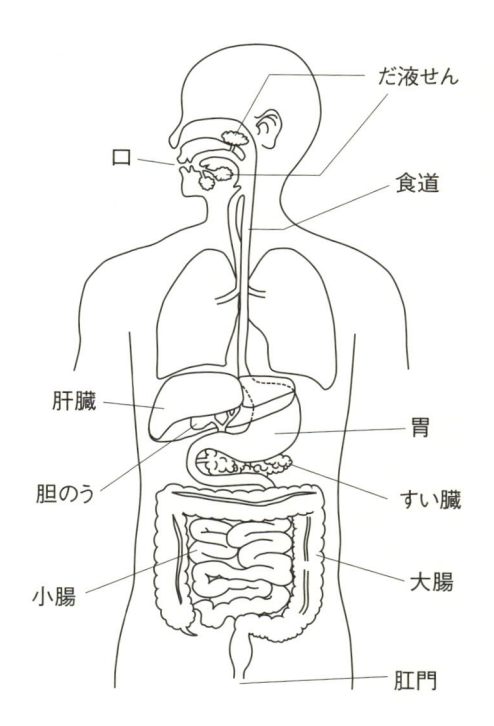

解説 ▶ 消化液と消化酵素

米やパンなどに含まれるデンプンは，ブドウ糖に分解されて吸収される。デンプンはブドウ糖の粒が数百個結びついてできている。実験室でデンプンをブドウ糖に分解するためには，硫酸を混ぜたデンプンを長時間グツグツと煮つめなければならない。ところが生物の体内では，デンプンは短時間で分解される。これは分解を促進する消化酵素がはたらくためである。

消化酵素はだ液や胃液などの消化液に含まれている。消化酵素は細胞によってつくられ，特定の物質に対してだけはたらく。たとえば，だ液に含まれるアミラーゼはデンプンを分解し，胃液に含まれるペプシンはタンパク質を分解する。

解説 ▶ だ液のはたらき

食物は口の中でかまれ，だ液と混ぜあわされる。だ液には，デンプンを糖に変えるはたらきがある。糖の粒はデンプンの粒と比べて小さいため，セロハン紙を通過する（デンプンは通過できない）。

実験 ▶ だ液のはたらき

同量のデンプンのりを入れた試験管A，B，Cを用意する。A，Bは40℃にあたため，Cは氷で冷やしておく。AとCにはうすめただ液を，Bには水だけをそれぞれ少量加えて，10分間放置する。10分後，A，B，Cの液をそれぞれ2つに分け，一方にヨウ素液を入れ，もう一方にベネジクト液を入れて加熱する。

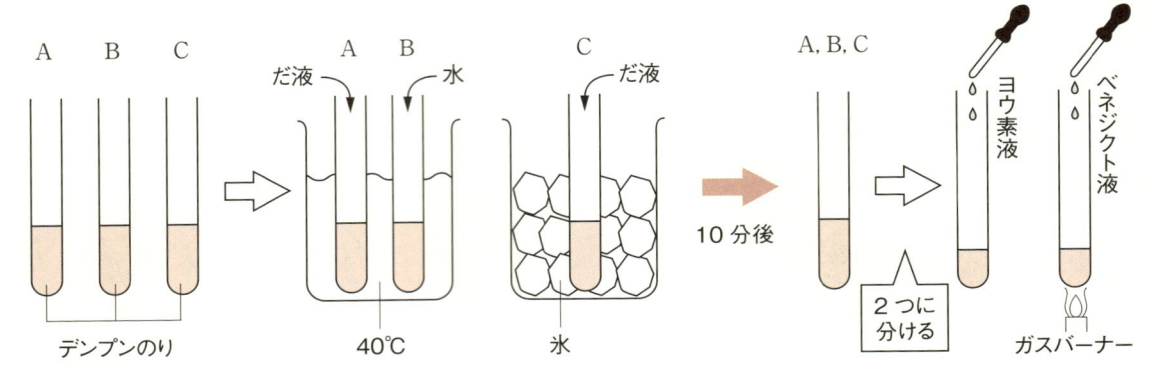

【確かめ方】
- デンプンが含まれていれば，ヨウ素液が青紫色になる。
- 糖が含まれていれば，ベネジクト液（青）を加えて加熱すると赤褐色になる。糖が少量のときは黄色になる。

	A（デンプン+だ液） 40℃	B（デンプン+水） 40℃	C（デンプン+だ液） 0℃
ヨウ素液	変化なし	青紫色	青紫色
ベネジクト液	赤褐色	変化なし	変化なし

【結論】
- A，Bの結果の比較から，<u>だ液がデンプンを糖に変化させている</u>ことがわかる。
- A，Cの結果の比較から，<u>0℃ではだ液がはたらかない</u>ことがわかる。

👉 ポイント
水を加えたBを用意したのはなぜか。
➡ 分量や濃さをそろえて，変化の違いがだ液のはたらきであることを特定するため。

例題1 次のレポートは，正美さんがデンプンを利用して行った実験の手順を示したものである。

だ液によりデンプンが糖に変化することを確かめる実験

[操作1] 図のように，試験管にうすいデンプン液と，うすめただ液を入れ，約40℃の水につけ，しばらくおく。

[操作2] すべてのデンプンが糖に変化したことを調べるための操作。操作1の試験管の中の液を2つに分け，___A___，それぞれの反応を見る。

[操作3] デンプンが糖に変化した原因が，だ液のはたらきであることを確かめるための操作。操作1の条件を変えて反応を見る。

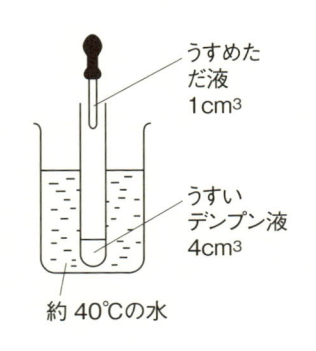

うすめただ液 1cm³
うすいデンプン液 4cm³
約40℃の水

(1) [操作2]の　A　に入る最も適当なものを，次の①〜④から1つ選んで番号で書け。
　① 一方にヨウ素液を加えて加熱し，他方にはベネジクト液を入れ
　② 一方にベネジクト液を加えて加熱し，他方にはヨウ素液を入れ
　③ 両方にヨウ素液を入れ，一方を加熱し
　④ 両方にベネジクト液を入れ，一方を加熱し

(2) [操作3]の実験を示す図として最も適当なものを，次の⑤〜⑧から1つ選んで番号で書け。

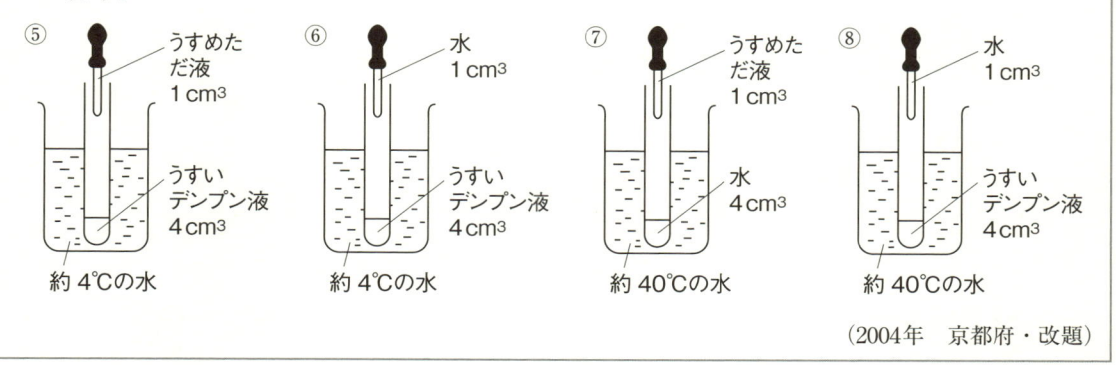

⑤ うすめただ液 1 cm³／うすいデンプン液 4 cm³／約 4℃の水
⑥ 水 1 cm³／うすいデンプン液 4 cm³／約 4℃の水
⑦ うすめただ液 1 cm³／水 4 cm³／約 40℃の水
⑧ 水 1 cm³／うすいデンプン液 4 cm³／約 40℃の水

（2004年　京都府・改題）

例題1の解答　(1) ②　(2) ⑧

(1) デンプンの存在をヨウ素液で確かめる。糖の存在をベネジクト液で確かめる。ベネジクト液は混ぜてから加熱する。

(2) だ液のはたらきでデンプンが糖に変化したことを確かめたい。そのためには，だ液以外の条件をそろえておく必要がある。だ液以外の条件（うすいデンプン液 4 cm³，約 40℃の水）はそのままで，だ液の代わりに水 1 cm³ を加えればよい。

解説 ▶ 胃のはたらき

口から入った食物はかみくだかれ，だ液と混ぜられて，食道から胃へ送られる（食道は消化液を出さない）。胃に入った食物は，胃液と混ぜあわされ，ドロドロの液状になる。胃液には塩酸が含まれていて，殺菌のはたらきもする。一方，胃液にはタンパク質を分解してアミノ酸にするはたらきがある。タンパク質は胃で細かな断片になる。

解説 ▶ 小腸のはたらき

胃に続く小腸の始まりの部分（30 cm ほど）を十二指腸という。胃から送られた食物は，この十二指腸ですい液と胆汁に混ぜあわされる。

すい液はすい臓から分泌され十二指腸に送られたもので，4つの酵素が含まれている。

胆汁は肝臓から分泌され十二指腸に送られたもので，酵素を含まない消化液である。酵素を含まないので，胆汁には消化能力はない。すい液による消化の手助けをしている（水にとけにくく，固まりをつくりやすい脂肪を細かな粒に分け，水中にちらばらせるはたらき）。

すい液に含まれる4つの酵素は，炭水化物（デンプン），タンパク質，脂肪を分解する。十二指腸に続く小腸の壁にも酵素があり，栄養分はさらに細かく分解される。最終的には，デンプンはブドウ糖に，タンパク質はアミノ酸に，脂肪は脂肪酸とモノグリセリドにまで分解され，小腸で吸収される。

解説 ▶ **大腸のはたらき**

大腸は消化液を出さない。主に水分の吸収を行う。大腸の壁には，小腸のようなひだはない（小腸の内側の壁のつくり→57ページ参照）。

例題2 図はヒトの消化系の模式図である。表は，有機物とそれらにはたらく消化液との関係を示したもので，○は「有機物を分解する」，×は「有機物を分解しない」ことを表している。また，器官X～Zは図中のいずれかの器官であり，有機物1～3はデンプン，タンパク質，脂肪のいずれかを表している。

	有機物1	有機物2	有機物3
だ液	×	○	×
器官Xから出される消化液	○	○	×
器官Yから出される消化液	○	○	○
器官Zから出される消化液	○	×	×

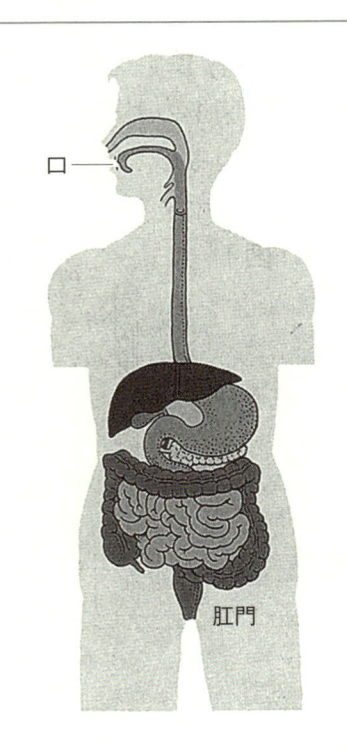

(1) 図のように，口から肛門までの1本の長い管を何というか，答えなさい。

(2) 表中の器官X～Zの組み合わせとして，適当なものを，次のア～エから1つ選び，記号で答えなさい。

	器官X	器官Y	器官Z
ア	小腸	すい臓	胃
イ	小腸	すい臓	大腸
ウ	肝臓	小腸	胃
エ	肝臓	小腸	大腸

(2005年　鳥取県)

例題2の解答　(1) 消化管　　(2) ア

(1) 口から肛門までの1本の長い管を消化管という。
(2) すい液はデンプン，タンパク質，脂肪すべての分解にかかわるので，器官Yはすい臓。だ液はデンプンだけを分解するので，有機物2はデンプン。胃液はタンパク質だけを分解するので，有機物1はタンパク質，器官Zは胃。小腸の壁の酵素はデンプンとタンパク質の分解にかかわるので，器官Xは小腸である。

練習問題

▶▶▶ 解答は210ページ

1 Aさんは，ご飯を長くかんでいるとあまく感じた。これは，だ液のはたらきでデンプンが糖に変わるためであると聞いたので，実験1，2によって確かめた。

[実験1]
図のようにa液を入れた試験管①，②と，b液を入れた試験管③，④を，約40℃の水の中に5分間つけた。その後，試験管①，③にヨウ素液を2，3滴ずつ加えたものと，試験管②，④にベネジクト液を2，3滴ずつ加えて加熱したもので，それぞれの色の変化をみた。

[実験2]
新たにa液を入れた試験管⑤，⑥と，b液を入れた試験管⑦，⑧を用意し，実験1の約40℃の水のかわりに氷水に5分間つけた後，実験1と同じように実験をした。

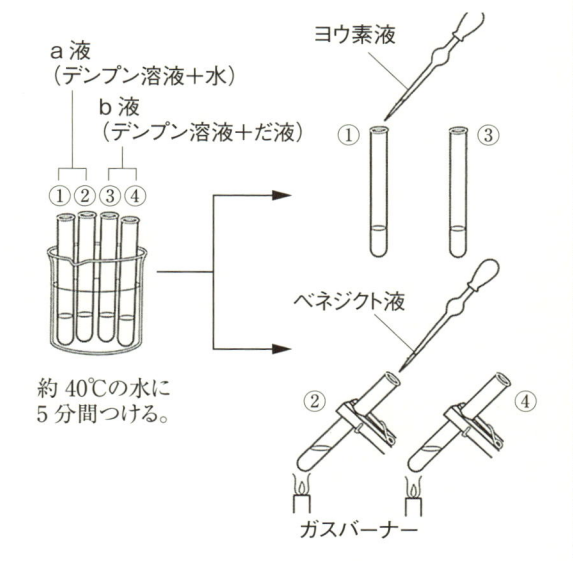

次の表は実験1，2の結果をまとめたものである。（①～⑧は各試験管を示している。）

	実験1（約40℃の水）		実験2（氷水）	
	a液（デンプン溶液+水）	b液（デンプン溶液+だ液）	a液（デンプン溶液+水）	b液（デンプン溶液+だ液）
ヨウ素液を加えた結果	①は青紫色に変化	③は（P）	⑤は青紫色に変化	⑦は青紫色に変化
ベネジクト液を加えて加熱した結果	②は変化なし	④は（Q）	⑥は変化なし	⑧はほとんど変化なし

(1) 試験管③，④の色の変化から，デンプンがすべて糖に変わったことがわかった。表の（P），（Q）に入る言葉の組み合わせとして適切なものを，次のア～エから1つ選んで，その符号を書きなさい。

　ア　（P）青紫色に変化　（Q）青色に変化
　イ　（P）青紫色に変化　（Q）赤かっ色に変化
　ウ　（P）変化なし　　　（Q）青色に変化
　エ　（P）変化なし　　　（Q）赤かっ色に変化

(2) 実験1，2において，デンプン溶液と水を入れたa液を使って実験をしたのはなぜか，書きなさい。

(3) 実験1では約40℃の水に，実験2では氷水に，試験管をつけて実験をしたのは，どのようなことを確かめるためか，書きなさい。

(2004年　兵庫県・改題)

2 だ液のはたらきを調べるために，次の実験を行った。

[実験]
ⓐ 35〜40℃にあたためた，うすいデンプンのり，だ液，水をそれぞれ用意し，セロハンの袋①には，うすいデンプンのりとだ液を入れ，セロハンの袋②には，うすいデンプンのりと水を入れた。それぞれのセロハンの袋を図のように水の入ったビーカーに入れ，35〜40℃の温度に保った。

ⓑ しばらくした後，それぞれのビーカーの液を別の試験管にとり，それぞれにヨウ素液を少量加え，色の変化を調べた。次に，再びそれぞれのビーカーの液を別の試験管にとり，それぞれにベネジクト液を加えて加熱し，色の変化を調べた。表は，その結果をまとめたものである。

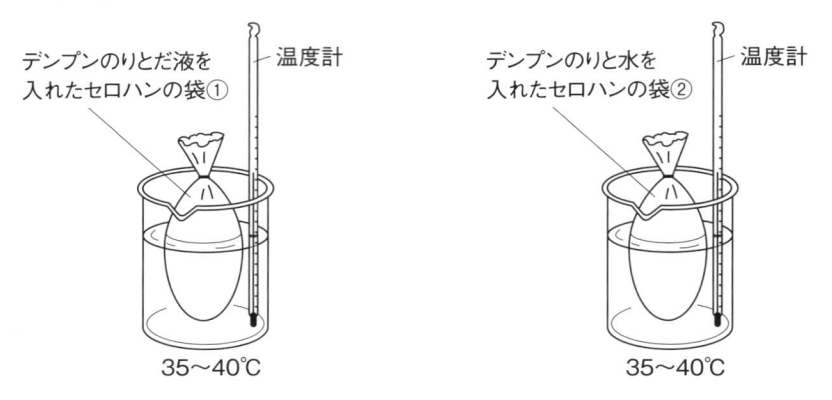

ビーカーの液	セロハンの袋①を入れたビーカーの液	セロハンの袋②を入れたビーカーの液
ヨウ素液を加えた結果	変化しなかった	変化しなかった
ベネジクト液を加え加熱した結果	変化した	変化しなかった

(1) 実験ⓑで，セロハンの袋①の中の液（ビーカー内の液ではない）を試験管にとり，ベネジクト液を加えて加熱すると，変化するか。変化するとしたらどのような色に変化するか，答えなさい。

(2) 実験ⓑの結果から，セロハンの袋の穴の大きさをX，デンプンの粒の大きさをY，だ液のはたらきでできた物質の粒の大きさをZとしたとき，それぞれの大きさにはどのような関係があると考えられるか。X，Y，Zを用いて，小さいものから順に書きなさい。

(2000年　埼玉県・改題)

6 消化と吸収② 吸収

転写 吸収

吸収 消化された栄養分を消化管から体内にとりこむはたらき。小腸の柔毛で吸収される

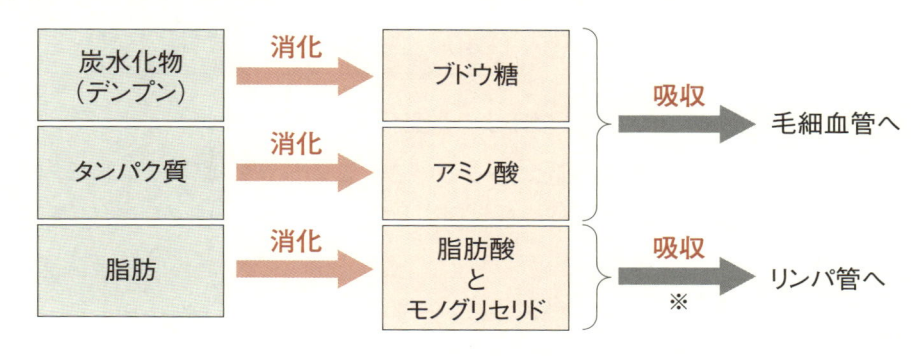

炭水化物（デンプン） →消化→ ブドウ糖 ┐
タンパク質 →消化→ アミノ酸   ├→吸収→ 毛細血管へ
脂肪 →消化→ 脂肪酸とモノグリセリド →吸収※→ リンパ管へ

※脂肪酸とモノグリセリドは吸収されるとすぐに結びついて小さな脂肪の粒に戻る。

解説 ▶ 吸収

　消化管で消化された栄養分は，小腸の内側の壁から体内にとりこまれる。これを**吸収**という。吸収されたブドウ糖とアミノ酸は**毛細血管**に入り，脂肪酸とモノグリセリドは吸収されるとすぐに結びついて小さな脂肪の粒に戻り，**リンパ管**に入る。

解説 ▶ 小腸の内側の壁のつくり

　小腸の内側の壁にはたくさんのひだがあり，その表面には無数の小さな突起が出ている。この突起は**柔毛**とよばれ，長さ1mmほどである。消化された栄養分は柔毛から吸収される。
　小腸の内側の表面積は，テニスコート1面分（200 m²）にもなる。表面積がふえれば，栄養分と接する面積が大きくなるため，効率のよい吸収が可能になる。

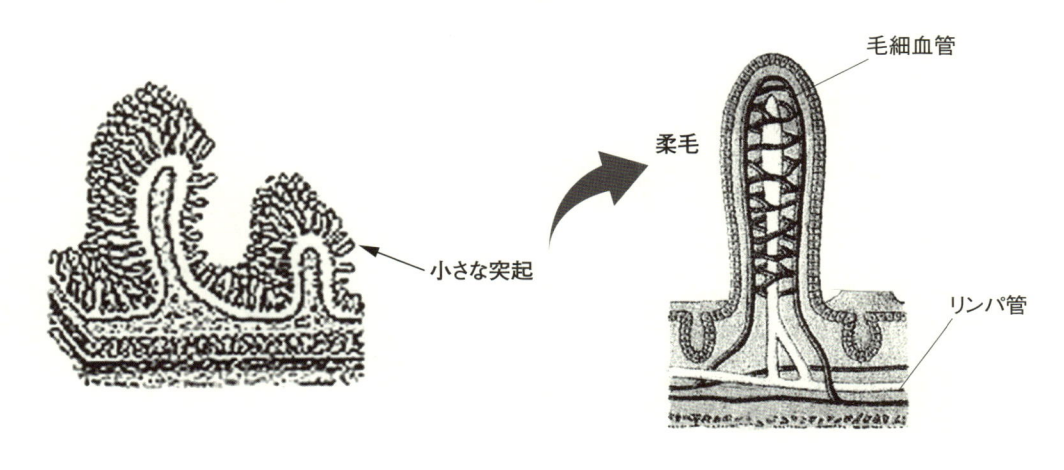

小さな突起 / 柔毛 / 毛細血管 / リンパ管

例題1 図は，小腸の断面の一部を模式的に示したものである。小腸のひだの表面には柔毛とよばれる小さな突起が無数にある。小腸がこのようなつくりになっているのはなぜか，小腸のはたらきにふれて「表面積」ということばを使って書きなさい。

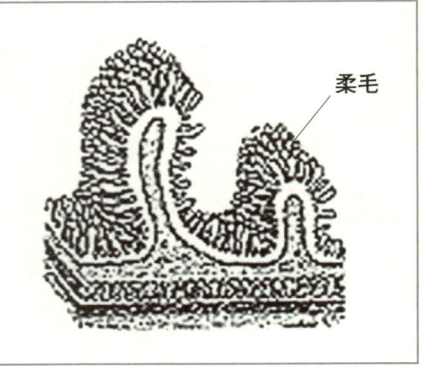

(2004年　三重県)

例題1の解答　表面積を大きくして，効率よく栄養分を吸収するため。

小腸の内側は，柔毛が無数に並ぶ構造になっている。この構造により，小腸の内側の表面積は非常に大きくなる。食物にふれる面がふえることで，効率よい吸収が可能になる。

参考 ▶ 栄養分のゆくえ

毛細血管に入ったブドウ糖とアミノ酸は，血液といっしょに肝臓を通って心臓に運ばれ，心臓から全身に送られる。脂肪の粒はリンパ管を通って運ばれる。リンパ管は左の鎖骨付近で大静脈と合流する。脂肪の粒は，リンパ管 → 大静脈 → 心臓 → 全身と運ばれる。

参考 ▶ 肝臓のはたらき

肝臓のはたらきは500以上あるといわれる。大きく分けて，①栄養分の貯蔵，②解毒，③血液の成分の一部をつくる，の3つである。
①小腸で吸収された栄養分を保存，必要に応じて送り出す。
②有毒なアンモニアを無毒な尿素につくり変える（65ページ参照）。さまざまな有毒物質を無毒にする過程で胆汁ができる。
③古くなった赤血球を破壊し，一部の血液成分を合成する。

7 血液の成分と循環のしくみ

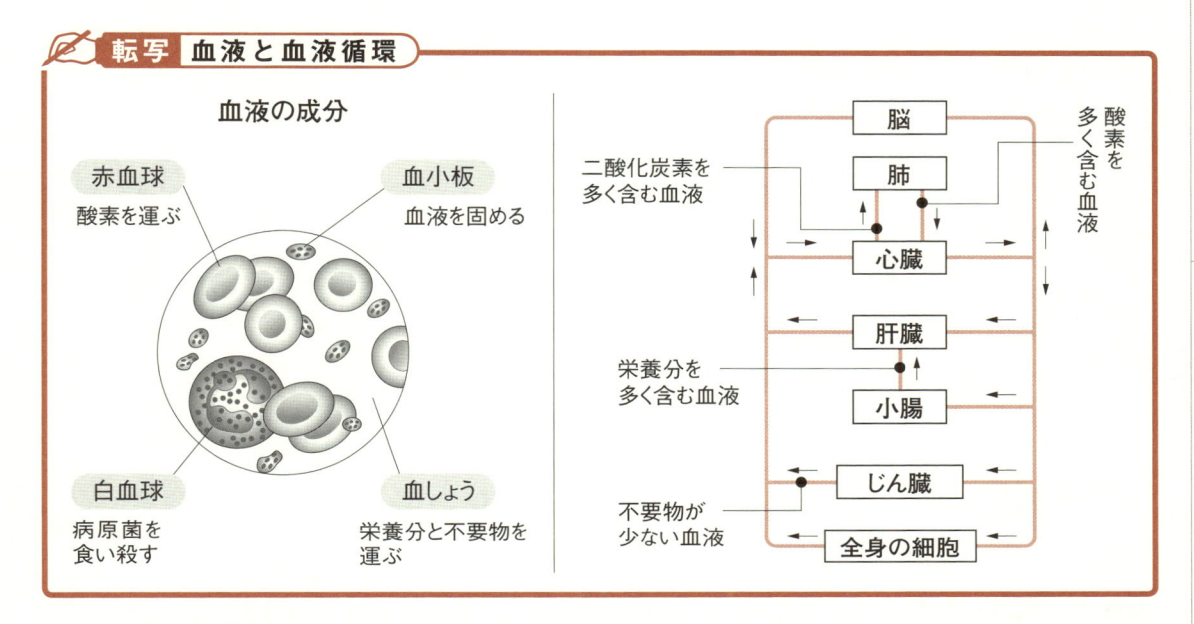

転写 血液と血液循環

血液の成分
- 赤血球：酸素を運ぶ
- 血小板：血液を固める
- 白血球：病原菌を食い殺す
- 血しょう：栄養分と不要物を運ぶ

血液循環図：脳・肺・心臓・肝臓・小腸・じん臓・全身の細胞
- 二酸化炭素を多く含む血液
- 酸素を多く含む血液
- 栄養分を多く含む血液
- 不要物が少ない血液

解説 ▶ 血液の成分

① **赤血球（せっけっきゅう）**
中央がくぼんだ円板状の細胞。ヘモグロビンという赤い色素を含むために赤色をしている。核（41ページ参照）をもたない細胞である。ヘモグロビンには，酸素の多いところでは酸素と結びつき，酸素の少ないところでは酸素をはなす性質がある。この性質を利用して全身に酸素を運搬している。骨の中でつくられる。

② **白血球（はっけっきゅう）**
形を変えてアメーバのように動く細胞。病原菌（びょうげんきん）などの異物を発見すると，毛細血管の壁のすきまから出て食い殺す。主にリンパせんでつくられる。

③ **血小板（けっしょうばん）**
血液を固めるはたらきをする。傷口で血が固まって止まるのは，血小板のおかげである。

④ **血しょう**
透明な液体。ブドウ糖やアミノ酸などの栄養分を細胞に運搬する。細胞の活動で生じた二酸化炭素やアンモニアなどの不要物も運搬する。

解説 ▶ 血しょう・組織液・リンパ

血しょうの一部は毛細血管からしみ出して組織液（そしきえき）となる。組織液は，細胞と細胞の間をうるおし，血液と細胞の仲立ちをする。赤血球は血管の外には出られないため，赤血球が手放した酸素は血しょうにとけ込み，その血しょうが血管の外にしみ出して，酸素が細胞に届けられる。

組織液の一部はリンパ管に入って**リンパ**となる。リンパ管は血管と同じように全身に網目状にはりめぐらされている。ところどころにあるリンパせんでは，細菌などの異物がとり除かれる。リンパ管はあわさって静脈に合流する。リンパは再び血しょうになる。
<u>血しょう，組織液，リンパの成分はほぼ同じである</u>。

例題1 図はヒトの血液成分の模式図である。次の(1)～(3)については，図の記号A～Dからふさわしいものを1つ選び，その名称を答えなさい。(4)については，その名称を答えなさい。

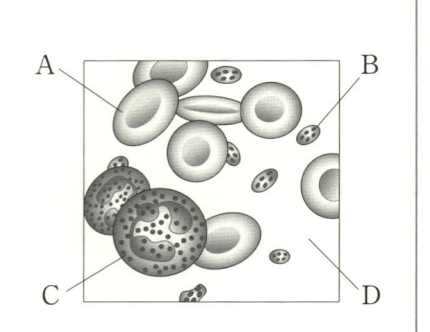

(1) 体内に入った細菌などの異物を取り込む。
(2) 酸素を運ぶ。
(3) 二酸化炭素を運ぶ。
(4) (2)に含まれる赤い色素。

(2003年　長崎県・改題)

例題1の解答　(1) C，白血球　(2) A，赤血球
　　　　　　　(3) D，血しょう　(4) ヘモグロビン

解説 ▶ 血液の循環

血液は体内を循環し，熱といろいろな物質を運搬している。血液を動かす「動力」にあたるのが**心臓**である。

肺循環（はいじゅんかん）　心臓→肺→心臓という血液の循環。
　　　　　　血液は肺で二酸化炭素を捨て，酸素を受けとる（65ページ参照）。
体循環（たいじゅんかん）　心臓→全身→心臓という血液の循環。
　　　　　　血液は全身の細胞に酸素や栄養分を運び，二酸化炭素や不要物を回収してくる。

解説 ▶ 血管の種類

血液が流れる管を**血管**という。血管は主に次の3つに分けられる。

動脈（どうみゃく）　心臓から送り出される血液が流れる血管。<u>血管の壁が厚い</u>。
静脈（じょうみゃく）　心臓に戻る血液が流れる血管。血液が逆流するのを防ぐための**弁**（べん）がところどころにある。
毛細血管（もうさい）　動脈と静脈をつなぐ血管。壁が非常にうすい。全身に網目状にはりめぐらされている。

転写　肺循環と体循環

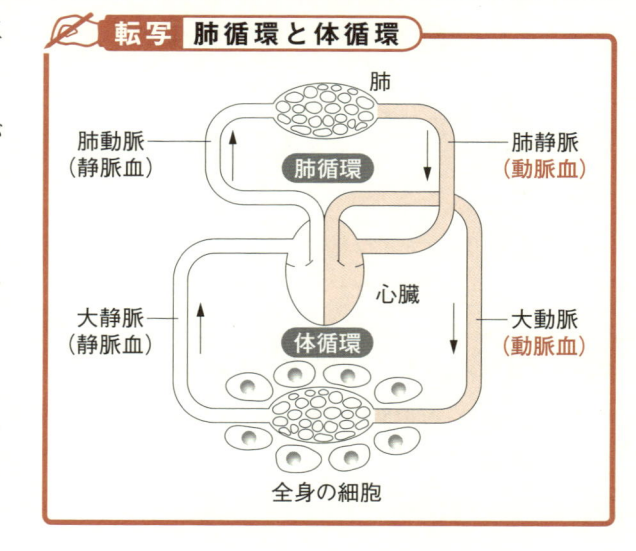

肺動脈（静脈血）　肺循環　肺静脈（動脈血）
大静脈（静脈血）　体循環　大動脈（動脈血）
心臓
全身の細胞

解説 ▶ 動脈血・静脈血

血管を流れる血液は，次の2つに分けられる。

- **動脈血**（どうみゃくけつ）　酸素を多く含んだ血液。肺で酸素を受けとるので，動脈血は肺から心臓に戻る**肺静脈**，心臓から全身に向かう**大動脈**を流れる。
- **静脈血**（じょうみゃくけつ）　二酸化炭素を多く含んだ血液。二酸化炭素は全身の細胞の活動でできるので，静脈血は全身から心臓に戻る**大静脈**，心臓から肺に向かう**肺動脈**を流れる。

解説 ▶ 全身の循環

肺は，不要な二酸化炭素を体外に放出し，必要な酸素をとり入れる器官である。そのため，心臓から肺に向かう**肺動脈**には，全身の細胞で出た二酸化炭素を最も多く含む血液が流れ，肺から心臓に戻る**肺静脈**には酸素を最も多く含む血液が流れている。

小腸で吸収された栄養分は，血管を通って肝臓に運ばれる。そのため，小腸と肝臓を結ぶ血管（**門脈**もんみゃく）には，ブドウ糖とアミノ酸を最も多く含む血液が流れている。肝臓は運ばれた栄養分を貯蔵・放出して，血液中の栄養分の量を調節している。また，全身の細胞で発生した有毒なアンモニアは，いったん肝臓に運ばれ，無毒の尿素につくり変えられる（58ページ参照）。そのため，肝臓から流れ出す血液には，尿素が最も多い。

尿素は不要物として，じん臓で血液からしぼりとられて体外に捨てられる。じん臓は血液のフィルターの役割をはたしているので，じん臓から流れ出す血液には，二酸化炭素以外の不要物が最も少ない。

例題2 図は，ヒトの血液循環を示した模式図である。X，Yは器官，矢印は血液の流れを表している。

(1) 次の食品のうち，消化されて主にアミノ酸となり，図のYから吸収されるものはどれか。
　　ア　食パン　　　　イ　バター
　　ウ　バナナ　　　　エ　ゆで卵

(2) 吸収されたアミノ酸などの栄養分を，全身の細胞に運ぶはたらきをする血液中の成分は何か。その名称を書け。

(3) 細胞の活動にともなってできた不要な物質のうち，ある有害な物質は，図のXで害の少ない尿素に変えられる。
　　① 図のXの名称を書け。
　　② 下線部の「ある有害な物質」はどれか。
　　　ア　アンモニア　　　イ　グリセリン
　　　ウ　エタノール　　　エ　窒素

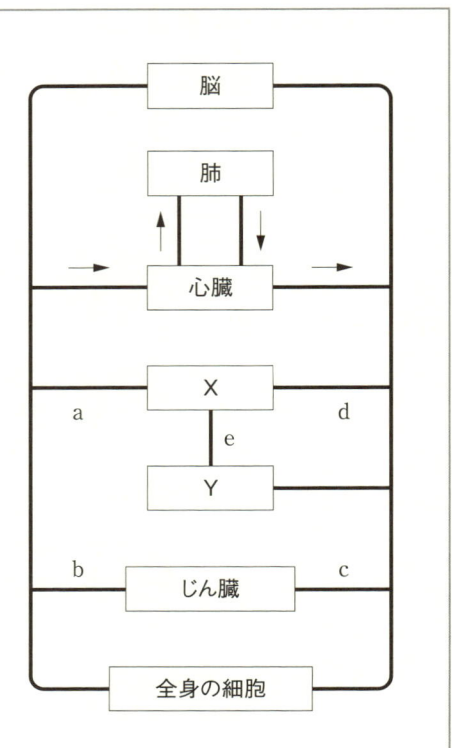

(4) 尿素がもっとも少ない血液が流れているのは，どの部分か。図のa〜eから選べ。

(2004年　鹿児島県)

例題2の解答　　(1) エ　　(2) 血しょう　　(3) ① 肝臓　② ア　　(4) b

(1) アミノ酸はタンパク質が分解されたもの。卵（白身）にはタンパク質が多く含まれる。
(2) 小腸で吸収された栄養分（ブドウ糖，アミノ酸）は血しょうにとけて全身の細胞に運ばれる。
(3) 解毒（げどく）は肝臓のはたらきの1つ。有害なアンモニアは肝臓で害の少ない尿素につくりかえられる。
(4) 尿素などの不要物は，じん臓で血液中からしぼりとられる。じん臓を通過した血液が通る血管（b）には，尿素などの不要物が最も少ない血液が流れている。

練習問題

▶▶▶ 解答は 210 ページ

1 右の図は，ヒトの血液の循環を模式的に示したものであり，図中の矢印（→）は，血管の中を血液が流れる向きを示している。

(1) 血管を流れる血液のうち，酸素を多く含む血液を動脈血という。図中に①～⑤で示した部分のうち，動脈血が流れているのはどれか。2つ選んで，その番号を書け。

(2) ヒトの血管のうち，静脈にはところどころに弁がある。血液の循環のしくみから，これらの弁には，どのようなはたらきがあると考えられるか。簡単に書け。

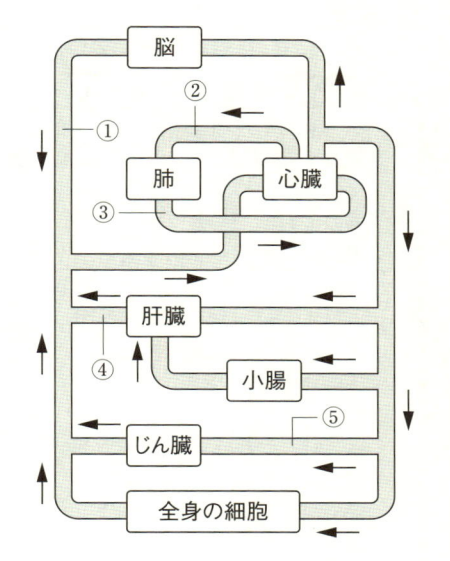

(3) ヒトの血液や血管に関して述べた次の文の ア ～ エ に適切な語句を入れよ。

・毛細血管のすき間からしみ出た血しょうは，細胞のまわりを満たす ア になる。

・小腸の柔毛で吸収されたもののうち，脂肪酸とグリセリンのほとんどは イ に入り，ブドウ糖やアミノ酸は ウ に入る。

・血液中にまぎれ込んだ有害な物質は， エ でこわされて無害な物質に変えられる。

（2005年　香川県・改題）

8 呼吸と排出のしくみ

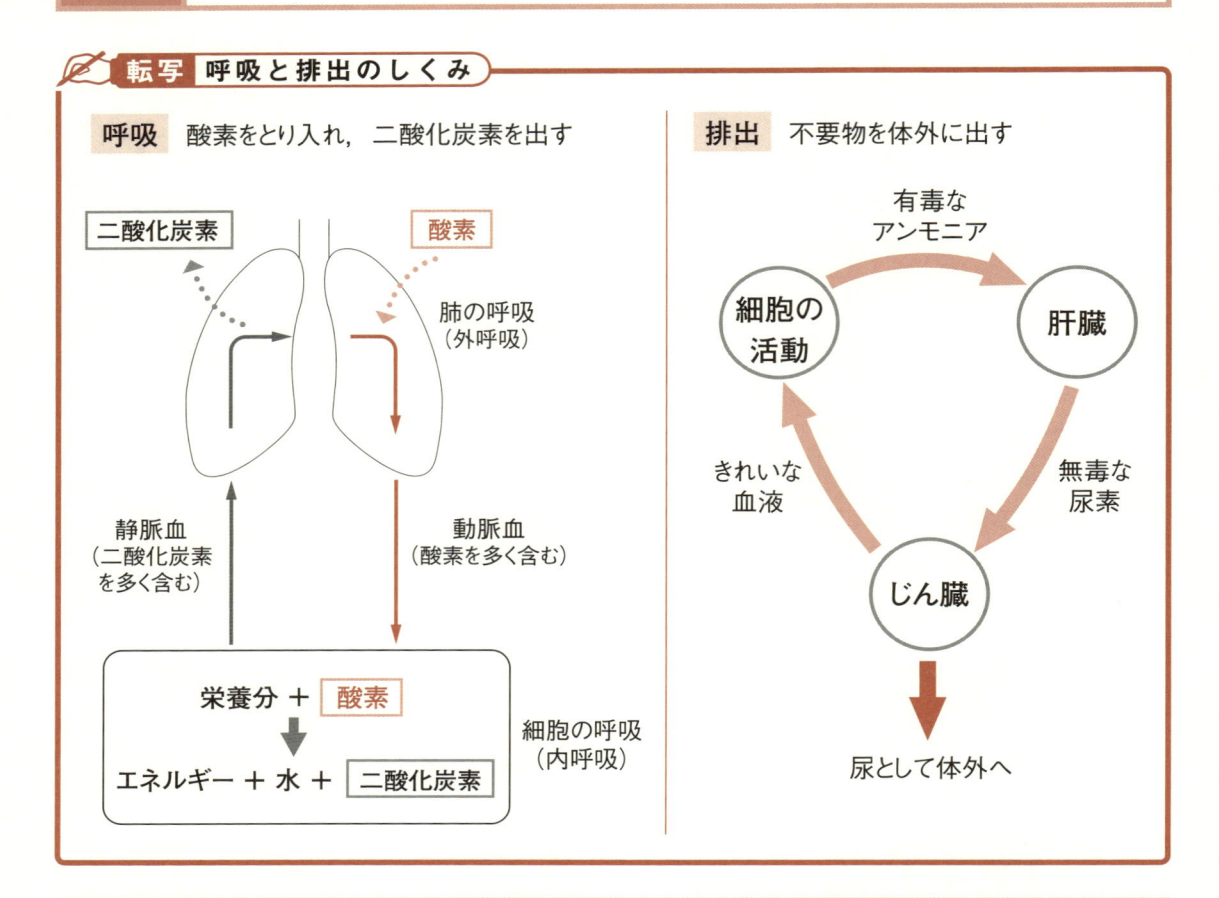

転写　呼吸と排出のしくみ

呼吸　酸素をとり入れ，二酸化炭素を出す

- 二酸化炭素
- 酸素
- 肺の呼吸（外呼吸）
- 静脈血（二酸化炭素を多く含む）
- 動脈血（酸素を多く含む）
- 細胞の呼吸（内呼吸）
  - 栄養分 ＋ 酸素
  - エネルギー ＋ 水 ＋ 二酸化炭素

排出　不要物を体外に出す

- 細胞の活動 →（有毒なアンモニア）→ 肝臓
- 肝臓 →（無毒な尿素）→ じん臓
- じん臓 →（きれいな血液）→ 細胞の活動
- じん臓 → 尿として体外へ

解説 ▶ 呼吸

　生物が酸素をとり入れ，二酸化炭素を出すことを**呼吸**という。呼吸は次の2つに分けられる。

① **細胞の呼吸**

　消化管で吸収されたブドウ糖（←炭水化物）やアミノ酸（←タンパク質），脂肪などの栄養分は，血液にとけこんで全身の細胞に運ばれる。細胞は酸素を使って栄養分を分解し，必要なエネルギーをとり出している。このとき，二酸化炭素や水などの不要物が生じる。細胞で行われる酸素と二酸化炭素の交換を**細胞の呼吸**という（内呼吸ともいう）。

② **肺の呼吸**

　細胞の活動に必要な酸素は肺でとり込まれる。全身の細胞で生じた二酸化炭素はまとめて肺から放出される。肺で行われる酸素と二酸化炭素の交換を**（肺）呼吸**という（外呼吸ともいう）。たんに呼吸といえばこれを指す。

解説 ▶ 肺のしくみ

　鼻や口から吸い込まれた空気は、気管(きかん)を通って肺に入る。気管は左右に分かれ気管支(きかんし)となる。気管支は枝分かれをくり返し、先端は袋状の肺胞(はいほう)になっている。

　肺胞は直径 0.2 mm の小さな袋で、約3億個ある。その表面積を合わせると、100 m² ほどになる（テニスコートの半面）。空気と接する面積を大きくして、効率よく酸素と二酸化炭素を交換できるようにしている。肺胞は毛細血管におおわれている。

　肺は心臓から二酸化炭素を多く含む血液（静脈血）を受けとる。

　肺胞内の空気と毛細血管を通る血液の間でガス交換が行われ、酸素を多く含む血液（動脈血）を心臓に戻している。

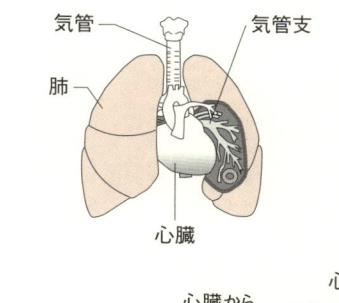

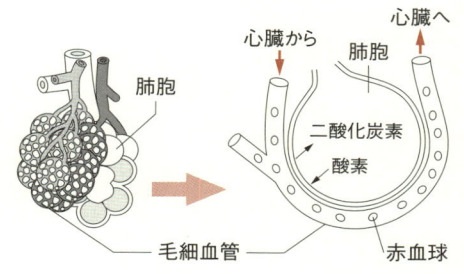

解説 ▶ 肝臓のはたらき（解毒）

　細胞がタンパク質を分解するときに生じるアンモニア（有害）は、血液によって肝臓に運ばれ、毒性の低い尿素(にょうそ)につくり変えられる（58ページ参照）。

解説 ▶ じん臓のはたらき

　じん臓は血液の浄化(じょうか)装置（フィルター）である。肝臓でつくられた尿素は体にとって不要な物質なので、じん臓で血液からしぼりとられて排出される。また、体の水分と塩分の量も調節している。

　じん臓で血液の液体成分はいったんしぼりとられるが、この中にはブドウ糖、アミノ酸という必要な物質も多く含まれているので、余分な水分と不要物だけを残して、ふたたび必要なものを吸収する。残った液体は尿として排出される。

2 分野
生物

第 3 章

動物の分類

　ヒトはホニュウ類に分類されます。
　ホニュウは"哺乳"、乳で子を育てるということです。たくみに飛びまわるコウモリも、海で生活するイルカも、卵を産むカモノハシも、乳で子を育てるからホニュウ類です。

　一方、同じホニュウ類でも、食べ物によってからだのつくりが違っています。消化に時間がかかる植物を食べる動物（草食動物）は、すりつぶすための歯が発達し、長い胃腸をもっています。肉食動物は鋭利な歯が発達し、胃腸は短めです。

　生物の単元は暗記事項が多めです。これを単なる知識の羅列に終わらせないために、この章の学習を通して、"比べて共通点を見つけだす"、"比べて違いを際だたせる"という視点を身につけてください。

1 草食動物と肉食動物

転写 草食動物と肉食動物

	草食動物	肉食動物
目	側面につき，視野が広い （外敵の動きをすばやくキャッチ）	正面につき，両目で見える範囲が広い （獲物との距離を正確につかむ）
歯	大きな門歯で草をかみ切る 平らな臼歯で草をすりつぶす	するどく大きな犬歯とするどい臼歯で 肉を切りさく
消化管	消化管が長い	消化管が短い
あし	ひづめ（長距離走向け）	するどいつめ（獲物をとらえる）

解説 ▶ 草食動物と肉食動物の違い

植物は光合成で生活に必要な栄養分をつくり出せる。

動物は自分で栄養分をつくり出すことができないので，植物や動物を食べなければならない。

- **草食動物** 植物を食べる。（ウマ，シカ，パンダなど）
- **肉食動物** 動物を食べる。（ライオン，トラ，ヒョウなど）
- **雑食動物** 植物も動物も食べる。（ヒト，クマなど）

①目のつき方

草食動物の目は頭の側面にある。前方から後方まで広い範囲を見渡せるため，敵をすばやく発見できる。

肉食動物の目は頭の正面にある。前方の広い範囲を両目で立体的に見ることができるため，獲物との距離が正確につかめる。

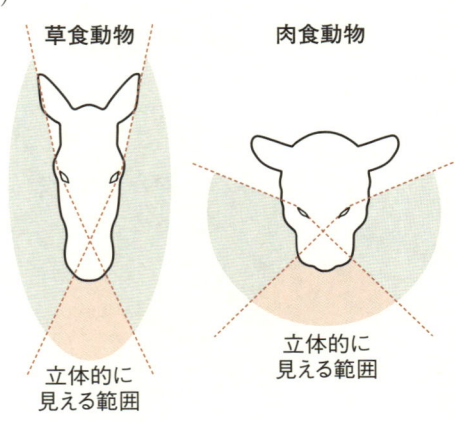

②歯のつくり

草食動物の大きな門歯は草をかみ切り，平らな臼歯は草をすりつぶすのに適している。犬歯は小さい。

肉食動物のするどく大きな犬歯とするどい臼歯は肉を切りさくのに適している。門歯は小さい。

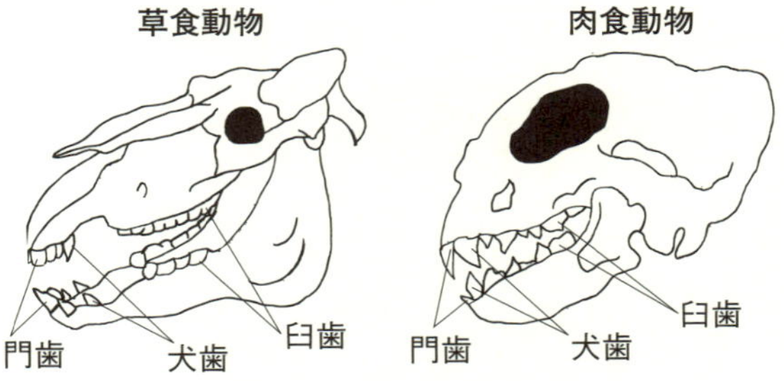

③消化管の長さ

　肉に比べると草は消化しにくい。そのため，肉食動物の消化管が体長の約4倍の長さであるのに対して，草食動物の消化管は体長の10倍以上の長さにも達する。

消化管：食物から栄養を取りこむ1本の長い管。口→食道→胃→小腸→大腸→肛門と続く（50ページ参照）。

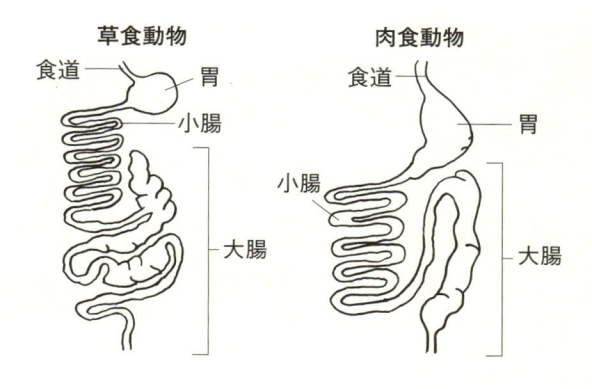

例題1 シマウマとヒョウを比較したときのからだの特徴の違いについて，次の(1)・(2)に答えよ。

(1) シマウマとヒョウの目のつき方を比べると，それぞれの目のつき方には，生活に適した利点があるということがわかった。シマウマの目のつき方の特徴と利点を，「見える範囲」という語を使って簡潔に書け。

(2) 次のa～dの文は，シマウマまたはヒョウのあしのようすや歯の形の特徴とその利点について説明したものである。シマウマに当てはまるものをすべてぬき出した組み合わせとして正しいものを，下のア～エから1つ選び，その記号を書け。
　　a　前あしにはするどいつめがあり，食物を押さえつけるのに役立っている。
　　b　あしにはひづめがあり，長い距離を走るのに適している。
　　c　犬歯が大きくするどくなっていて，食物を引きさくのに適している。
　　d　臼歯が大きく丈夫にできていて，食物をすりつぶすのに適している。

　　　　ア　aとc　　イ　aとd　　ウ　bとc　　エ　bとd

（2003年　高知県）

例題1の解答　(1) 頭の側面に目がついているので，見える範囲が広く，敵をすばやく発見できる。
　　　　　　　　(2) エ

(1) シマウマは草食動物，ヒョウは肉食動物である。草食動物の目は頭の側面についているため，視野が広く，敵の発見に役立つ。

(2) aとcは肉食動物（ヒョウ），bとdは草食動物（シマウマ）の特徴である。

2 動物の分類

転写 セキツイ動物の分類

	セキツイ動物				
	魚類	両生類	ハチュウ類	鳥類	ホニュウ類
背骨	ある				
子の生み方	卵生				胎生
体温	変温			恒温	
子を生む場所	水中 殻のない卵		陸上		
				殻のある卵		子
呼吸	えら呼吸	えら(子)	肺呼吸		
体の表面	うろこ	うすい皮膚	うろこ・こうら	羽毛	毛

解説 ▶ 動物の分類のしかた

①**背骨があるか，ないか**（72ページ参照）
- **セキツイ動物** 背骨がある。（魚類・両生類・ハチュウ類・鳥類・ホニュウ類）
- **無セキツイ動物** 背骨がない。（昆虫・クモ・エビ・イカ・貝など）

②**卵を生むか，子を生むか**
- **卵生**（らんせい） 卵を生む。（魚類・両生類・ハチュウ類・鳥類）
- **胎生**（たいせい） 子を生む。子は子宮内で母体から栄養を受けとって育つ。（ホニュウ類）

※ 卵胎生：体内で卵からふ化した子を生むが，母体から栄養を受けとらない。グッピーなど。

③**体温が変化するか，一定か**
- **変温**（へんおん） 外界の気温とともに体温が変化する。（魚類・両生類・ハチュウ類）
- **恒温**（こうおん） 外界の気温によらず体温が一定。（鳥類・ホニュウ類）

④**水中で生むか，陸上で生むか**
- 水中で殻（から）のない卵を生む。（魚類・両生類）
- 陸上で殻のある卵を生む。（ハチュウ類・鳥類）／陸上で子を生む。（ホニュウ類）

⑤**えら呼吸か，肺呼吸か**
- **えら呼吸** えらで呼吸する。（魚類・両生類の子）
- **肺呼吸** 肺で呼吸する。（両生類の親・ハチュウ類・鳥類・ホニュウ類）

解説 ▶ セキツイ動物の特徴

①**魚類**（コイ，メダカ，イワシなど）
からだの表面はうろこでおおわれ，あしはなく，ひれとからだを左右にくねらせて泳ぐ。変温動物。殻のない卵を水中に生む。一生水中で生活し，えら呼吸をする。

②**両生類**（カエル，イモリ，サンショウウオの仲間だけ）
からだの表面は湿ったうすい皮膚でおおわれ，4本あしで泳ぐ。変温動物。
殻のない卵を水中に生む。子のとき水中でえら呼吸をし，親になると陸上で肺と皮膚で呼吸する。

③**ハチュウ類**（トカゲ，カメ，ワニ，ヘビの仲間だけ）
からだの表面はうろこかこうらでおおわれ，4本あしではって歩く（ただし，ヘビはあしがない）。変温動物。
殻のある卵を陸上に生む。子は生まれてすぐに動き回る。肺呼吸をする。

④**鳥類**（ハト，ニワトリなど。飛ばないダチョウ，ペンギン，キウイも鳥類）
からだの表面は羽毛でおおわれ，2本の後ろあしで歩き，前あしが変化したつばさで飛ぶ。恒温動物。
殻のある卵を陸上に生み，ふ化した子にえさを与えて育てる。肺呼吸をする。

⑤**ホニュウ類**（ヒト，ネコ，ウマなど。水中で生活するクジラ，イルカもホニュウ類）
からだの表面は毛におおわれ，4本あしで歩く（ヒトは2足歩行）。恒温動物。
母親の胎内で成長した子を生み，乳で子を育てる。肺呼吸をする。

例題1 セキツイ動物は，からだのつくりや生活のしかたなどの特徴をもとに，魚類，両生類，ハチュウ類，鳥類，ホニュウ類の5つのなかまに分けることができます。また，これらは，気温の変化と体温の変化の関係から，右の図のような体温変化を示す生物Aと生物Bの2つのなかまに分けられます。次のア〜エのうち，生物Aに当てはまるセキツイ動物はどれですか。正しいものを1つ選び，その記号を書きなさい。

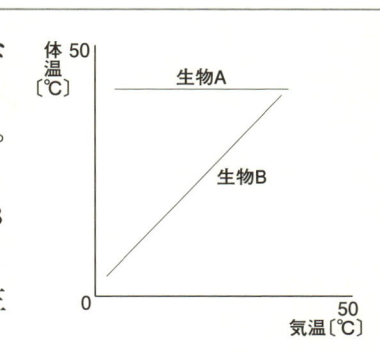

ア　ホニュウ類
イ　鳥類，ホニュウ類
ウ　ハチュウ類，鳥類，ホニュウ類
エ　両生類，ハチュウ類，鳥類，ホニュウ類

（2005年　岩手県）

例題1の解答　イ

生物Aは気温にかかわらず体温が一定を保っているので恒温動物。したがって，鳥類とホニュウ類。

解説 ▶ セキツイ動物と無セキツイ動物

背骨をもつ動物を**セキツイ動物**，それ以外の背骨をもたない動物を**無セキツイ動物**という。
セキツイ（脊椎）は，背骨全体または背骨をつくる1つ1つの骨を指す。背骨をもつのでセキツイ動物とよばれ，背骨を中心とした骨格はからだの内部にあるので内骨格という。
セキツイ動物は大きく，魚類，両生類，ハチュウ類，鳥類，ホニュウ類の5種に分類される。無セキツイ動物は，節足動物，軟体動物などに分けられる。

解説 ▶ 節足動物と軟体動物

無セキツイ動物の中で，からだの表面が外骨格とよばれる固い殻でおおわれ，節があるあしをもつ動物を節足動物とよぶ。節足動物は昆虫類，クモ類，甲殻類，ムカデのなかまである多足類に分けられる。
昆虫類は，からだが頭部・胸部・腹部の3つに分かれて，頭部には1対の触角，胸部には3対・6本のあしをもち，多くは4枚の羽をもつ。気門とよばれる小さな穴から空気を取り込み気管呼吸をする。
クモ類のからだは頭胸部・腹部からなり，頭胸部には1対の触角と4対・8本のあしをもつ。クモ類には書肺とよばれる呼吸器官がある。
甲殻類の代表は，エビ，カニ，ミジンコ。からだは基本的に頭部・胸部・腹部からなるが，頭部と胸部は一体化して頭胸部となっているものもある。頭部には2対の触角をもつ。

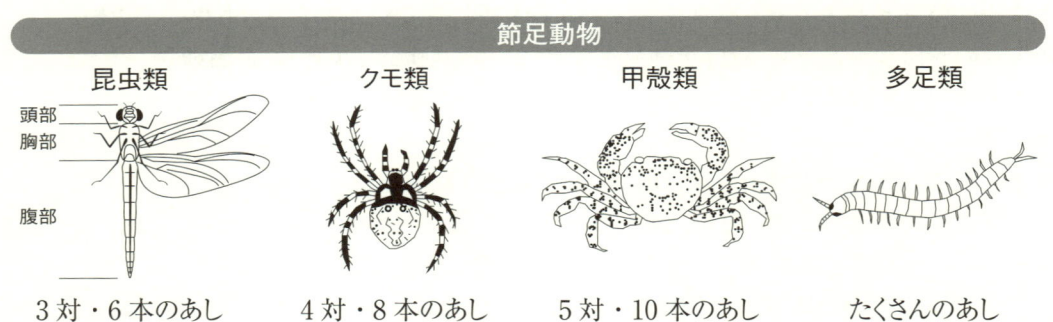

節足動物			
昆虫類	クモ類	甲殻類	多足類
3対・6本のあし	4対・8本のあし	5対・10本のあし	たくさんのあし

無セキツイ動物の中で，からだの表面が**外とう膜**とよばれるうすい膜で包まれているものを**軟体動物**とよぶ。イカ，タコ，貝がその代表。卵生でえら呼吸をしている。陸上で生活する貝のなかまにマイマイがある。
その他の無セキツイ動物には，ミミズやヒルの環形動物，ウニやヒトデの棘皮動物，クラゲやサンゴの腔腸動物，1個の細胞からなる原生動物などがある。
動物は100万種類以上が確認されている。そのうち95％以上が無セキツイ動物に当たる。

練習問題

▶▶▶ 解答は 210 ページ

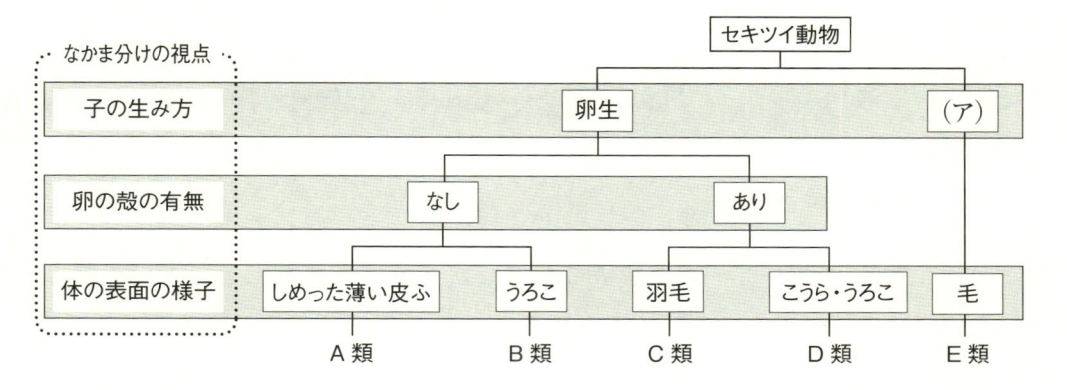

1. 次の図は，子の生み方，卵の殻の有無，からだの表面のようすという３つの視点から，セキツイ動物をなかま分けしたものである。

```
なかま分けの視点          セキツイ動物
┌─────────┐              ┌────┴────┐
│ 子の生み方 │          卵生          （ア）
├─────────┤        ┌───┴───┐
│卵の殻の有無│       なし      あり
├─────────┤      ┌─┴─┐  ┌──┼──┐
│体の表面の様子│  しめった  うろこ 羽毛 こうら  毛
│          │    薄い皮ふ              ・うろこ
└─────────┘     A類    B類   C類    D類    E類
```

(1) A類，B類，D類に当てはまる動物の組み合わせとして適当なのは，表の①〜④のうちではどれですか。

	A類	B類	D類
①	メダカ	イモリ	ヘビ
②	トカゲ	メダカ	カエル
③	イモリ	フナ	トカゲ
④	カエル	ヘビ	フナ

(2) 図の (ア) に当てはまる語を書きなさい。

(3) 図のA類に当てはまる動物は，子から成長しておとな（親）になると，呼吸器官が変わる。おとな（親）になったときの呼吸器官の名前を書きなさい。

(4) A類〜E類は，図に示したなかま分けの視点とは異なる視点により【A類・B類・D類】と【C類・E類】の２つのグループに分けることができる。この視点にもとづいて分けた２つのグループについて述べた次の文の (X)，(Y) に当てはまる語を書きなさい。

> 【A類・B類・D類】のグループに属する動物は (X) 動物とよばれるのに対して，【C類・E類】のグループに属する動物は (Y) 動物とよばれる。

(2004年　岡山県)

2. 学校にある自然観察園の池やみぞの水，水底の落ち葉などを採集し，顕微鏡で観察すると，次のA～Cの小さな生物が観察された。また，自然観察園内には他にも多くの生物が生活しており，D～Fの生物が観察された。

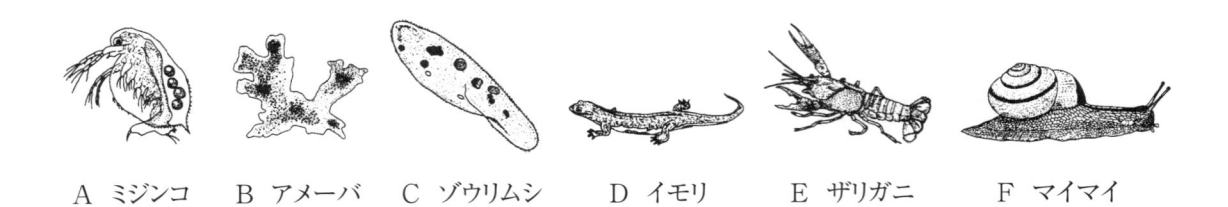

A ミジンコ　　B アメーバ　　C ゾウリムシ　　D イモリ　　E ザリガニ　　F マイマイ

A～Fの生物を，表の①～④の特徴ごとになかま分けをするとき，Aの生物と同じなかまに分けられる生物はどれか。B～Fから選び，記号で答えなさい。

①	単細胞である
②	背骨がある
③	背骨がなく，外骨格をもち，あしに節がある
④	背骨がなく，あしは節がなく筋肉でできている

(2002年　山口県)

2 分野
生物

第**4**章

遺伝と進化

　生物のからだには，遺伝子とよばれる"からだの設計図"に当たるものがあります。遺伝子はからだのすべての細胞に等しく格納されています。古くなったり，傷ついたりした細胞を，細胞分裂で新しい同じ細胞に置き換えることができるのは，この設計図のおかげです。

　ただ，細胞分裂には限界があることもわかってきました。細胞分裂のたびに少しずつ設計図がちぎれてしまうのだそうです。もうこれ以上ちぎることができない，となる前に，新しい個体に設計図を伝え遺していきます（遺伝）。生殖細胞という特別な細胞に設計図をたくし，新しい個体に伝えます。

　ところが，ときどきエラーが生じるようです。設計図を伝え遺していく過程で，ほんのわずか書き換わってしまうことがあるそうです。

　からだの設計図がほんのわずか書き換わってしまうことを突然変異といいますが，突然変異が生殖細胞に起こり，新しい個体がその環境になじんで生き残れば，書き換わった遺伝子は広がっていきます。長い年月をかけての変化（＝進化）が起きます。

　この章では，からだの設計図はどのように遺伝するか，生物はどのように変遷したかを学びます。

1 細胞のふえ方（体細胞分裂）

転写 細胞分裂のようす

細胞分裂　1つの細胞が分かれて2つになること

植物細胞

しきりが中央から外側へ

| 染色体が現れる | 染色体が中央に並ぶ | 染色体が2つに裂けて両極へ | 染色体がほぐれる　細胞質の分裂開始 | 若い2つの細胞になる |

核の分裂 / **細胞質の分裂**

動物細胞

くびれが外側から内側へ

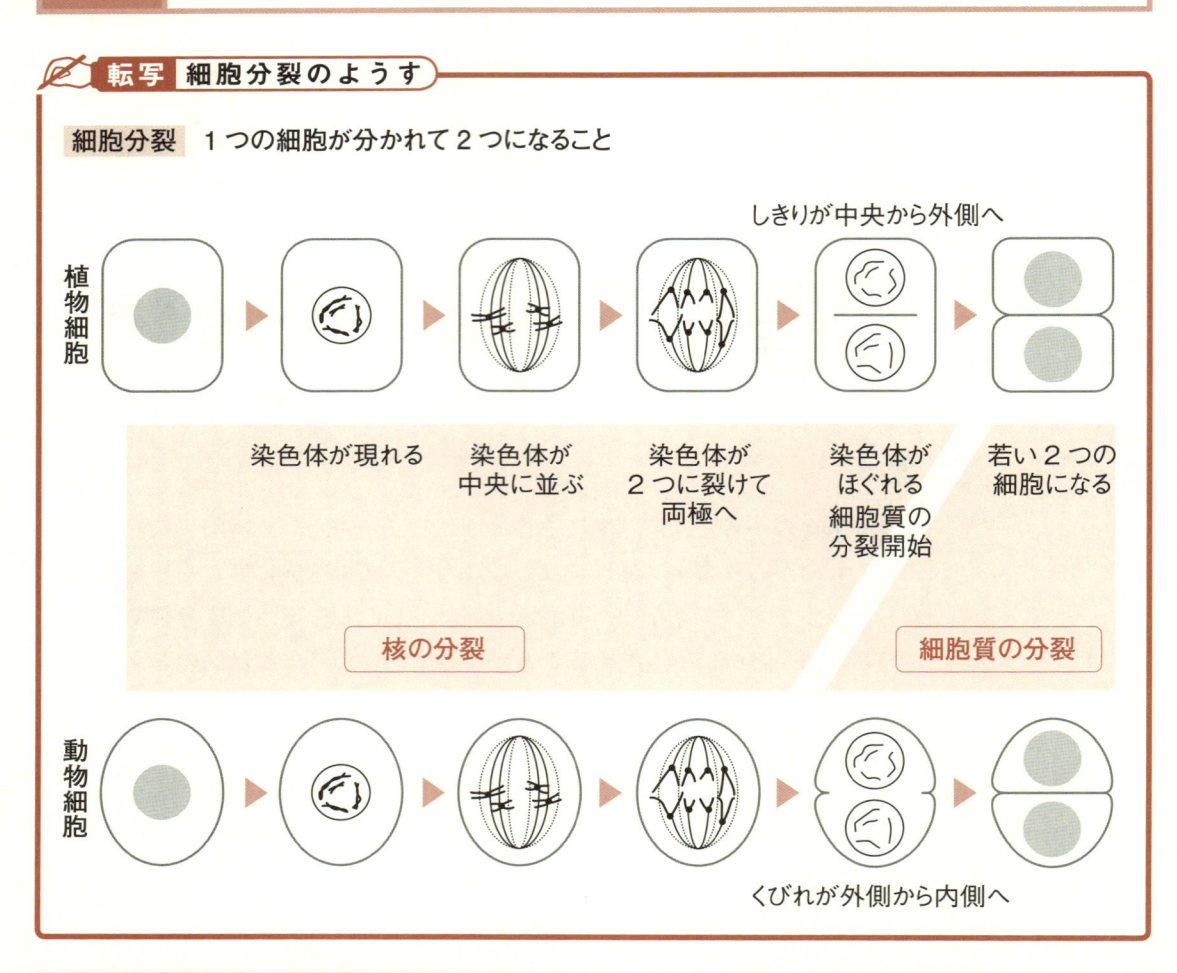

解説 ▶ 細胞分裂と生物の成長

1つの細胞が分かれて2つになることを**細胞分裂**（さいぼうぶんれつ）という。発芽したソラマメの根に等間隔で印をつけ，根の成長のようすを観察すると，根の先端付近がよく伸びることがわかる。根全体が伸びるのではない。植物の根の先端付近では，細胞分裂が盛んに行われている。分裂直後の2つの細胞は，元の細胞の半分の大きさだが，それぞれが大きく成長することで，根は伸びていく。

このように，生物は細胞分裂によって細胞の数がふえ，ふえた細胞がそれぞれ体積を大きくすることで，全体として成長していく。

ソラマメの根の成長

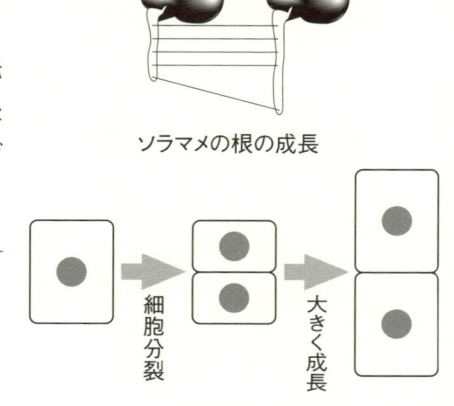

細胞分裂 → 大きく成長

例題1 植物の根が成長するしくみを調べるため，根が2cmぐらいにのびたソラマメを準備し，根の先端から5mm間隔で印をつけ，図のように，その区間をA，B，Cとした。これらを使って，次の観察を行った。

[観察]
ソラマメの根が伸びるようすを観察した。3日後に各区間の長さを測定し，その結果をグラフにまとめた。

(1) 結果から得られたグラフはどれか，最も適当なものを次から1つ選べ。

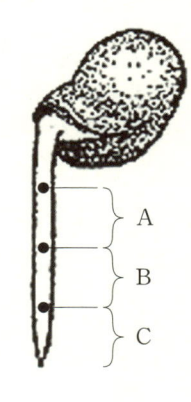

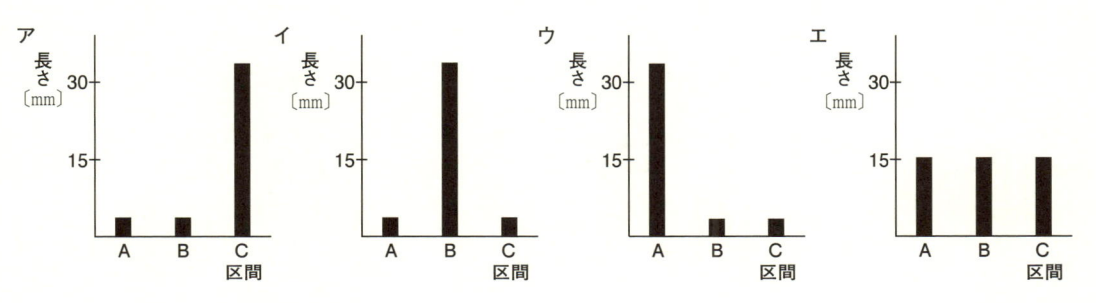

ア　長さ[mm]　A B C 区間
イ　長さ[mm]　A B C 区間
ウ　長さ[mm]　A B C 区間
エ　長さ[mm]　A B C 区間

(2) 次の文は植物の根が成長するしくみについて述べている。文中のa，bに入る最も適当な言葉は何か。

> 植物の根が成長するのは，細胞の（　a　）によって細胞の数がふえ，そのひとつひとつの細胞が（　b　）なるからである。

(2004年　三重県・改題)

例題1の解答　(1)　ア
(2)　a　細胞分裂（分裂）　b　大きく（もとの細胞の大きさに）

(1) 根の先端部分Cが，細胞分裂が盛んな場所であるので，根の伸びも大きく，アのグラフになると考えられる。植物の場合，細胞分裂が盛んな場所は根と茎にある。動物は，からだ全体で細胞分裂が行われている。
(2) 細胞分裂によって細胞の数がふえ，ふえた細胞が大きくなることで成長する。

解説 ▶ 細胞分裂のようす

　細胞分裂は，まず核が分裂（核分裂）し，続いて細胞質が分裂（細胞質分裂）する。細胞分裂が始まると，核の内部の細い糸状のものが折りたたまれ，太い**染色体**が現れる。染色体はいったん，細胞の中央に集まってから2つに裂け，両極に移動する。染色体がほぐれて細い糸状のものに戻る段階になると，細胞質の分裂も始まり細胞分裂が完了する。細胞質の分裂では，植物の細胞はしきりが中央から外側に広がっていくが，動物の細胞はくびれが外側から内側に向かう，という違いがある。

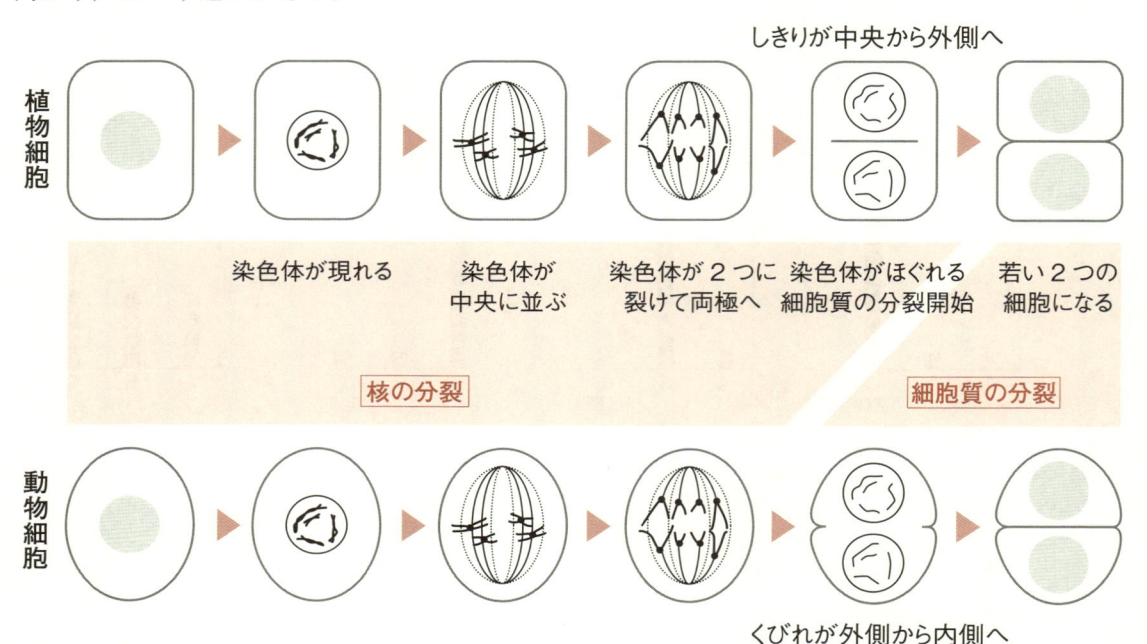

植物細胞

しきりが中央から外側へ

| 染色体が現れる | 染色体が中央に並ぶ | 染色体が2つに裂けて両極へ | 染色体がほぐれ細胞質の分裂開始 | 若い2つの細胞になる |

核の分裂　　　　　　　　　　　**細胞質の分裂**

動物細胞

くびれが外側から内側へ

　細胞分裂には**体細胞分裂**と**減数分裂**がある。上の図は体細胞分裂のようすで，体細胞分裂は生物が成長する場合や，寿命を終えた細胞を新しい細胞に置きかえるために行われる。減数分裂とは，子孫をつくるはたらきをする細胞（生殖細胞という）がつくられるときに行われる細胞分裂である（85ページ参照）。

例題2 図は細胞分裂のいろいろな段階のようすをスケッチしたものである。

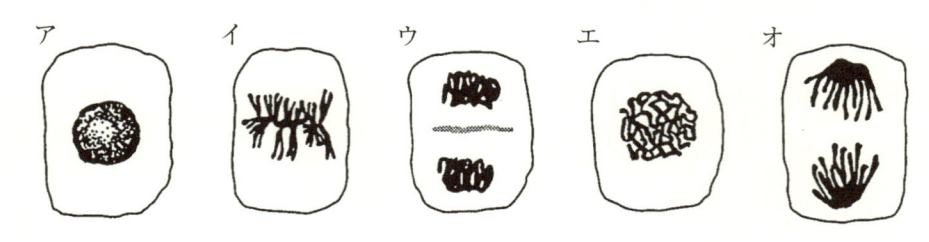

ア　イ　ウ　エ　オ

(1) アを始まりとして，イ～オを細胞分裂の順に並べかえると，どのようになるか。

(2) イで見られる，ひものようなものは何とよばれるか。

（2004年　香川県・改題）

例題2の解答　(1)　(ア)→エ→イ→オ→ウ　　(2)　染色体

(1) 細胞分裂は，①核の中に染色体が現れる → ②染色体が中央に集まる → ③染色体が両極に移動する → ④しきりができて2個の細胞に分かれる，の順。核の分裂に続いて細胞質が分裂する。植物細胞ではしきりは中央から外側に向かって広がる。
(2) 細胞分裂のとき現れるひものようなものを染色体という。染色体には親の形や性質などが記された遺伝子が含まれている。

観察 ▶ タマネギの根の観察（体細胞分裂）

細胞分裂（体細胞分裂）の観察には，タマネギの根の先端を利用することが多い。観察は以下のような手順で行う。それぞれの過程とその目的を理解しよう。

観察の手順	目的・注意点
①根の先端を 1cm 程度切りとり，固定液（エタノールと酢酸の混合液）に数時間つける。根の太さによってつける時間は異なる。	→根の先端部分は，細胞分裂が盛ん。 →固定液につけて，細胞分裂の進行を止める。
②うすい塩酸に入れ，60℃で5分ほどあたためる。	→細胞どうしの結びつきを弱める。
③根の先端 2mm 程度を切りスライドガラスにのせる。酢酸カーミン液（酢酸オルセイン液）を1滴たらして，数分間染色。	→核の染色体を赤く染める。
④カバーガラスをかけ，ろ紙ではさみ，カバーガラスがずれないように注意しながら親指の腹で押しつぶすように広げる。	→細胞を横に広げ，重なりをなくす。細胞の重なりがあると観察しづらい。
⑤顕微鏡で観察する。	→低倍率で観察する場所を特定し，高倍率に変えてくわしく観察する。（顕微鏡の使い方→12ページ参照）

[例題3] 細胞分裂のようすを調べるために，次の①～④の手順でプレパラートを作り，顕微鏡で観察した。
① タマネギの根を先端から5mmほどのところで切りとり，60℃ぐらいのうすい塩酸の中で1分間あたためた。
② 塩酸処理をした根を，スライドガラスにのせ，えつき針で軽くつぶした。
③ 軽くつぶした根の先端に▢。
④ プレパラートを顕微鏡で観察した。

(1) ①の塩酸処理は何のために行うのか。

(2) ③ではどのようなことを行えばよいか。「軽くつぶした根の先端に」に続けて▢をうめなさい。「染色液」「カバーガラス」「ろ紙」という語をすべて用いること。

(2004年 香川県・改題)

例題3の解答　(1) 細胞どうしの結びつきを弱めるため。
(2) (軽くつぶした根の先端に) 染色液を1滴たらして数分後カバーガラスをかけた。ろ紙ではさみ親指の腹で押しつぶした。

(1) うすい塩酸の中であたためると，細胞壁がとけて細胞どうしの結びつきが弱くなり，根を押しつぶすことができるようになる。
(2) 軽くつぶした根の先端に染色液を1滴たらして数分後カバーガラスをかける。ろ紙ではさみ親指の腹で押しつぶす。この操作は，細胞を横に広げて重なりをなくすのが目的。カバーガラスは横からたおしてかける。間に空気が入らないようにする。

練習問題

▶▶▶ 解答は211ページ

[1] 細胞分裂のようすを観察するために，次の実験を行った。

[実験]
タマネギの根を先端から5mmほど切りとり，スライドガラスにとった。えつき針で細かくくずし，うすい塩酸を1滴落として数分間置いた。そのあと，ろ紙でうすい塩酸を十分にすいとり，①酢酸オルセイン液を1滴落とした。しばらく置いたあと，カバーガラスをかけ，ろ紙でおおった上から，指で根を押しつぶすように広げた。
完成したプレパラートを，②はじめに低倍率で観察したあと高倍率で観察し，細胞分裂の各時期の細胞を1つずつ選んでスケッチした。図1はそのスケッチである。

図1

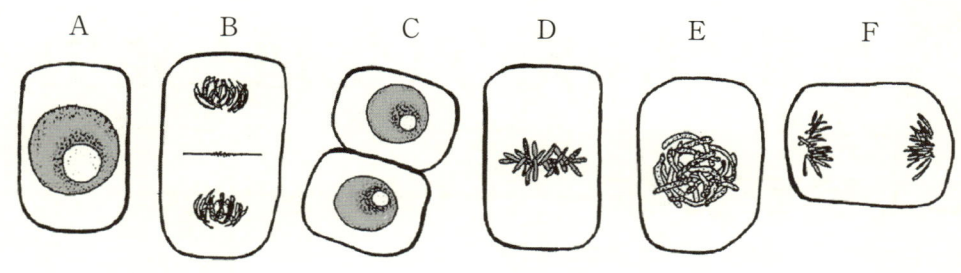

A　B　C　D　E　F

(1) 下線部①の操作により，細胞が観察しやすくなる。酢酸オルセイン液のはたらきを書きなさい。

(2) 下線部②について，はじめに低倍率で観察するほうが都合のよい理由を書きなさい。

(3) 図1のA～Fの細胞を，分裂していく順に並べるとどのようになるか，Aを最初としてB～Fを並べ，符号で書きなさい。

(4) 図2は，細胞分裂において，図1の細胞Dと同じ時期の細胞を，染色体の数が4本あるものとして模式的に表したものである。図2をもとに，図1の細胞Bと同じ時期の細胞の模式図をかきなさい。

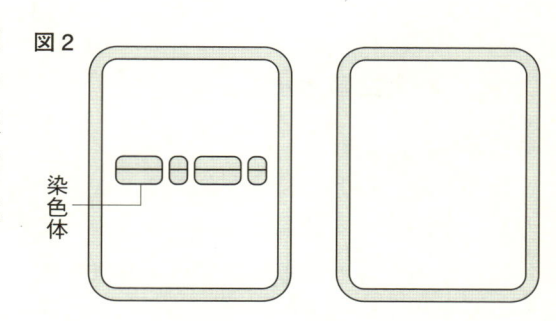

図2　染色体

(5) タマネギの根が成長するというのはどういうことか，2つ書きなさい。ただし，「細胞」という語句をそれぞれに用いること。

（2005年　石川県）

2 生物のふえ方（生殖と発生）

転写 無性生殖と有性生殖

生殖 生物が新しい個体（子）を残すはたらき

無性生殖（子は親とまったく同じ形質になる）

親の個体 → 子／子

有性生殖（子は親と異なる形質になる）

雄 → 精子／雌 → 卵　生殖細胞 →（受精）受精卵 → 胚 → 新しい個体　【発生】

解説 ▶ 生殖

　生物が新しい個体（子）を残すはたらきを**生殖**という。生殖で親がもつさまざまな形や性質（**形質**という）が子に伝わっていく。親の形質が子に伝わることを**遺伝**といい、形質に関する情報は染色体に含まれる**遺伝子**に記されている。生殖には無性生殖と有性生殖がある。

解説 ▶ 無性生殖と有性生殖

無性生殖

　親のからだが2つに分かれたり、からだの一部から分かれ出たりして子をつくるふえ方。ゾウリムシはからだが2つに分かれてふえていく。分裂とよばれる無性生殖である。ジャガイモから芽が出て新しい個体に育つのも無性生殖の一種で、栄養生殖とよばれる。人の手で行われるさし木も無性生殖の一種。

　無性生殖は親のからだ（やからだの一部）から新しい個体（子）が生まれるので、子は親とまったく同じ遺伝子を受け継ぎ、同じ形質になる。

有性生殖

　2つの**生殖細胞**（子をつくるはたらきをする細胞）が合体して新しい個体（子）になるふえ方。多くの生物は**受精**とよばれる有性生殖を行う。動物では雄の**精子**と雌の**卵**が合体（受精）する。種子植物では花粉の**精細胞**と胚珠の**卵細胞**が合体（受精）する。生殖細胞（動物の精子と卵、植物の精細胞と卵細胞）がつくられるときの細胞分裂を**減数分裂**という（85ページ参照）。

　有性生殖では、子はそれぞれの親の遺伝子を組み合わせて受け継ぐので、親とは異なる形質になる。

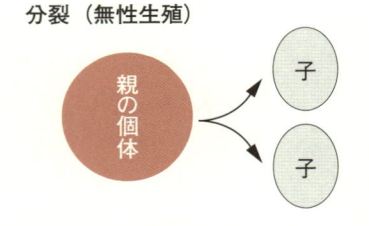

分裂（無性生殖）

親の個体 → 子／子

受精（有性生殖）

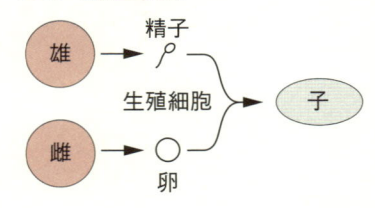

雄 → 精子／雌 → 卵　生殖細胞 → 子

解説 ▶ 動物のふえ方

ヒキガエルのふえ方を例にとる。雌のカエルは卵を水中に産卵し，雄のカエルがその上に精子をかける。雌の体内には卵巣があり，卵はそこでつくられた生殖細胞である。精子は雄の体内の精巣でつくられた生殖細胞である。精子は泳いで卵にたどりつき，精子の核と卵の核が合体する。これが受精であり，受精してできた1つの細胞を受精卵という。受精卵は細胞分裂をくり返し，新しい個体へと成長していく。

受精卵が細胞分裂を始めてから，自分でエサをとり生活できるようになるまでの個体を胚という。受精卵という1つの細胞から始まり，独立した生活ができる個体になるまでの過程を発生という。発生の過程では，最初は盛んに細胞分裂をくり返し，たくさんの細胞の集まりになる。さらに細胞分裂を続けながら，形やはたらきが異なるからだのさまざまな器官に変化していく。

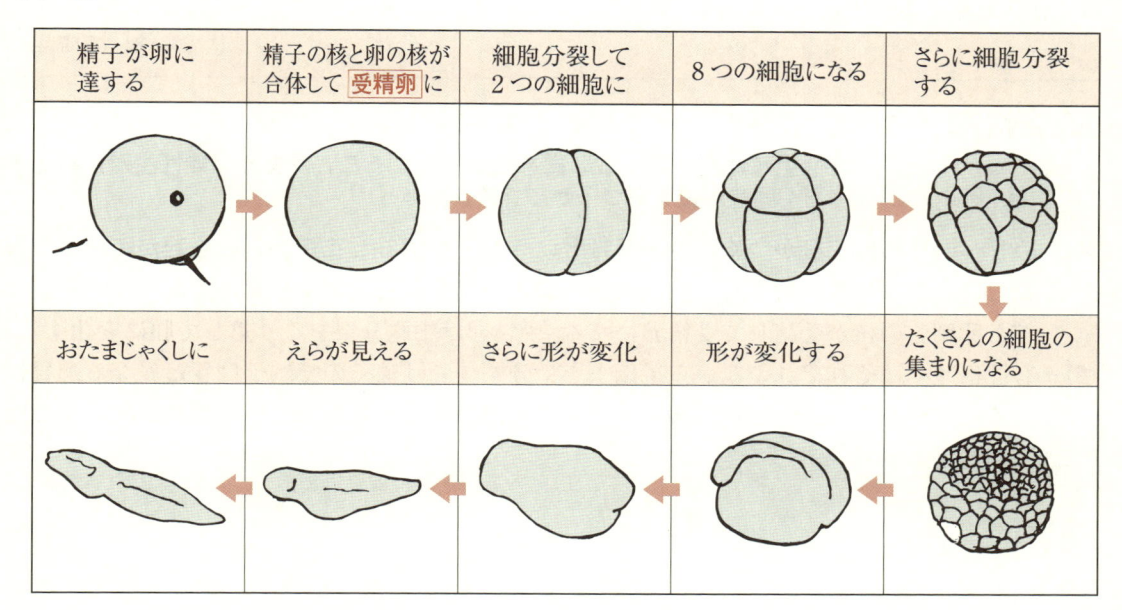

精子が卵に達する	精子の核と卵の核が合体して受精卵に	細胞分裂して2つの細胞に	8つの細胞になる	さらに細胞分裂する
おたまじゃくしに	えらが見える	さらに形が変化	形が変化する	たくさんの細胞の集まりになる

解説 ▶ 植物のふえ方

被子植物のふえ方を例にとる。めしべの先（柱頭）に花粉がつくことを受粉という（11ページ参照）。受粉が起きると，花粉は花粉管を伸ばす。花粉管はめしべの中を伸び，胚珠にまで達する。胚珠の中の卵細胞と花粉の精細胞が受精して受精卵になる。受精卵は細胞分裂をくり返して胚に変化する。胚珠は種子に，子房は果実に変化する。胚は新しい個体へと成長していく。

被子植物の受精とその後の変化

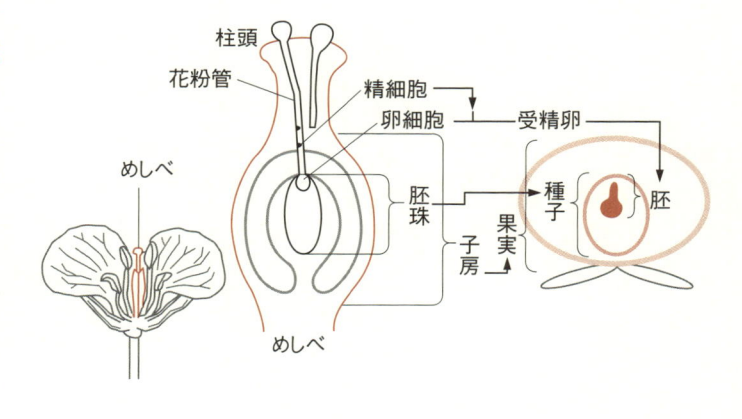

> **例題1** タンポポやアブラナなどの被子植物では，おしべの先端から出た花粉がめしべの柱頭につくと，花粉から（ ア ）が伸びる。この中には，（ イ ）分裂という特別な細胞分裂によってできた（ ウ ）という細胞があり，この（ ウ ）の核が胚珠の中にある同じく（ イ ）分裂によってできた卵細胞の核と合体する。受精した卵細胞は，分裂をくり返して種子の中の（ エ ）になり，これが発芽して成長する。このようなふえ方を<u>有性生殖</u>という。しかし，植物の中には植物体の一部が細胞の分裂によって根や茎・葉などをつくり，なかまをふやすことができるものがある。このようなふえ方を<u>無性生殖</u>という。
>
> (1) ア〜エに適切な言葉を入れよ。
>
> (2) 有性生殖と無性生殖のふえ方の違いによって，できた子の違いについて簡潔に書け。
>
> (2004年　宮崎県)

例題1の解答　(1) ア 花粉管　イ 減数　ウ 精細胞　エ 胚
　　　　　　(2) 有性生殖は親と異なる形質をもつ子になることがある。無性生殖は親とまったく同じ形質をもつ子ができる。

(1) めしべの柱頭に花粉がつくことを受粉という。受粉すると花粉から花粉管が胚珠まで伸びる。花粉は減数分裂（右ページ参照）によってできた精細胞を含んでおり，精細胞の核と卵細胞の核が受精して受精卵になる。受精卵は細胞分裂をくり返して胚に変化する。

(2) 有性生殖ではそれぞれの親から遺伝子を半分ずつ受け継ぐので，子は親と異なる形質になることがある。無性生殖は親のからだの一部からできるので，子の形質は親とまったく同じである。

3 生殖細胞のでき方（減数分裂）

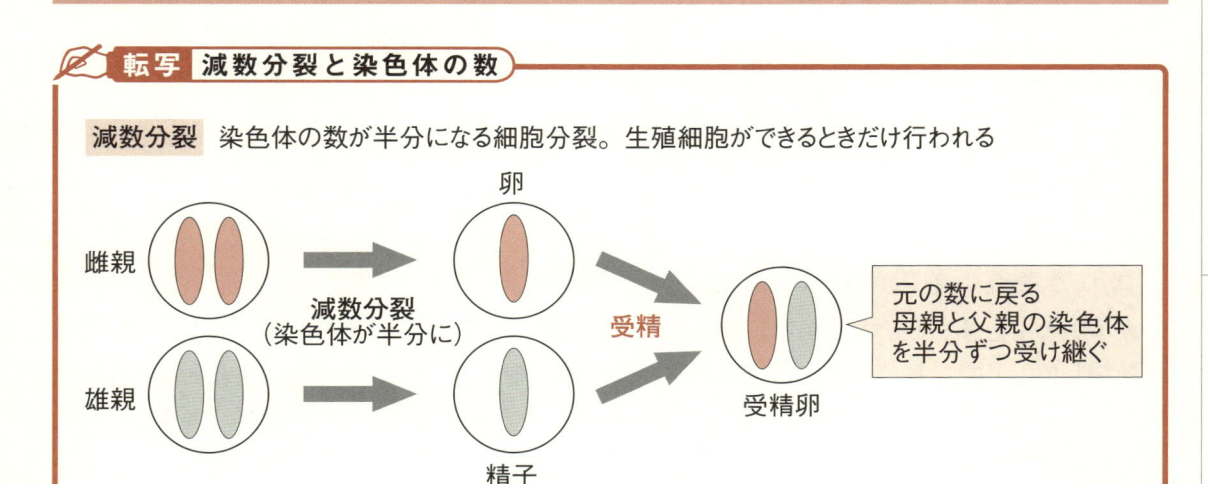

転写　減数分裂と染色体の数

減数分裂　染色体の数が半分になる細胞分裂。生殖細胞ができるときだけ行われる

雌親 → 減数分裂（染色体が半分に）→ 卵
雄親 → 減数分裂（染色体が半分に）→ 精子
卵 + 精子 → 受精 → 受精卵

元の数に戻る
母親と父親の染色体を半分ずつ受け継ぐ

解説　染色体の数と減数分裂

1つの細胞には1個の核があり，核には何本かの染色体が含まれている。染色体の数と形は生物によって決まっている。ヒトの染色体は46本で，同じ大きさ，同じ形をした染色体が2つずつ23対ある。それぞれの両親から受け継いだものである。

生物の"設計図"に当たる染色体には，その生物がもつ形や性質などいろいろな特徴が記されている。生物がもつさまざまな形や性質を**形質**（けいしつ）という。

細胞分裂（体細胞分裂）のとき，染色体は新しい細胞に正しくコピーされる。ヒトの場合，すべての細胞に46本の染色体が含まれている。

ただし，精子や卵（らん）といった生殖細胞がつくられるときだけ，染色体の数は半分になる。有性生殖では，2つの細胞の核が合体して新しい個体が誕生するので，雄と雌の染色体を半分ずつ持ち寄って合体することになる。染色体の数が変化しない体細胞分裂に対して，生殖細胞がつくられるときの染色体の数が半分になる細胞分裂を**減数分裂**（げんすう）という。

減数分裂によって，精子，卵といった生殖細胞の染色体の数は，もとの細胞の染色体の数の半分になる。このことから，どんな生物でも，染色体の数は必ず2の倍数（＝ $2n$）となることがわかる（右上の表で確認すること）。

染色体の数	
シダ	1260
カタツムリ	54
ヒト	46
ネコ	38
トノサマガエル	26
ヒキガエル	22
アリ	2

細胞分裂（体細胞分裂）　　　　減数分裂

染色体の数は変わらない　　　　染色体の数が半分に

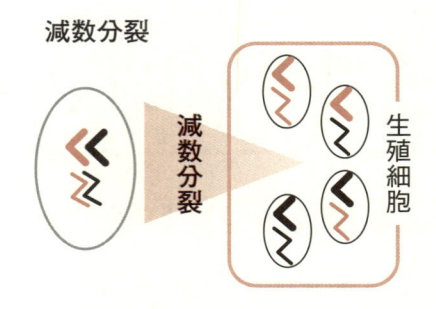

解説 ▶ 発生時の染色体の数の変化

　カエルの染色体を $2n$ 本とする。カエルの精子と卵(らん)の染色体は半分の n 本である。精子と卵が受精してできた受精卵の染色体は $2n$ 本。受精卵が細胞分裂をするときは，染色体の本数は変化しない（体細胞分裂だから）。それぞれの細胞に染色体が $2n$ 本ずつ含まれている。

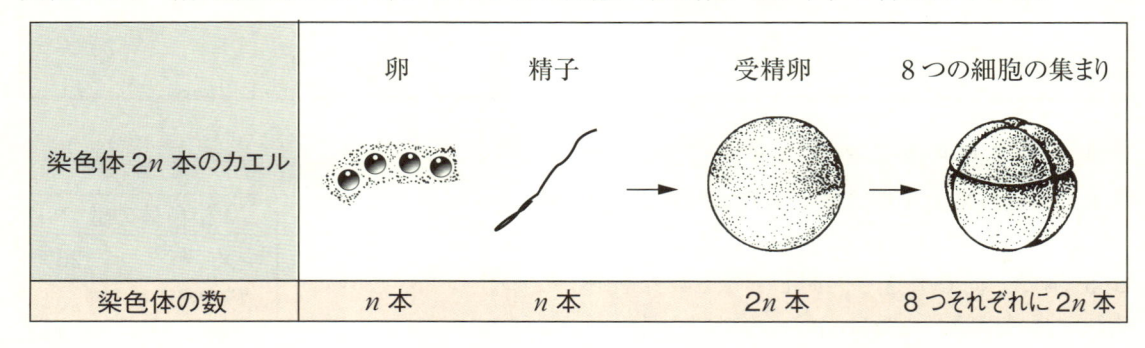

染色体 $2n$ 本のカエル	卵	精子	受精卵	8つの細胞の集まり
染色体の数	n 本	n 本	$2n$ 本	8つそれぞれに $2n$ 本

※ たとえば，前ページの表から，トノサマガエルは $n=13$，ヒキガエルは $n=11$ となる。

解説 ▶ 体細胞分裂時の染色体の数

　染色体 $2n$ 本の植物が細胞分裂をする場合を考える。細胞分裂の始まるとき染色体が現れる。この段階で，すでに染色体はコピーされて倍になっている。染色体は縦に裂けていて，この裂け目から 2 つに分かれて染色体は両極に移動する。細胞分裂（体細胞分裂）では，核分裂の初期の段階で染色体がコピーされている。

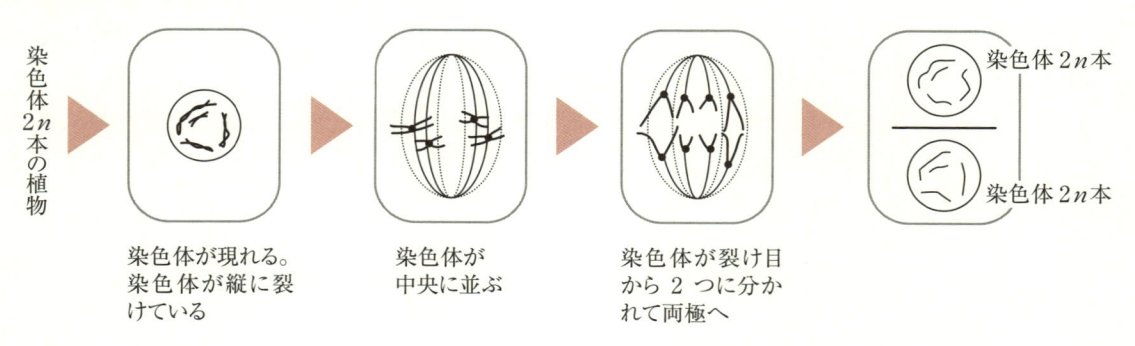

染色体 $2n$ 本の植物 ▶ 染色体が現れる。染色体が縦に裂けている ▶ 染色体が中央に並ぶ ▶ 染色体が裂け目から 2 つに分かれて両極へ ▶ 染色体 $2n$ 本／染色体 $2n$ 本

例題1 右の図は，トノサマガエルの雌親と雄親のからだの細胞の染色体を模式的に表したものである。このとき，精子，受精卵の染色体はどのように表すことができるか，それぞれについて，当てはまるものを次のア～カの中からすべて選び，記号で答えよ。

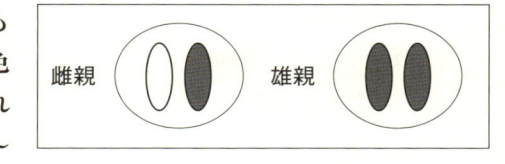

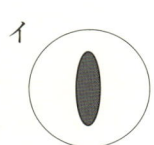

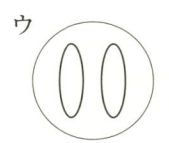

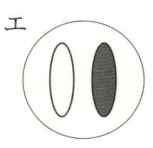

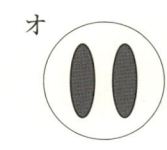

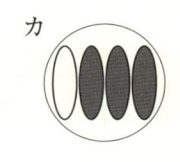

（2004年　富山県）

例題1の解答　　精子…イ　　受精卵…エ，オ

精子や卵といった生殖細胞は，減数分裂によってできる。染色体の数は体細胞に含まれる染色体の半分になる。雄親の染色体が●●なので，精子は半分の●となる。雌親の染色体が○○なので，卵は●か○のどちらかである。精子●と卵○が受精すれば受精卵は●○となり，精子●と卵●が受精すれば受精卵は●●となる。卵と精子が合体して，染色体の数は体細胞の染色体と同じになる。

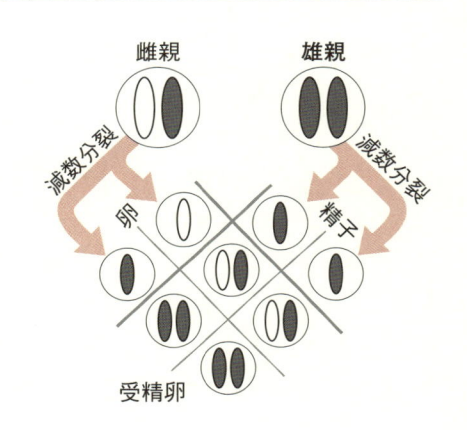

例題2 図は，カエルの卵と精子が受精して受精卵ができ，それが細胞分裂して2個の細胞ができるまでを示した模式図である。Aは卵，Bは精子，Cは受精卵，DとEは受精卵が分裂してできた細胞を示している。

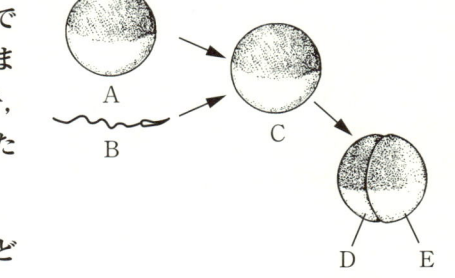

(1) 図のA～Eの中で，生殖細胞とよばれるものはどれか，すべて選び記号で答えよ。

(2) 図のAの核に含まれる染色体の数を a としたとき，Eの核に含まれる染色体の数を，a を用いて表せ。

（2004年　秋田県）

例題2の解答　(1)　AとB　　(2)　$2a$

(1) 生殖細胞は子孫をのこすはたらきをする細胞である。雌の卵巣でつくられる卵と，雄の精巣でつくられる精子が生殖細胞に当たる。どちらも1個の細胞である。

(2) 卵Aの核に含まれる染色体の数aは，減数分裂によって体細胞に含まれる染色体の数の半分になっている。精子の染色体の数も卵と同じaである。精子と卵が受精してできる受精卵Cの染色体の数は$2a$になる。受精卵が2つに分裂するとき，染色体はそれぞれの細胞に等しくコピーされるので，細胞DとEそれぞれの染色体の数はCの核に含まれる染色体の数と同じ$2a$である。

練習問題

▶▶▶ 解答は211ページ

1 陽一君は，動物の細胞分裂と受精について調べ，図のように模式図にまとめることにした。

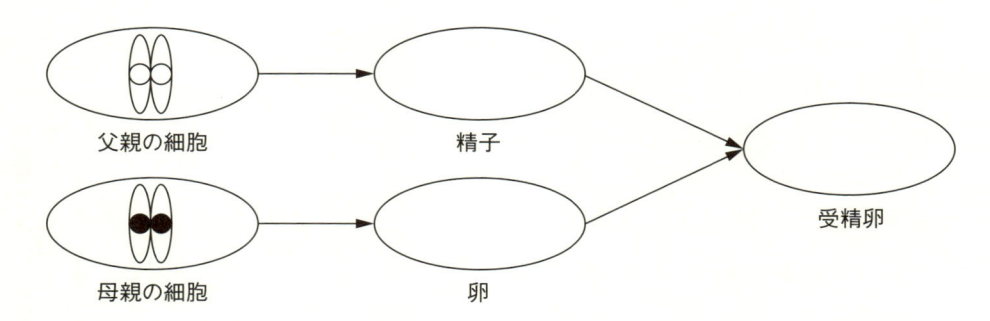

(1) 精子や卵ができるときの細胞分裂を何といいますか。

(2) 父親と母親の細胞に含まれる染色体を図のように示すと，精子，卵，受精卵に含まれる染色体は，それぞれどのように表すことができるか。図にかき加えなさい。ただし，染色体数は2とし，○や●は遺伝子を示している。

(2005年　宮崎県)

4 遺伝の規則性

転写 遺伝の規則性

親から子へ
（丸 × しわ）

- 卵細胞: AA → A
- 精細胞: aa → a
- 子: Aa, Aa, Aa, Aa

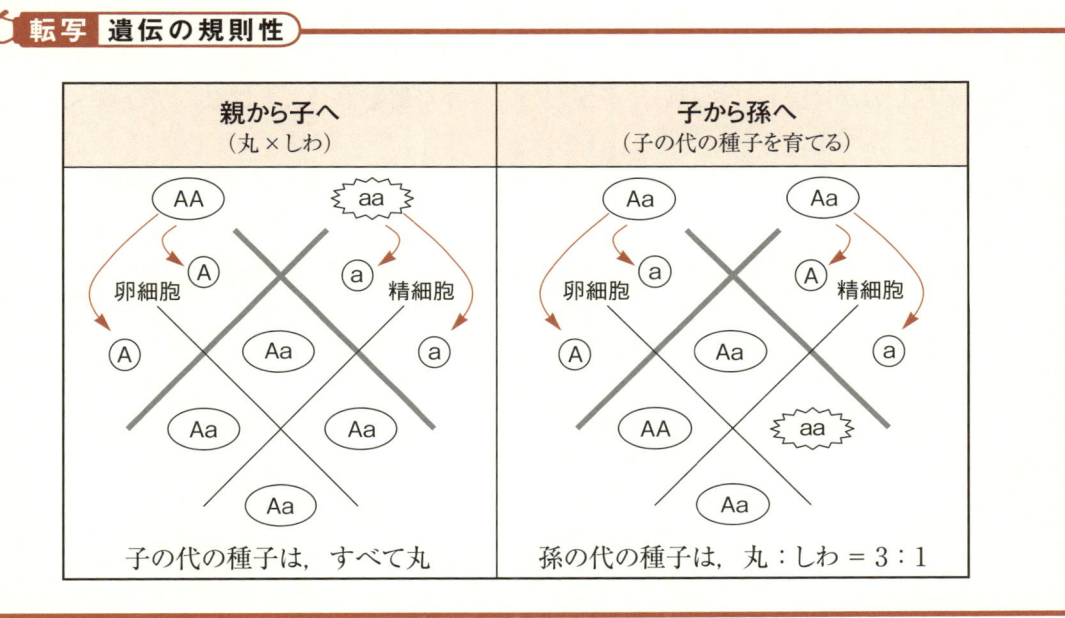

子の代の種子は、すべて丸

子から孫へ
（子の代の種子を育てる）

- 卵細胞: Aa → A, a
- 精細胞: Aa → A, a
- 孫: AA, Aa, Aa, aa

孫の代の種子は、丸 : しわ = 3 : 1

解説 ▶ 自家受粉

　エンドウの花はつくりが特殊で、おしべとめしべが花弁に包まれてしまっている。そのため通常は1つの花の中で、めしべの柱頭におしべの花粉がついて受粉し、受精が起きる。

　このように、花粉が同じ花のめしべや、同じ株のめしべにつくことを**自家受粉**とよぶ。これに対して別の株のめしべに受粉することを他家受粉という。

エンドウの花のつくり（花弁、めしべ、柱頭、子房、おしべ）

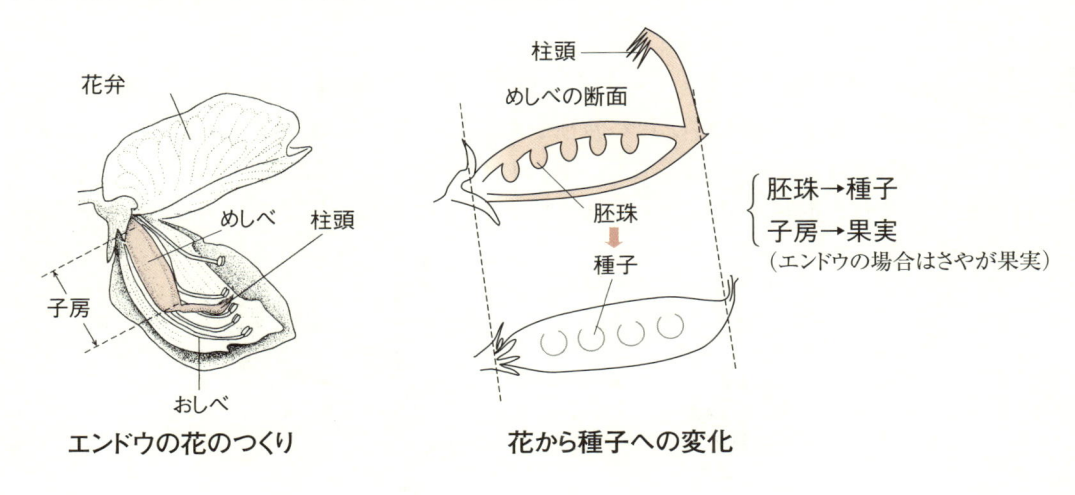

花から種子への変化（柱頭、めしべの断面、胚珠、種子）

胚珠→種子
子房→果実
（エンドウの場合はさやが果実）

解説 ▶ メンデルの実験

　生物がもつ形や性質（色・大きさ）などの特徴のことを形質（けいしつ）という。

　エンドウには，丸い種子としわの種子，茎の高いものと低いもの，子葉が黄色のものと緑のもの，といったはっきりと対立する形質がある。通常は自家受粉が起きるエンドウは，代々丸い種子，代々しわの種子，……と代を重ねても形質がすべて同じに受け継がれていく。メンデル（オーストリア，1822 ～ 1884 年）は，こうした対立する形質に注目し，異なる形質をもつエンドウどうしのかけ合わせを行い，子がどのような形質をもつようになるかを調べた。

[親から子へ]　代々丸い種子をつけるエンドウの花のめしべ（親）に，代々しわのある種子をつけるエンドウの花粉（親）を受粉させて育てたところ，すべて丸い種子（子）となった。このことから，『子では両親の一方の形質だけが現れる』ということがわかった。

丸い種子から育った株　←花粉←　しわのある種子から育った株

やがて種子ができると…

すべて丸い種子

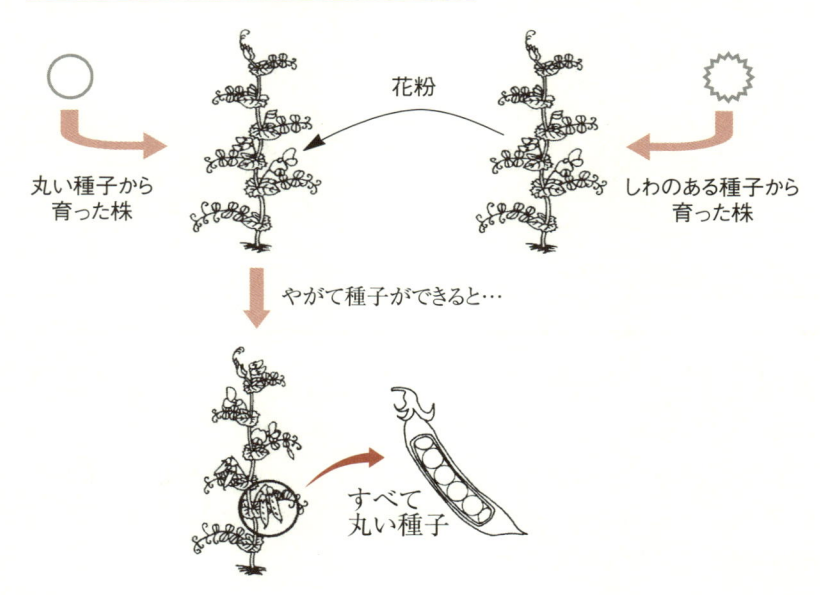

[子から孫へ]　子の代の種子をまき，そのまま自家受粉をさせて育てると孫の代の種子ができる。孫の代の種子を調べると，再びしわの種子が現れ，丸としわの数の比が 3：1 となった。子の代で，種子がしわになるという形質は，失われたのではなく隠れていたものと考えられる。『孫では親のそれぞれの形質が現れ，その現れ方は 3：1 になる』ということがわかった。

子の代の丸い種子から育った株　→　自家受粉　→　やがて種子ができると…　→　丸としわ

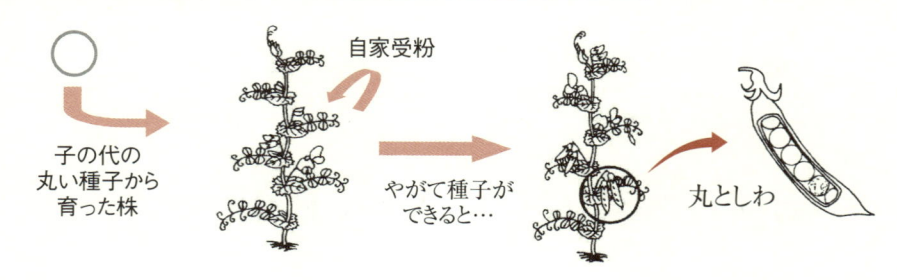

解説 ▶ メンデルの成果

メンデルはエンドウの実験をもとに，形質にはそのもとになる「要素」があり，その「要素」が次の世代に伝わっていると考えた。形質を伝える「要素」は，2つペアになって存在し，そのどちらか一方が子に伝えられる。子は両親から1つずつ形質の「要素」を受け取って再び2つペアになる。

こうした内容は，1865年「植物雑種に関する実験」として発表されるが，当時はまったく見向きもされず，この論文は埋もれてしまった。メンデルは「今に私の時代が来る」と語っていたという。実際，1900年にこの論文が再発見され脚光をあびるが，そのとき彼はすでに他界していた。

現在，形質を伝える「要素」にあたるものは**遺伝子**とよばれている。

解説 ▶ 遺伝の規則性

形質を伝える遺伝子は2つペアになっている。いま，丸い種子をつくる遺伝子をA，しわの種子をつくる遺伝子をaと表す。

親から子へ　代々丸い種子をつくるエンドウはAAの遺伝子をもつ。受精の際，1つずつバラで卵細胞に収めるので，卵細胞にある遺伝子はAとなる。

一方，代々しわの種子をつくるエンドウはaaの遺伝子をもつ。受精の際，1つずつバラで精細胞に収めるので，精細胞はaの遺伝子をもつ。

どの卵細胞とどの精細胞がペアをつくっても，新しいペアはAaしかできない。これが子の代でできた種子がもつ遺伝子である。

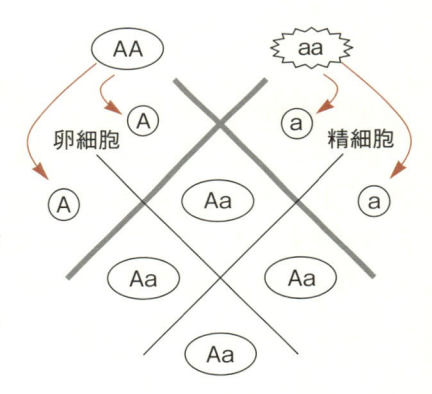

子の代の種子（Aa）は，丸い種子をつくるAと，しわの種子をつくるaの両方もっていても，丸い種子になる。このように子の代で現れるほうを**優性**の形質といい，もう一方を**劣性**の形質という。ただし，優れた形質と劣った形質という意味ではない。

また，優性の形質だけをもつ親と劣性の形質だけをもつ親をかけ合わせてできた子の代に，優性の形質だけが現れることを**優性の法則**という。

子から孫へ　子の代でできた種子から育った株の自家受粉によって孫の代の種子ができる。子の代の種子から育った親はAaの遺伝子をもつ。どちらか一方を生殖細胞（卵細胞と精細胞）に収めるので，Aの遺伝子をもつ卵細胞と精細胞，aの遺伝子をもつ卵細胞と精細胞ができる。

Aをもつ生殖細胞どうしで新しいペアAAができ，Aをもつ生殖細胞とaをもつ生殖細胞で新しいペアAaができ，aをもつ生殖細胞どうしで新しいペアaaができる。遺伝子の組み合わせでみると，AAとAaとaaの数の比は1：2：1となる。

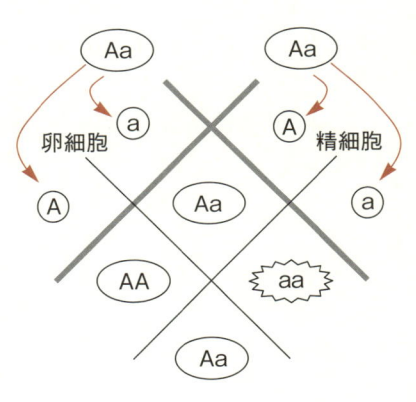

したがって，丸としわの数の比は，3：1となる。

> **例題1** 子の代でできた丸い種子（Aa）から育った花のめしべに，代々しわのある種子（aa）をつくる花の花粉を受粉させたとき，どのような種子がどのような割合でできるか。遺伝子型と表現型に分けてそれぞれ答えよ。ただし，遺伝子型は，AA：Aa：aa＝1：2：3のような表し方で，表現型は，丸：しわ＝4：5のような表し方である。

例題1の解答　遺伝子型　Aa：aa＝1：1　　表現型　丸：しわ＝1：1

まず，表を完成させると右のようになる。Aaとaaが2つずつなので，遺伝子型は「Aa：aa＝1：1」。Aaは丸でaaはしわになるので，表現型は「丸：しわ＝1：1」。

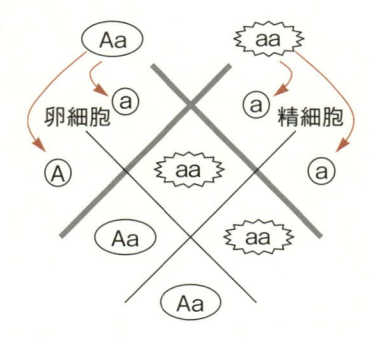

解説 ▶ 遺伝子の正体

すべての細胞に1つずつある核。核の内部にはひも状の染色体がある。染色体は，細胞分裂のときに折りたたまれて太いひも状になって見えるが，真っ直ぐ伸ばせば2m近くなる細長いものである。これをつくっているのがDNAとよばれる物質である。DNAのほんの一部分，1割にも満たない部分に形質を伝えるはたらきがある。染色体をつくる物質であるDNAの一部分が遺伝子としての機能をもつ，ということになる（41ページ参照）。

練習問題

▶▶▶ 解答は212ページ

1. 太郎さんの家の畑には，いつも丸い種子だけをつくるエンドウの株Pと，いつもしわのある種子だけをつくるエンドウの株Qがある。図1は，畑でとれたそれぞれの果実をカッターナイフで切り，その断面を観察したときのスケッチである。

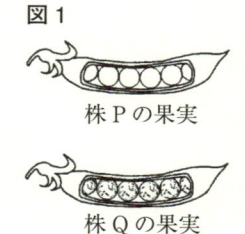

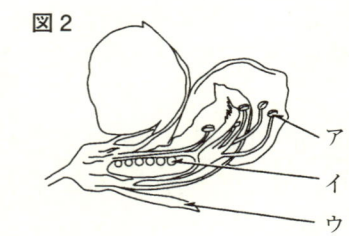

(1) 太郎さんは，エンドウの花のつくりを調べるために，花をカッターナイフで切り，その断面をルーペで観察した。図2は，そのスケッチである。図2中のア～ウで示した部分のうち，中に卵細胞があり，受精すると種子に変化するものはどれか。最も適当なものを1つ選べ。また，その部分の名称を，次のa～cから1つ選べ。

　　　a　胚珠　　　　b　やく　　　　c　がく

(2) エンドウは，卵細胞の核と精細胞の核とが合体して受精卵ができてふえる。このように，生殖細胞の受精によって，子どもができるふえ方は何とよばれるか。その名称を書け。

(3) 次の文は，株Pと株Qをかけ合わせた結果について述べようとしたものである。文中のa，bに当てはまる最も適当な言葉を，それぞれ書け。

　　株Pと株Qをかけ合わせてできた種子は，すべて丸い種子であった。このことから，丸い種子の形質が（　　a　　）性の形質で，しわのある種子の形質が（　　b　　）性の形質であることがわかる。

(2002年　香川県・改題)

2　エンドウを用いて，図のように，いつも丸い種子をつくる株といつもしわのある種子をつくる株とをかけ合わせると，子はすべて丸い種子だった。

(1) 親株の丸い種子の遺伝子の組み合わせをAA，しわのある種子の遺伝子の組み合わせをaaとすると，子の遺伝子の組み合わせはどのようになるか。次から1つ選べ。

　　ア　AA　　　　イ　aa
　　ウ　Aa　　　　エ　AAaa

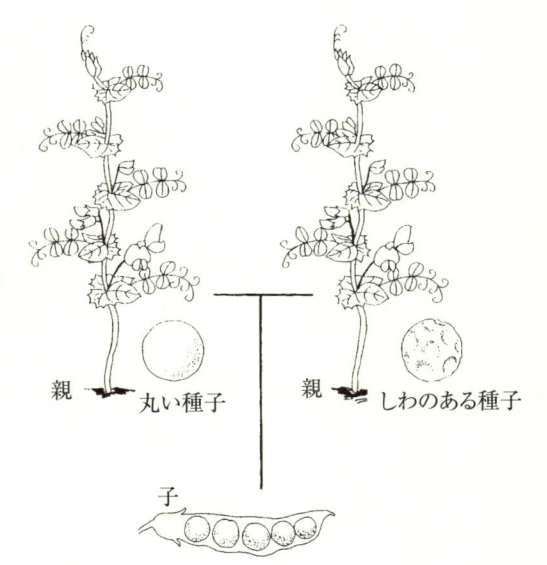

(2) 子の種子をまいて育てたとき，花の精細胞中の遺伝子はどのようなものか。次から1つ選べ。

　　ア　Aのみ　　　イ　aのみ　　　ウ　Aとa　　　エ　AAとaa

(3) 子の株どうしをかけ合わせると、孫の形質はどのような割合になるか。次から1つ選べ。

　　ア　丸い種子としわのある種子は1：3
　　イ　丸い種子としわのある種子は3：1
　　ウ　丸い種子としわのある種子は1：1
　　エ　丸い種子としわのある種子は1：0

(2002年　沖縄県・改題)

3 エンドウのからだのつくりと遺伝について調べた。

(1) エンドウの葉脈のようすと茎の断面のようすをア～エからそれぞれ1つずつ選べ。

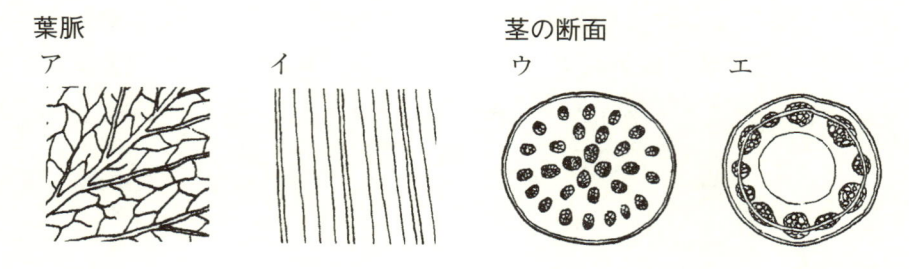

葉脈　ア　イ　　茎の断面　ウ　エ

(2) 図のように、何代にもわたってしわのある種子だけをつくるエンドウの花粉を、ある1つの丸い種子から育てたエンドウのすべてのめしべに受粉させた。受粉させてできた種子には、丸い種子（子）としわのある種子（子）の両方の形があった。
このとき、丸い種子としわのある種子の数は、どんな割合であると考えられるか、最も簡単な整数比で答えなさい。ただし、種子の形は丸いものを優性形質とする。

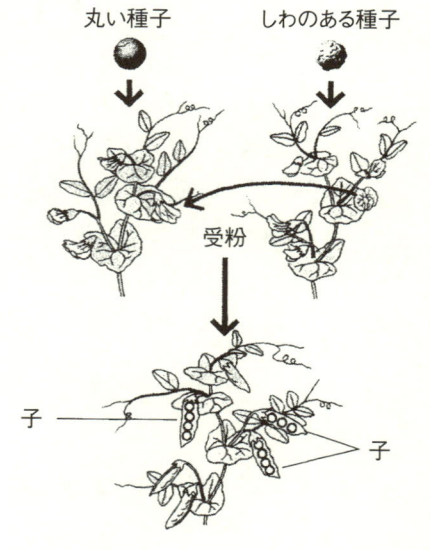

(2002年　鳥取県)

5 生物の変遷

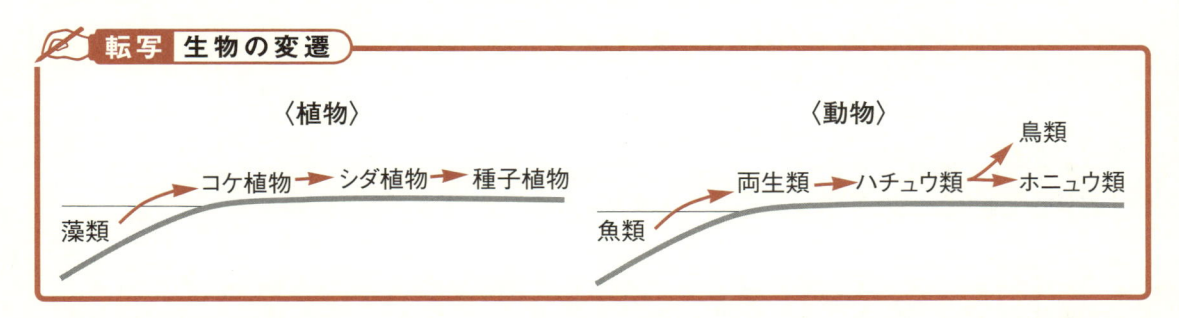

転写 生物の変遷

〈植物〉
藻類 → コケ植物 → シダ植物 → 種子植物

〈動物〉
魚類 → 両生類 → ハチュウ類 → 鳥類／ホニュウ類

解説 ▶ "進"化

地球の歴史は46億年。この長い歴史の中で生命が出現し，環境の変化にともなって次第にその形を変え，種類をふやした。こうした変化の過程を進化とよぶ。進化とは「生物が長い時間をかけて変化する」ということである。この変化の過程で，失われていった機能も少なくない。したがって「進」という字からの連想で進化と進歩を混同しないこと。

解説 ▶ 進化の証拠としての化石

生物の遺がいや生活の痕跡が地層（堆積岩中）に残されて化石となる（126ページ参照）。北米大陸の地層からウマの化石が多く見つかっている。これらの化石を年代順に並べると，ウマのからだは次第に大型化し，前あしの中指1本だけが大きく発達したことが見てとれる。

環境の変化によってウマの生活の場が森林から草原へと移った。からだの大型化は，食べ物が多く採れるようになった結果と考えられる。一方，外敵に見つかりやすい草原での生活は，外敵から逃れるために速く長い距離を走る必要から，中指1本が発達し，爪はひづめとなったと考えられる。環境に適応していった進化の例である（ただし，「草原で生活→からだが大型化・中指が発達→これが子に伝わる，」つまりその世代で獲得された形質が次の世代に受け継がれるということは起きていないとされている。次ページの「発展」を参照）。

ウマの前あしの骨格とからだの大きさの変化

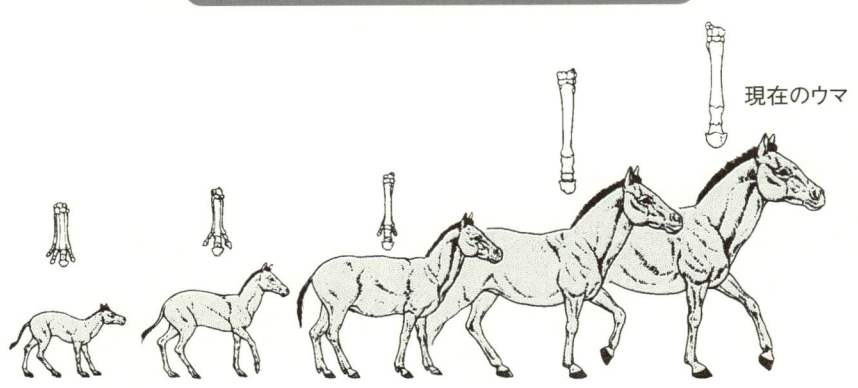

現在のウマ

発展 進化はなぜ起きる？

■ **ラマルクの進化論**

　生物の進化を，最初に体系的に説明しようとしたのはラマルク（フランス，1744～1829年）である。ラマルクの考えは，「よく使う器官が発達する」「発達した形質は子孫に遺伝する」というものだが，この考えは現在否定されている。

■ **ラマルクの考えで，馬の化石を解釈すると……**

　草原での生活環境は，馬に速く長時間走る，からだを大きくするような影響を与えた。馬は一生の間にからだが大型化し，あしは速く長時間走るのに適するようになった。これが子孫に伝わり，次第に現在の馬の体型に近づいていった，ということになる。しかし，このように1つの世代が獲得した形質が次の世代に伝わるということはないとされている。

■ **ダーウィンの進化論**

　ダーウィン（イギリス，1809～1882年）が注目したのは，親ではなく子のほうであった。たくさんの子がいれば，それぞれに違い（バリエーション）がある。子は他の生物との関係，自然環境の影響を受けながら育つ。より適したものが生き残って（自然選択），親になり子孫を残す（遺伝）。こうして進化が起きるというものである。

■ **ラマルクとダーウィンの違い**

　ラマルクは，個体が環境に順応し，順応した形質が遺伝する，と考えた。ダーウィンは，自然選択により，環境に適した形質をもつ個体が生き残っていくと考えた。

■ **突然変異**

　1900年，埋もれていたメンデルの法則がド・フリース（オランダ，1848～1935年）らによって再発見されると，遺伝の研究が活発化する。ド・フリースはその後の研究から，親と異なる形質の変化は突然起き，それが遺伝していくこと，つまり突然変異によって進化は起きると唱えた。この考えはダーウィンの進化論を補完するものとなった。

■ **ダーウィン＋ド・フリースの考えで，馬の化石を解釈すると……**

　突然変異で，からだがひと回り大きく，あしの中指が発達した形質をもつ個体が生まれる。この個体は草原での生活（エサをとり，天敵からいち早く逃げる）により適していたため生き残り（自然選択），子孫を多く残す。こうして集団の中で同じ形質をもつ個体がふえていく。やがて再び突然変異により，さらにからだの大きな中指の発達した形質をもつ個体が生まれ，自然選択で生き残り，子孫を多く残す……。こうしてからだの大型化と中指の発達という進化が起きた，と考えられる。

■ **現在では…**

　ド・フリースが考えた突然変異は，形質の変化を起こすものであったが，現在は，形質に変化を及ぼさなくても，遺伝子レベルで起きた変化を突然変異とよんでいる。馬のからだが大型化し，中指が発達していくような進化を小進化，種の変化が起きるような進化を大進化とよぶことがある。なぜ大進化が起きるのかは，まだはっきりとはわかっていない。

解説 ▶ 生きた化石

現在は絶滅している生物に近い形質をもった生物を生きた化石とよぶ。アンモナイトに近いオウムガイ，三葉虫（98ページ参照）に近いカブトガニなど。植物ではイチョウがそれにあたる。生物の遺がいは分解されやすいので，化石に残された記録はあくまで部分的なものである。生きた化石は過去の生物の特徴を知る手がかりとなる。

解説 ▶ 中間的な化石

進化の過程を知る手がかりとなる中間的な生物として始祖鳥がある。大きさはハトに近く鳥類の特徴（前あしがつばさになり，全身に羽毛がある）と，ハチュウ類の特徴（くちばしに歯があり，尾には骨がある。つばさになった前あしに爪がある指）をもち，ハチュウ類から鳥類への進化の過程を知る手がかりとなる。右は始祖鳥の化石の写真。

© Louie Psihoyos/CORBIS

解説 ▶ 構造から知る共通の祖先

セキツイ動物の発生をみると，初期段階は共通点が多く非常によく似ているので，共通の祖先から進化したことが考えられる。ワニ（ハチュウ類）の前あし，スズメ（鳥類）のつばさ，イヌの前あしは，形やそのはたらきは異なっているが，基本的な構造は同じである。形とはたらきが大きく異なっていても，基本的な構造が同じ器官を相同器官とよぶが，進化の歴史をさかのぼると共通の祖先にたどり着くことを，相同器官は示唆している。

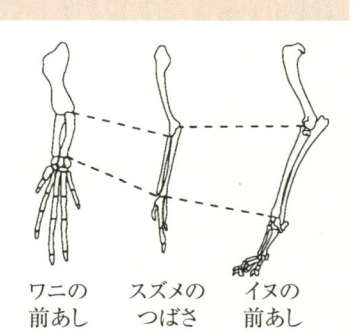

ワニの前あし　スズメのつばさ　イヌの前あし

※ はたらきは異なるがつくりが同じである相同器官に対して，はたらきが同じでつくりが異なるのを相似器官とよぶ。トンボの羽とスズメのつばさは相似器官。

解説 ▶ 体に残る進化の痕跡

ヘビにあしはないが，体内には後ろあしの骨の名残がある。多くのホニュウ類は先がとがった耳をもつが，聴覚が退化したヒトの耳は縮小し，とがった先の名残として耳介結節が残る。こうした本来のはたらきを失った器官を痕跡器官とよぶ。ヒトの体には他にも，尻尾の名残の尾骨など，進化（長い時間での変化）の痕跡がいくつかある。

耳介結節

解説 ▶ 生物の変遷① 原始の地球と生命の誕生

　地球の誕生は約46億年前。この当時の地球は火の玉状であったようだ。地球の温度は徐々に低下していくものの，地表がようやく冷却するのは約40億年前。このころ原始の海が形成された。

　現在，地球上に残る最古の岩石はグリーンランドで発見された堆積岩で，これが約38億年前のものと考えられている。この最古の堆積岩に，生命活動の痕跡となる有機化合物の化石が含まれていた。38億年前，すでに生命が誕生していた可能性がある。確実な最古の生物の化石は35億年前のもので，これは現在の細菌類に近い生き物であったようだ。

解説 ▶ 生物の変遷② オゾン層の形成

　27億年前の海には光合成を行う生物（ラン藻類のシアノバクテリア）が出現していた。この生物の活動によって生じた酸素は，まず海中の鉄を酸化させ沈殿させていく。現在採掘されている鉄鉱石はこの当時に形成されたものである。

　20億年前ごろになると，海中の鉄分は減少し酸素は大気中へと放出されるようになる。光合成によって大気中の二酸化炭素は次第に減少し，逆に酸素の濃度は上昇していく。強い紫外線が当たると酸素（O_2）の一部がオゾン（O_3）に変化するため，オゾン層が形成されていった。オゾン層は生物にとって有害な紫外線を吸収するので，陸上に降りそそぐ有害な紫外線が大幅に減り，生物が陸上に進出できるようになった。

　約4億年前，最初に植物が陸上に進出し，植物がつくり出す有機物が動物の陸上進出の土台をつくった。

解説 ▶ 生物の変遷③ 古生代

　古生代の初期，5億年以上前の海中。三葉虫をはじめとする多様な無セキツイ動物が出現した。ただ，多くはからだのつくりがその後の生物と大きく異なっており，この時期を「進化の実験期」といったりもする。セキツイ動物の出現はその後の約5億年前。

　古生代の中期，約4億年前になると，オゾン層が形成され大気中の酸素の濃度も現在と近い値に達する。まずコケ植物やシダ植物が陸上で活動をはじめ，これらをエサとする無セキツイ動物が上陸する。巨大なシダ植物の森林が形成されるようになると，魚類から進化した両生類が上陸する。この時期に形成されたシダ植物の森林が石炭のもとになっている。

　古生代の後期，約3億年前にフズリナが出現。セキツイ動物ではハチュウ類が出現し，植物ではシダ植物に代わって裸子植物が繁栄し始める。

　約2.5億年前。三葉虫やフズリナといった古生代を代表する海の無セキツイ動物が絶滅する。原因はわかっていないが，この当時海の酸素濃度が極端に低下していたことだけはわかっている。

※ 三葉虫は古生代の示準化石の1つ（127ページ参照）。カブトガニ，サソリ，クモなどの遠い祖先に当たる。
※ フズリナは古生代の示準化石の1つ。米粒大の殻をもつ。この殻が押し固められて石灰岩をつくる。

解説 ▶ 生物の変遷④ 中生代

　中生代は恐竜など大型のハチュウ類の時代である。植物はイチョウ，ソテツといった裸子植物が，海では軟体動物の一種であるアンモナイトが繁栄していた。

　約2億年前の中生代初期にホニュウ類が出現し，約1.5億年前に鳥類が恐竜から進化したと考えられている。

　6600万年前，恐竜やアンモナイトが絶滅する。隕石（いんせき）の衝突によって舞い上がった粉塵（ふんじん）で太陽光がさえぎられ，地球が寒冷化したのが絶滅の主な原因と見られている。

　※恐竜，アンモナイトは中生代の示準化石。

アンモナイト

解説 ▶ 生物の変遷⑤ 新生代

　新生代は被子植物とホニュウ類の時代である。被子植物は，中生代の後半から裸子植物に代わって繁栄を始めた。人類の出現は約500万年前。ヒトの出現は約20万年前。

練習問題

▶▶▶ 解答は212ページ

1　図は古生代の示準化石である三葉虫のものである。

(1) 三葉虫は節足動物のなかまで泥や砂の層の化石として見つかる。このことからこの動物のからだの特徴と生活のようすはどのようなものであったと考えられるか。次のア～エのうちから正しいものを1つ選び、その記号を書きなさい。

　　ア　からだはうろこでおおわれ、ひれを使って浅い海を泳ぎ魚を食べていた。
　　イ　からだは外骨格でおおわれ、海底をはって泥の中のエサを食べていた。
　　ウ　からだはこうらでおおわれ、関節のないうででエサをつかまえていた。
　　エ　からだの中に背骨をもち、砂の中にもぐってエサをつかまえていた。

(2) 三葉虫のなかまの一部が、やがて陸上生活をする昆虫類などに進化したと考えられている。また、そのころ、水中で生活していたセキツイ動物のなかまの一部が、4本のあしをもち、水中や水辺で生活できるような動物に進化したと考えられている。この時期は、動物の進化の歴史を表したア～エで示した時期のうちどれにあたるか。正しいものを1つ選び、その記号を書きなさい。

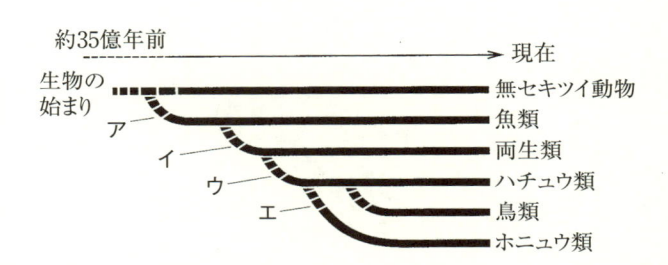

（2001年　岩手県・改題）

2 Aさんたちのグループは，中学校の理科の学習のまとめとして，地球と人間について調べたり，話し合ったりして，クラスの中で発表することにした。

1．Aさんたちは生物の誕生について，いろいろな資料を使って調べた。次の文章は，その一部である。

> 約46億年前に地球が誕生したとき，大気中に酸素はなかった。やがて，海の中で（ ① ）が酸素をつくりだし，大気中にも酸素がふえた。そして，酸素からできた（ ② ）を含む層が上空にでき，生物にとって有害な紫外線がさえぎられ，陸上にも生物がすめるようになった。
> ③生物は長い年月の間に，からだのつくりやはたらきが変わり，いろいろな種類に分かれていった。地層に含まれる化石を調べると，その生物が現れた時代や，すんでいた環境がわかる。
> また，④生物の死がいは，堆積岩になることもある。

(1) ①に当てはまる適切な言葉を次のア～エの中から1つ選び，その記号を書きなさい。

　　ア　ラン藻類　　　イ　魚類　　　ウ　裸子植物　　　エ　被子植物

(2) ②に当てはまる適切な言葉を書きなさい。

(3) 下線部③のことを何というか，書きなさい。

(4) 下線部④の堆積岩の中には，うすい塩酸をかけると，二酸化炭素が発生する岩石がある。この岩石は何か。次のア～エの中から1つ選び，その記号を書きなさい。

　　ア　チャート　　　イ　石灰岩　　　ウ　泥岩　　　エ　花こう岩

2. Aさんたちは人間も含めた動物の変化について、次のようにまとめた。

⑤セキツイ動物の移り変わりは、地層にふくまれる化石を調べるとわかる。

ウマの祖先は森林にすんでいたが、やがて食物を得やすい⑥草原にすむようになった。化石を調べると、前あしの指は図1のように変わっていった。
また、図2は現在のシマウマの顔である。

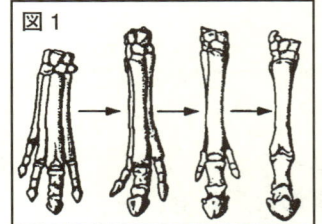

図3は、化石をもとに描かれた、人類の祖先と考えられているアウストラロピテクスの想像図である。アウストラロピテクスは⑦手が自由に使えた。
やがて、人類は石器などの道具をつくるようになった。

(1) ⑤について、下のア～エのセキツイ動物が地球上に出現した順に、ア～エの記号で書きなさい。

　ア　ハチュウ類　　イ　魚類　　ウ　両生類　　エ　鳥類

(2) 下線部⑥について、図1のように変わっていった前あしの形と、図2の目のつき方は、肉食動物に見つかりやすい草原で生活するのに都合がよい。どのような点で都合がよいか、簡単に説明しなさい。

(3) 下線部⑦について、手が自由に使えるようになったのは、人間が他の動物とどんな点で違ってきたからか、簡単に書きなさい。

(2002年　山梨県・改題)

2 分野 生物

第 5 章

自然と人間

　きつねなどの動物が山で死ぬとどうなるのでしょう？
　なぜ，山や森は，動物の死がいや落ち葉でいっぱいにならないのでしょうか？
　生物が死ぬと，その有機物を分解する生物が活躍するのです。
　ミミズやダンゴムシやダニなどの「土壌動物」は，動物の死がいや落ち葉に群がり，それを食べて生きています。しかし，ミミズやダンゴムシやダニもふんをします。このふんもまだ有機物であり，土や水などの無機物ではありません。
　ふんなどの有機物を，二酸化炭素や水などの無機物になるまで分解するのが，菌類と細菌類です。菌類はカビとキノコで，土壌には無数の細菌がいます。
　この菌類や細菌類が生み出した水や二酸化炭素を，植物がとりこみ，光合成で酸素とデンプン（有機物）に変える。その植物を草食動物が食べ……といった具合に，自然はつながっているのです。
　この章ではその大きな循環のしくみを学びます。

1 食物連鎖（生産者と消費者）

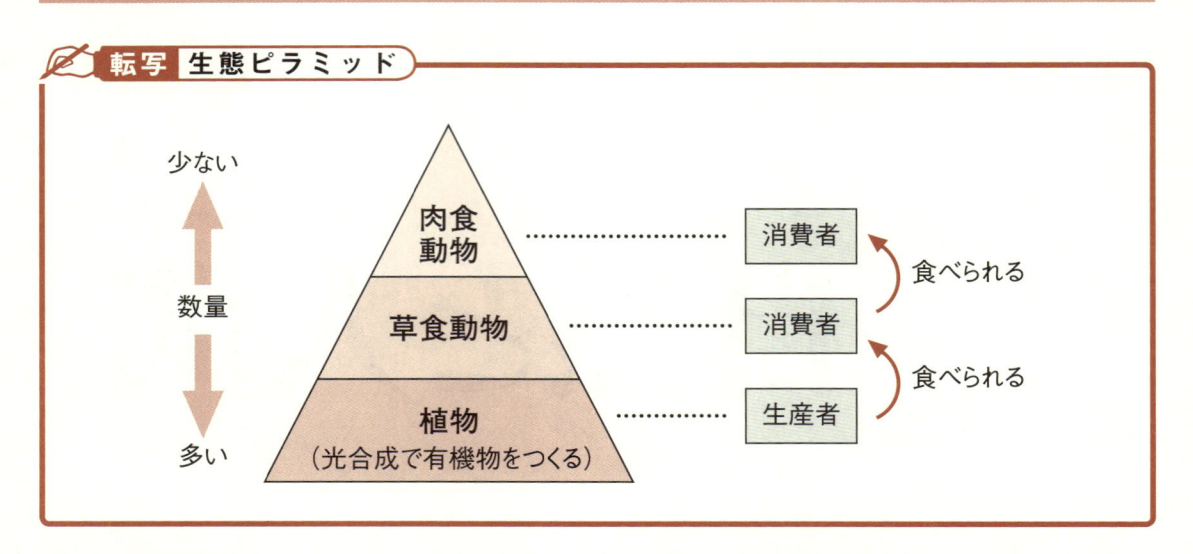

転写 生態ピラミッド

```
少ない
 ↑
数量    肉食動物 ……… 消費者 ↑
 ↓              　　　　　　　食べられる
        草食動物 ……… 消費者 ↑
多い                    　　　食べられる
        植物    ……… 生産者
    （光合成で有機物をつくる）
```

解説 ▶ 食物連鎖

　自然界では，生物どうしが互いに「食べる・食べられる」の関係でつながっている。これを**食物連鎖**（しょくもつれんさ）という。1本の鎖のようなつながりではなく，複雑な網の目のようにつながっていることから，食物連鎖のことを食物網（もう）ということもある。

解説 ▶ 生産者と消費者

　動物は有機物（炭水化物，タンパク質，脂肪など）を食べることによって，生活に必要なエネルギーを得ている。その有機物のもとをたどれば，植物に行き着く。食物連鎖の出発点は植物である。

- **生産者**（せいさんしゃ）　植物のこと。光合成によってデンプンなどの有機物を自分でつくり出す。
- **消費者**（しょうひしゃ）　動物のこと。動物は植物を食べたり（草食動物），他の動物を食べたり（肉食動物）して，植物がつくり出した有機物を直接または間接的にとり入れて生きている。動物は自分で有機物をつくり出すことができない。

解説 ▶ 生態ピラミッド

　食物連鎖の関係にある生物を食べられる生物から食べる生物の順に積み上げていくと，ピラミッド形になる。食べられる生物のほうが食べる生物よりも個体数が多いので，底辺が広がるピラミッド形に書いて表す。生物の数量関係は，多少の増減が起きても，やがてもとのつり合いのとれた数量に戻っていく。

例 何らかの理由でBが増加した場合

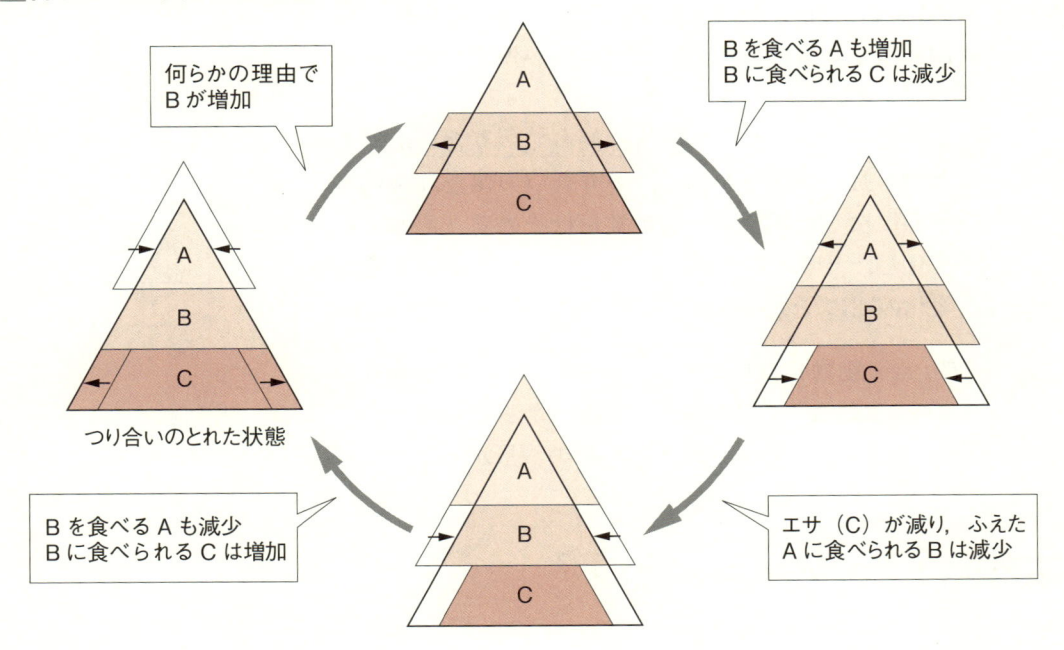

何らかの理由でBが増加

Bを食べるAも増加
Bに食べられるCは減少

つり合いのとれた状態

Bを食べるAも減少
Bに食べられるCは増加

エサ（C）が減り，ふえたAに食べられるBは減少

このようにしてつり合いが保たれている。

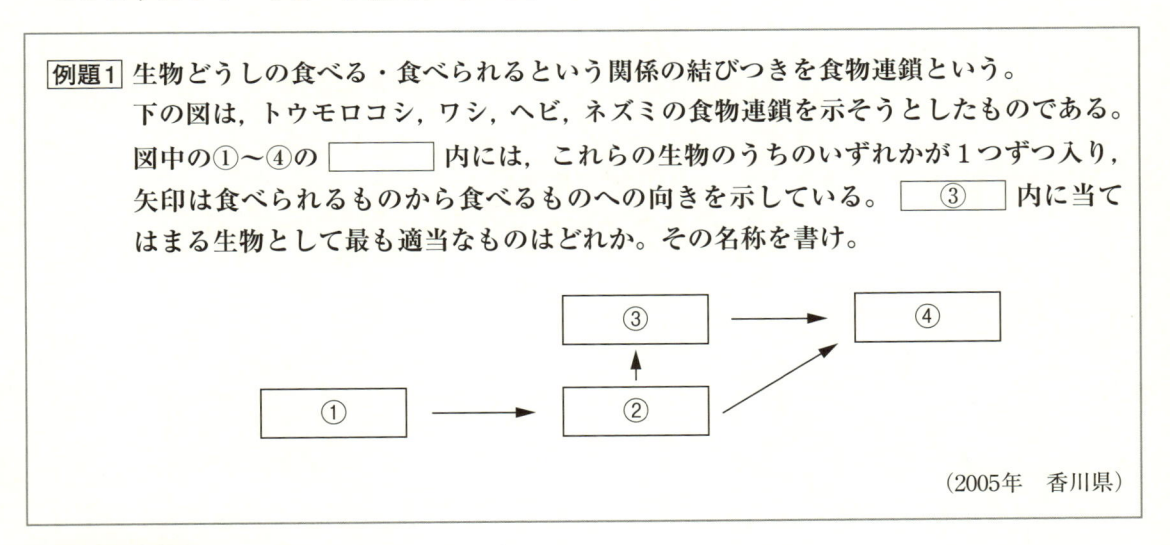

例題1 生物どうしの食べる・食べられるという関係の結びつきを食物連鎖という。
下の図は，トウモロコシ，ワシ，ヘビ，ネズミの食物連鎖を示そうとしたものである。図中の①～④の □ 内には，これらの生物のうちのいずれかが1つずつ入り，矢印は食べられるものから食べるものへの向きを示している。 ③ 内に当てはまる生物として最も適当なものはどれか。その名称を書け。

① → ② → ④
       ↑
       ③ →

（2005年　香川県）

例題1の解答　ヘビ

①は食物連鎖の始まりなので，生産者（植物）であるトウモロコシである。
②は消費者のうち，草食動物が入る。この中で草食性があるのはネズミだけである（ネズミは雑食）。
③は②のネズミを食べ，なおかつ④に食べられる。ワシはヘビをとらえて食べる。

例題2　右の図は，食物連鎖による生物どうしの数量関係を模式的に示したものであり，つり合いが保たれた状態を表している。
ある原因で，下線部肉食動物の数量が減ってつり合いがくずれたが，長い時間をかけて，つり合いの保たれたもとの状態に戻った場合，生物の数量はその間，どのように変化したと考えられるか。次のア～ウが，最も適当な変化の順に左から右に並ぶように，その記号を書け。

　ア　肉食動物の数量がふえ，草食動物の数量が減る
　イ　肉食動物の数量が減り，植物の数量がふえる
　ウ　草食動物の数量がふえ，植物の数量が減る

（2005年　香川県）

例題2の解答　（変化の順に）ウ，ア，イ

生態ピラミッドの問題は，自分でピラミッドをかいて考えるとよい。問題文の条件を入れて，ピラミッドがどう変化するかを図で確認していく。この問題は，下のように図が変化していくことがわかる。

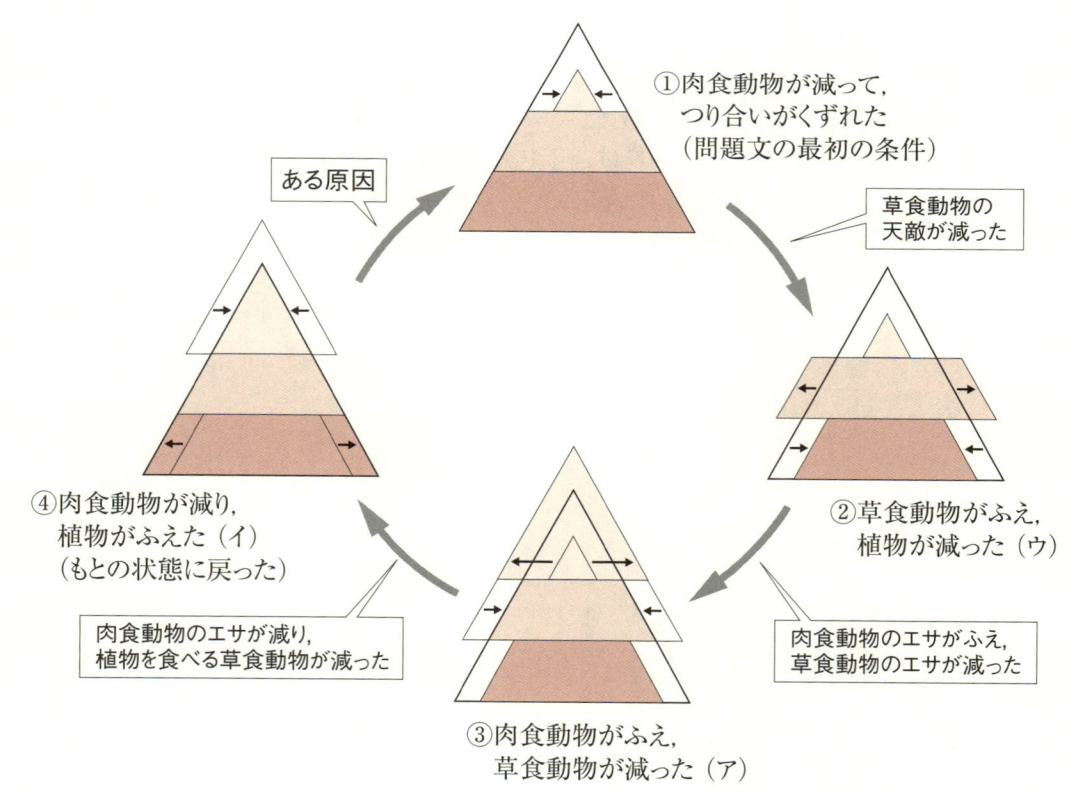

①肉食動物が減って，つり合いがくずれた（問題文の最初の条件）
草食動物の天敵が減った
②草食動物がふえ，植物が減った（ウ）
肉食動物のエサがふえ，草食動物のエサが減った
③肉食動物がふえ，草食動物が減った（ア）
肉食動物のエサが減り，植物を食べる草食動物が減った
④肉食動物が減り，植物がふえた（イ）（もとの状態に戻った）
ある原因

2 土壌動物と分解者

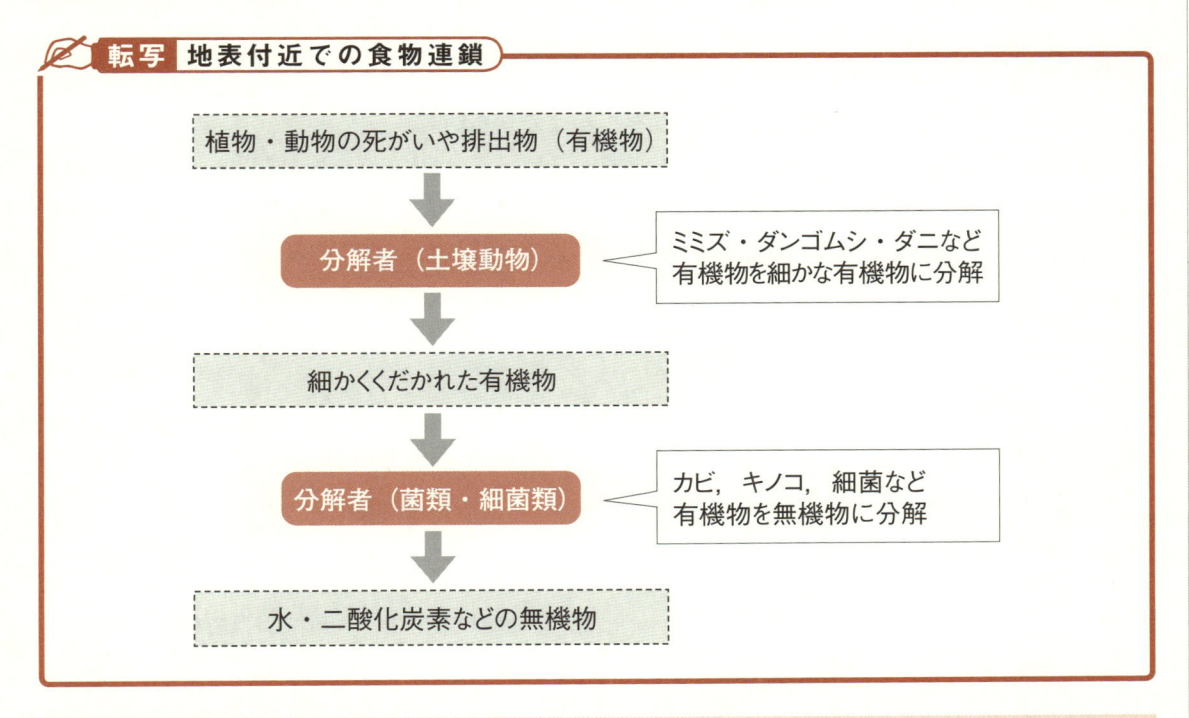

転写 ▶ 地表付近での食物連鎖

```
植物・動物の死がいや排出物（有機物）
            ↓
     分解者（土壌動物）  ── ミミズ・ダンゴムシ・ダニなど
            ↓              有機物を細かな有機物に分解
     細かくくだかれた有機物
            ↓
     分解者（菌類・細菌類） ── カビ，キノコ，細菌など
            ↓                有機物を無機物に分解
     水・二酸化炭素などの無機物
```

解説 ▶ 分解者

生物の死がいや排出物を栄養分としてとり入れ，呼吸で分解し生活のエネルギーをとり出す生物。

解説 ▶ 土壌動物（分解者）

地表や土の中にすむ動物を土壌動物（どじょう）という。土壌動物（ミミズ，ダンゴムシ，ダニ，カニムシなど）は，落ち葉や動物の死体，ふんなどを食べて有機物をとり込み，自らふんを出すので，有機物をさらに細かな有機物に変えていることになる。土壌動物は分解者に分類される。

観察 ▶ ツルグレン装置

ツルグレン装置は，土壌動物が光や乾燥を嫌う性質を利用して小さな土壌動物を集める装置である。

ミミズやダンゴムシといった，目に見える大きさの動物を取り除いた土の上から光を当てると，乾燥を嫌って小さな土壌動物は下へ移動する。ダニ，カニムシ，トビムシなどが集められる。これらの動物は，有機物として落ち葉や動物のふん，他の土壌動物をとらえて栄養分を吸収し，ふんを出している（このふんも有機物）。

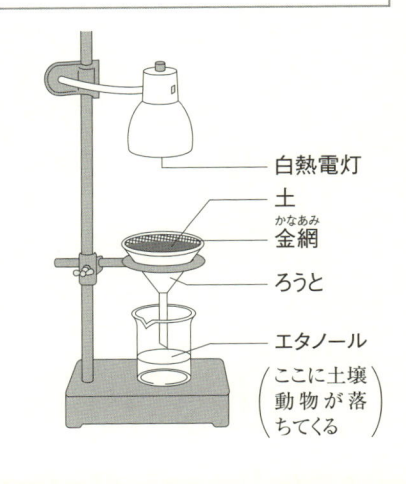

（装置図）
- 白熱電灯
- 土
- 金網（かなあみ）
- ろうと
- エタノール（ここに土壌動物が落ちてくる）

解説 ▶ 菌類・細菌類（分解者）

カビやキノコなどの菌類と細菌類は，残った有機物を二酸化炭素や水などの無機物になるまで分解する。

分解されてできた無機物は，植物によってふたたび有機物につくり変えられる。

実験 ▶ 分解者のはたらき

ツルグレン装置では菌類や細菌類を集めることはできない。

土壌動物を取り除いた土を水に入れてかきまぜる。その上澄み液を取り出し，デンプンのりをまぜ，しばらく放置すると，液からは二酸化炭素が発生し，デンプン反応がなくなる。これは，土に含まれていた菌類や細菌類がデンプンを分解して吸収したためである。

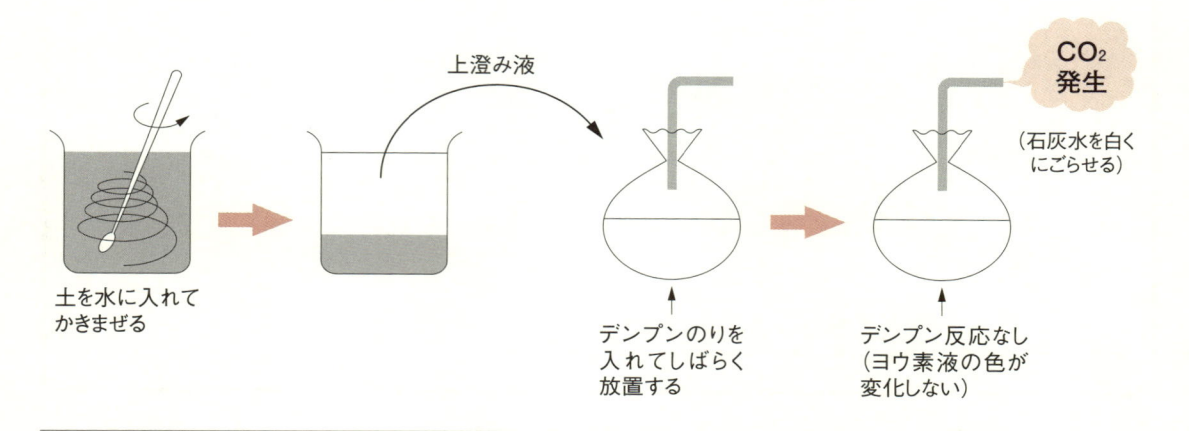

CO_2 発生（石灰水を白くにごらせる）

土を水に入れてかきまぜる → 上澄み液 → デンプンのりを入れてしばらく放置する → デンプン反応なし（ヨウ素液の色が変化しない）

例題1 次の文の □ に当てはまる語句を書きなさい。

菌類や細菌類は，ダンゴムシなどの小動物とともに，生物の死がいやふんなどを利用して生きている。このとき，「ア 者」とよばれるダンゴムシなどの小動物が，死がいやふんを小さくするのに対して，菌類や細菌類は，これらを植物にとり入れられる「イ 機物」に変えることができる。このように，無数に存在する菌類や細菌類は，自然界で物質が循環する上で大切な役割を果たしている。

(2005年　長野県)

例題1の解答　ア　分解　　イ　無

ア　ダンゴムシなどの土壌動物はとり込んだ有機物を細かくするだけで，無機物に変えるわけではない。

イ　菌類や細菌類は，有機物を無機物に変える。無機物は植物にとり込まれ，光合成によって有機物につくり変えられる。

練習問題

▶▶▶ 解答は213ページ

1. 図は，自然界における，生物どうしの食べる・食べられるという関係と物質の流れの一部を示したものである。

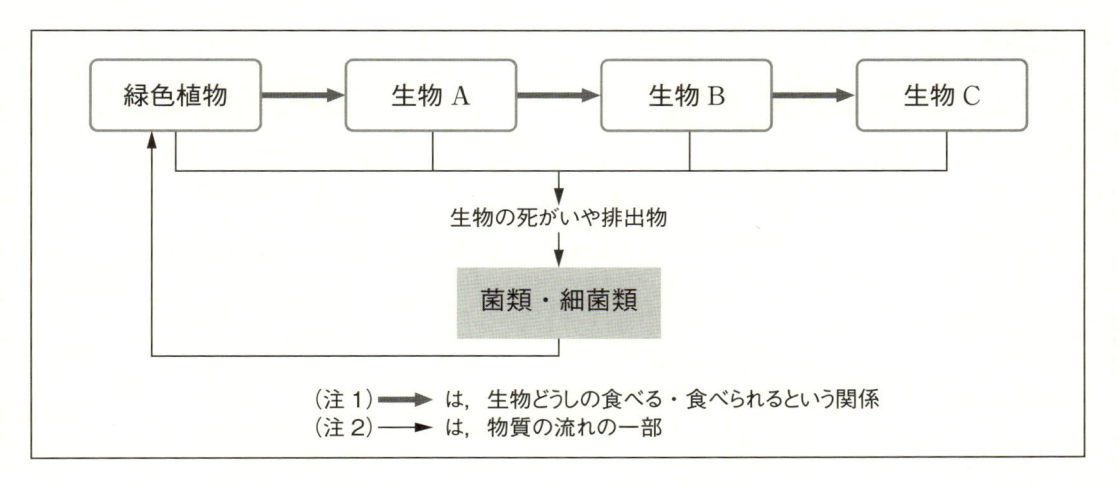

```
緑色植物 → 生物A → 生物B → 生物C
              ↓       ↓       ↓
          生物の死がいや排出物
                  ↓
             菌類・細菌類
```

（注1）→ は，生物どうしの食べる・食べられるという関係
（注2）→ は，物質の流れの一部

(1) 図のような生物どうしの食べる・食べられるという関係を何というか，書きなさい。

(2) カエル，バッタ，ヘビが，図の生物A～生物Cのような食べる・食べられるという関係にあるとしたとき，バッタに該当するものを，A～Cから選びなさい。

(3) 次の文は，一般に，ある地域で，A，B，Cが図のように，食べる・食べられるという関係にあり，Bの数が急激に減少したときに起こる個体数の変化を予想したものである。文中の ① ， ② に当てはまる語を，それぞれ書きなさい。

> Bの数が急激に減少することによって，一時的にAの数は ① し，Cの数は ② する。その後しばらくすると，Bの数は再び増加する。このように増減をくり返すことで，個体数のつり合いが保たれるようになる。

(4) 図のA，B，Cで個体数がつり合ったとき，それぞれの個体数の関係はどのようになると考えられるか，最も適切なものを，次のア～ウから選びなさい。
　ア　Aが一番少なく，Cが一番多い。
　イ　Aが一番多く，Cが一番少ない。
　ウ　AとBとCは等しい。

(5) 図のような自然界の物質の流れの中で，菌類・細菌類はどのようなはたらきをしているか，簡潔に書きなさい。

（2005年　群馬県）

3 炭素の循環

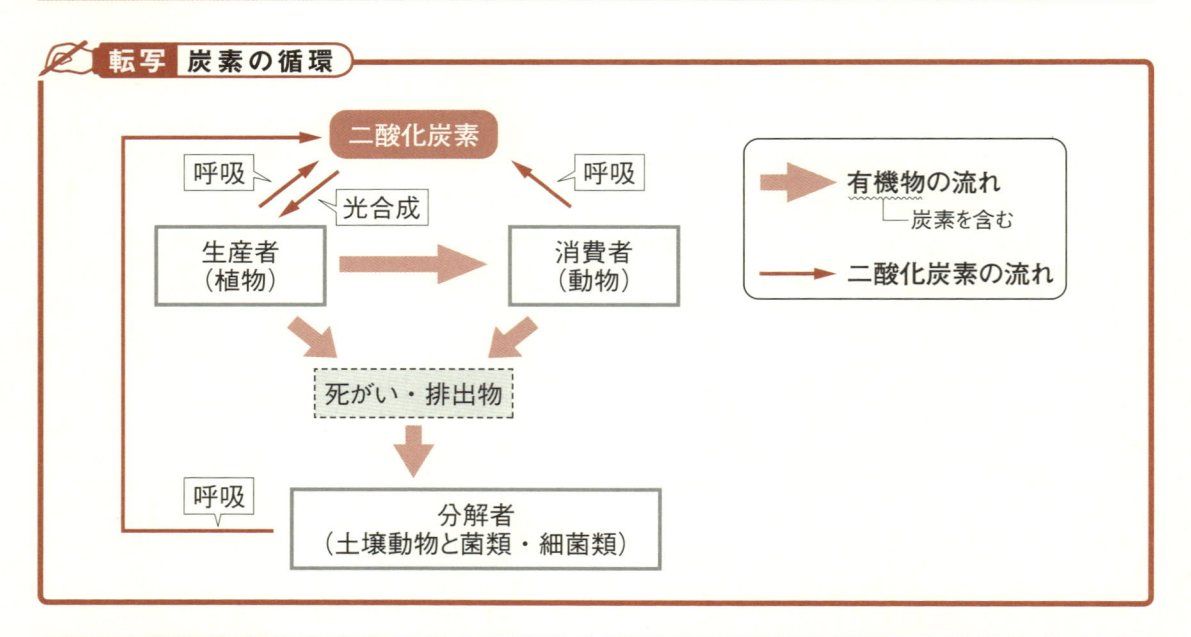

転写 炭素の循環

```
                  二酸化炭素
         ↑  ↓↑        ↑
      呼吸  光合成      呼吸
       ┌─────┐      ┌─────┐
       │生産者│ ───→ │消費者│
       │(植物)│      │(動物)│
       └─────┘      └─────┘
           ↓           ↓
        ┌ ─ ─ ─ ─ ─ ─ ─ ┐
        │  死がい・排出物 │
        └ ─ ─ ─ ─ ─ ─ ─ ┘
                ↓
   ↑      ┌──────────────────┐
  呼吸    │      分解者        │
          │(土壌動物と菌類・細菌類)│
          └──────────────────┘
```

凡例：
⇒ 有機物の流れ（炭素を含む）
→ 二酸化炭素の流れ

解説 ▶ 物質の循環

　有機物は炭素を骨格とする物質である。生産者は二酸化炭素を吸収して光合成を行う。炭素は光合成でつくられた有機物にとり込まれ、「食べる・食べられる」の関係を通じて生物の間を移動する。また、どの生物も呼吸によって酸素を吸収し、二酸化炭素を放出している。

- **生産者** 光合成によって、二酸化炭素をとり込み、有機物と酸素をつくり出す。
  呼吸によって、酸素をとり込み、二酸化炭素を放出している。
- **消費者** 植物のつくった有機物をエサとして直接・間接的にとり込む。
  呼吸によって、酸素をとり込み、二酸化炭素を放出している。
- **分解者** 生産者・消費者の死がいや排出物（有機物）をとり込む。
  呼吸によって、酸素をとり込み、二酸化炭素を放出している。

例題1 図は，自然界における炭素の循環を表したものである。

(1) 図の中の矢印は炭素の流れを示しているが，それらの中には，自然界に存在しないものが1つ含まれている。それは，図の矢印A～Gのうちではどれですか。

(2) 図の (ア) に，自然界の物質の循環におけるはたらきで生物を分けるときの名前を書きなさい。

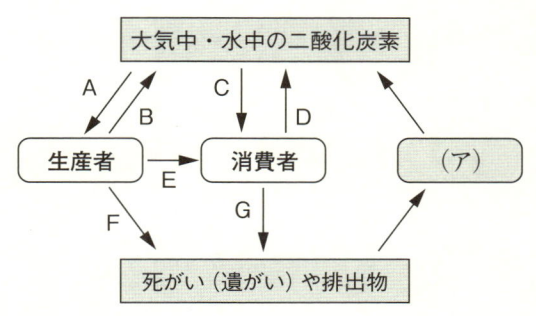

(2005年　岡山県)

例題1の解答　(1)　C　　(2)　分解者

(1) 二酸化炭素をとり入れて光合成を行うのは生産者だけ。よってCが誤り。

(2) 生産者や消費者の死がいや排出物に含まれる有機物をとり入れて，その栄養分から呼吸をして，エネルギーをとり出すのは，分解者（土壌動物と菌類・細菌類）。

2 分野
地学

第 1 章

大地の変化

　がけを見ると地層があることがわかります。
　地層とは何でしょうか？
　地層があるということは，あなたが立っているその場所はかつて海だったということです。海だったから，河口から運ばれた泥や砂が積もって地層になっていったのです。
　では，なぜ，その海の底にあったはずの地層が，今，あなたの目の前に姿を現しているのでしょうか。それは，その土地が隆起したからです。
　なぜ地面が隆起するのか。それは，地球の表面が十数枚の巨大なプレート（岩盤）でおおわれ，それぞれが1年に数cmといった規模で動き，互いにぶつかり合っているからです。
　ではなぜ，プレートが動くのか。
　この章では，地球のもっている巨大な力のしくみを学び，地球の歴史の記録ともいうべき地層の読み方を学んでいきます。

1 火山

> **転写　火山の種類**

火山の形	溶岩ドーム	成層火山	盾状火山
傾斜	急	←→	ゆるやか
噴火のようす	激しい（爆発的）	←→	穏やか
岩石の色	白っぽい	←→	黒っぽい
溶岩のねばりけ	大きい（強い）	←→	小さい（弱い）
溶岩の温度	低い	←→	高い

> **解説　地球の内部構造**

地球の半径は約 6400 km。**地殻**は厚さ 7〜70 km の岩石の層。**マントル**は地下約 2900 km まで，2000℃ 以上の高温だがとけていない。ゆっくり流動している。地殻とマントルはどちらも固体の岩石の層だが，成分の違いから区別している。

中心部は**核**とよばれる金属の層である。地球の中心から約 1500 km を内核，その外側約 2000 km を外核という。内核は 4000℃ の高温だが圧力のため固体，外核は液体になっていると考えられている。

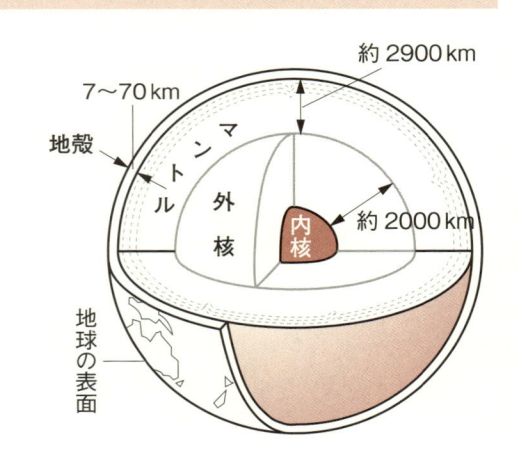

> **解説　プレート**

地表から厚さ約 100 km の岩石の板を**プレート**という。プレートは地殻とマントル上部で，一体となって年数 cm というゆっくりした速度で，決まった向きに動いている。地球の表面は十数枚のプレートでおおわれている。

日本列島は 4 つのプレートの接点近く

日本列島周辺の 4 つのプレート

に位置する。上に大陸をのせているものを大陸プレート，海底をつくるものを海洋プレートとよぶ。海洋プレートの密度は，大陸プレートの密度より大きいので，海洋プレートが，大陸プレートの下に沈み込むようにしてぶつかりあっている。

解説 ▶ 噴火のしくみ

プレートのつなぎ目では，こすれあった岩石がとけ，ドロドロの液体状になる。この液体状になった物質を**マグマ**とよぶ。マグマは地下約50〜200 kmのマントル上部で発生する。とけて密度が小さくなったマグマは上昇し，地下数kmの地殻中でいったんとどまり**マグマだまり**をつくる。ここでマグマが徐々に冷やされ結晶（けっしょう）をつくる。この結晶は**鉱物**（こうぶつ）とよばれる。一方，ガスの成分は分離し，マグマだまり内部の圧力を上げていく。何らかのきっかけで地殻の弱い部分が破れたとき，一気にマグマが噴き出し**噴火**（ふんか）が起きる。

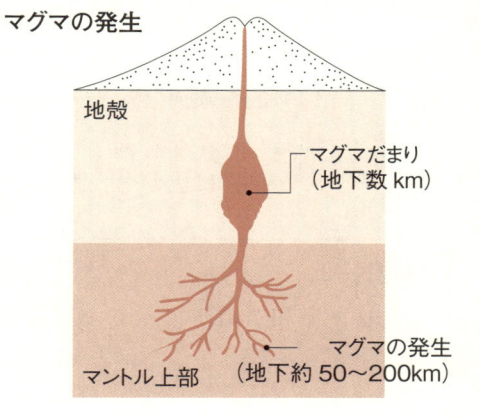

マグマの発生
地殻
マグマだまり（地下数km）
マントル上部
マグマの発生（地下約50〜200km）

解説 ▶ 火山の分布

活動中の火山は世界中で約1300個存在する。火山のほとんどが海底か，海の近く，プレートの境界線上に分布する。日本付近は，海洋プレートが大陸プレートの下に沈み込んでいる。摩擦（さつ）や圧力により岩石の一部がとけてマグマが生じている。

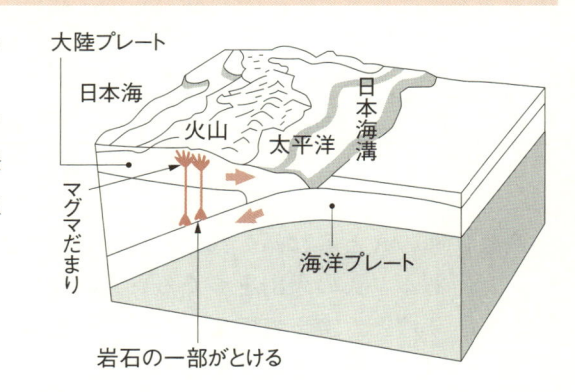

大陸プレート
日本海
火山
日本海溝
太平洋
マグマだまり
海洋プレート
岩石の一部がとける

解説 ▶ 火山の噴出物

火山ガス　噴出する気体の混合物のこと。90%以上が水蒸気。
　　　　　　二酸化硫黄（いおう）や硫化水素（りゅうか）といった有毒な気体も含まれている。
溶岩（ようがん）　地表に流れ出たマグマのこと。
火山灰　直径2 mm以下の非常に細かい固体の噴出物。
火山れき　直径2〜64 mmの固体の噴出物。
火山岩塊（がんかい）　直径64 mm以上の固体の噴出物。
火山弾（だん）・**軽石**（かるいし）など　高温のマグマが噴出後，空中で冷え固まったもの。

解説 ▶ 火山の形とマグマの性質

火山の形は大きく3つに分類される。マグマは，その成分と温度によってねばりけ（粘性）に違いが出る。噴火のようすもそれぞれ違う。

溶岩ドーム　釣鐘型（つりがね）に盛り上がった形の火山。マグマのねばりけが強く，溶岩は流れにくいため，こんもりと盛り上がった形になる。激しく，爆発的な噴火をする。

成層火山（せいそう）　富士山のような円すい形の火山。マグマのねばりけは鐘状火山と盾状火山の中間。爆発的な噴火と溶岩の流出が交互におこる。噴出物が交互に積もって層をなす。

盾状火山（たてじょう）　傾斜がゆるやかな形の火山。マグマのねばりけが弱く，溶岩は流れやすい。べったりと平らに広がった形になる。穏やかに大量の溶岩の流出が続く。

溶岩ドーム 有珠山（うすざん），昭和新山	成層火山 富士山，桜島	盾状火山 マウナロア（ハワイ），三宅島
激しい ←	噴火のようす	→ 穏やか
白っぽい ←	岩石の色	→ 黒っぽい
強い ←	溶岩のねばりけ	→ 弱い
低い（約900℃）←	溶岩の温度	→ 高い（約1200℃）

例題1　図のAとBは，それぞれ火山の形を表した模式図である。Aの火山をつくるもとになったマグマのねばりけと，冷えて固まった溶岩の色は，Bの火山と比べて，それぞれどのような違いがあるか，次から1つ選んで記号を書きなさい。

　ア　（ねばりけ：強い，色：白っぽい）
　イ　（ねばりけ：強い，色：黒っぽい）
　ウ　（ねばりけ：弱い，色：白っぽい）
　エ　（ねばりけ：弱い，色：黒っぽい）

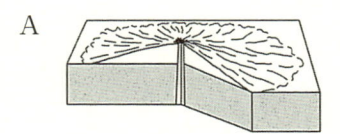

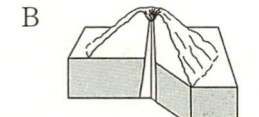

（2005年　秋田県）

例題1の解答　エ

ねばりけの弱いマグマが噴出すると，傾斜がゆるやかな火山（盾状火山）をつくる。マグマが固まると黒っぽい色になる。

2 火成岩とその種類

転写 火成岩の分類

火成岩 マグマが固まってできた岩石

火成岩の分類

火山岩 斑状組織	流紋岩	安山岩	玄武岩
	マグマが地表,地表付近で急に冷えて固まった。		
深成岩 等粒状組織	花こう岩	せん緑岩	斑れい岩
	マグマが地下でゆっくり冷えて固まった。		
全体の色	白っぽい ←―――――――→ 黒っぽい		

造岩鉱物とその割合

無色鉱物	石英 / 長石
有色鉱物	黒雲母 / 角せん石 / 輝石 / カンラン石

解説 ▶ 火成岩

ドロドロのマグマが冷えて固まってできた岩石を**火成岩**という。火成岩は火山岩と深成岩の2つに分類される。

- **火山岩** マグマが地表付近で急に冷やされて固まったもの。
- **深成岩** マグマが地下深いところでゆっくりと冷えて固まったもの。

深成岩は地下数 km のマグマだまりに閉じ込められ,何百年もの歳月をかけ,ゆっくりと冷えて固まったもので,多くは幅数百 km に及ぶ巨大なかたまりである。地表で見られる深成岩は,地殻の変動の影響で,すでに固まっていた深成岩が地表に露出したものである。

解説 ▶ 火山岩と深成岩のつくりの違い

火山岩のつくりは,小さく細かな粒(**石基**)の中に大きな粒(**斑晶**)がある。見た目が斑模様なので,**斑状組織**という。石基は急に冷えて固まった部分で,斑晶はゆっくり固まった部分である。

深成岩のつくりは,肉眼で見分けることができる大きな粒がたくさん集まってできているので,**等粒状組織**という。

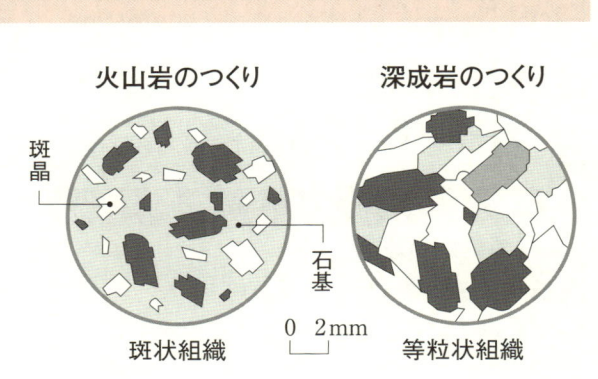

火山岩のつくり 斑晶 / 石基 (0 2mm) 斑状組織

深成岩のつくり 等粒状組織

実験 ▶ 急に冷やすとマダラになる

ミョウバンの水溶液（濃度50％）を2つ用意し，一方はお湯につけて時間をかけてゆっくりと結晶をつくる。もう一方は途中から氷水で急速に冷やして結晶をつくる。ゆっくり時間をかけると，結晶は大きく成長する。急に冷やすと，小さく細かな結晶がたくさんできる。

マグマの固まり方も同様で，地下深くに閉じ込められて，ゆっくり固まると，大きな粒だけ（等粒状組織）になる。地下で大きな粒ができ始めていたが，途中から急に冷えて固まると，大きな粒（斑晶）と小さな粒（石基）の斑状組織になる。ただし，マグマが固まる「ゆっくり」は何百年という単位である。

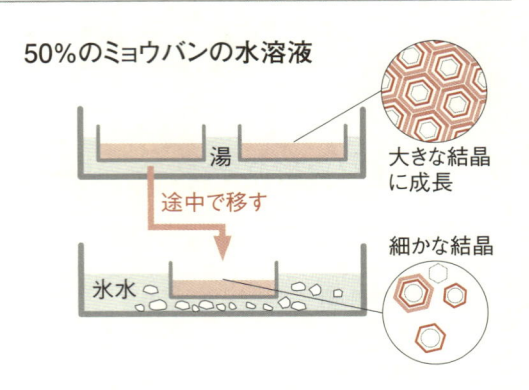

解説 ▶ 火成岩の色合いによる分類

火成岩は色合いによって分類される。

	白っぽい	灰色	黒っぽい
火山岩 （急に冷えて固まる）	流紋岩	安山岩	玄武岩
深成岩 （ゆっくり冷えて固まる）	花こう岩	せん緑岩	斑れい岩

解説 ▶ 火成岩をつくる鉱物

火成岩の色合いは，岩石に含まれる鉱物の種類によって決まる。白っぽい無色鉱物を多く含めば岩石全体は白っぽく見え，黒っぽい有色鉱物の割合が多ければ黒っぽく見える。鉱物はマグマからできた結晶のことで，特有の色やかたさをもつ。

	鉱物	特徴
無色鉱物	石英	無色または白色。非常にかたく不規則に割れる。水晶は石英の一種。
無色鉱物	長石	白色か灰色。規則的に割れる。5〜6mの長い結晶をつくることもある。装飾品や建築材として使われることもある。すべての火成岩に含まれている。
有色鉱物	黒雲母	黒色。薄くはがれる。電気を通さない素材として工業製品に応用されてきた。
有色鉱物	角せん石	くらい緑色。規則的に割れる。長い柱状。
有色鉱物	輝石	くらい緑色。規則的に割れる。短い柱状。
有色鉱物	カンラン石	うすい緑色。不規則に割れる。装飾品としても利用される。
有色鉱物	磁鉄鉱	黒色で不透明。磁石につく。光沢がある。古代中国人はこれを応用して羅針盤を作った。成分の7割は鉄であるため，鉄鉱石として重用されている。

> **ポイント**
> 鉱物の見分け方
> ・白っぽい鉱物→石英，長石
> ・不規則に割れる鉱物→石英，カンラン石

まとめ ▶ 火山の形と火成岩の関係

火山の形と溶岩の性質

火山の形			
火山の種類	溶岩ドーム	成層火山	盾状火山
噴火のようす	爆発的な噴火	爆発と溶岩の流出を交互にくり返す	穏やかに溶岩を流出
岩石の色	白っぽい ←	→	黒っぽい
溶岩のねばりけ	大きい（強い） ←	→	小さい（弱い）
溶岩の温度	低い ←	→	高い

火成岩の分類

火山岩 斑状組織	流紋岩	安山岩	玄武岩
	マグマが地表，地表付近で急に冷えて固まった。		
深成岩 等粒状組織	花こう岩	せん緑岩	斑れい岩
	マグマが地下でゆっくり冷えて固まった。		
全体の色	白っぽい ←	→	黒っぽい

造岩鉱物とその割合

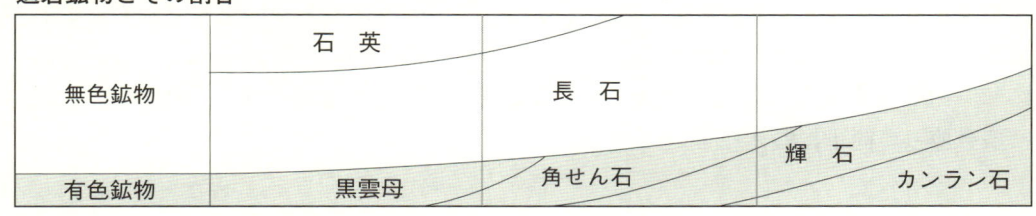

無色鉱物	石英	長石		
			輝石	
有色鉱物	黒雲母	角せん石		カンラン石

例題1 Kさんはお父さんと県外のある山に登ったとき，お父さんからその山は今でも活動している火山であり，数年前①激しく爆発的な噴火を起こしたことがあると聞かされた。興味を持ったKさんは，②その山の地表付近をつくる岩石を持ちかえり，産地のちがういくつかの岩石と比較したり，日本の代表的な火山について調べたりした。

(1) 下線部①のように，激しく爆発的な噴火を起こす火山の噴出物が冷えて固まったものは，一般的にどのような特徴があるか。次のア～エから正しいものを1つ選んで記号で答えなさい。

　ア　石英，長石などを多く含んでおり，白っぽい。
　イ　石英，長石などを多く含んでおり，黒っぽい。
　ウ　角せん石，輝石などを多く含んでおり，白っぽい。
　エ　角せん石，輝石などを多く含んでおり，黒っぽい。

(2) 下の図A～Cは，Kさんが持ちかえった下線部②の岩石と，産地がちがう2種類の岩石のつくりをスケッチしたものである。Kさんが持ちかえった岩石のスケッチはA～Cのどれか。また，そのように考えた根拠は下のa，bのうちどれか。スケッチと根拠の正しい組み合わせを，下のア～カから1つ選んで記号で答えなさい。

スケッチ

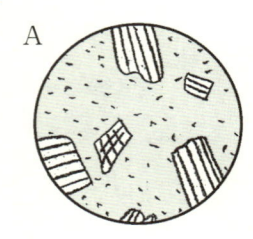

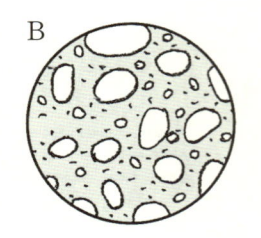

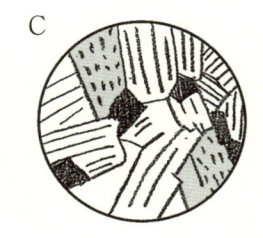

A　　　　　B　　　　　C

根拠

a　マグマがゆっくり冷えたために，等粒状組織となっているから。
b　マグマが急に冷えたために，石基の部分と斑晶の部分からなる斑状組織となっているから。

　ア　A-a　　　イ　A-b　　　ウ　B-a
　エ　B-b　　　オ　C-a　　　カ　C-b

(3) Kさんは日本の代表的な火山を調べていくうちに火山の形には3つのタイプがあることに気がついた。下の図は三原山，桜島，有珠山の形を模式的に表したものである。一般的に三原山のような火山が傾斜のゆるやかな形をしているのはなぜか，「マグマ」という言葉を使って簡単に答えなさい。

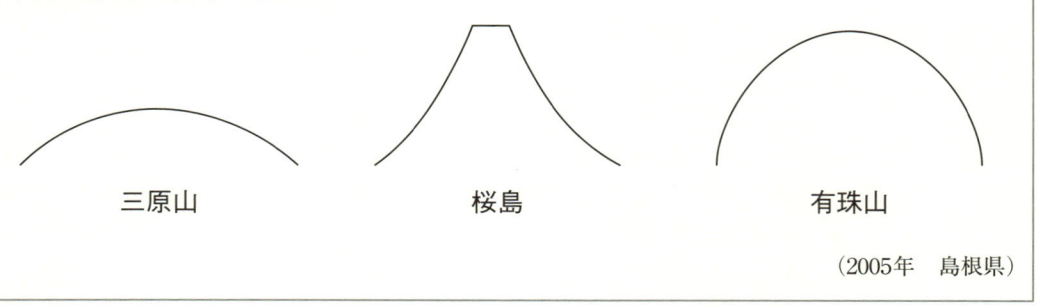

三原山　　　　　桜島　　　　　有珠山

（2005年　島根県）

例題1の解答　　(1)　ア　　　(2)　イ　　　(3)　マグマのねばりけが弱いため。

(1) マグマのねばりけが強いと激しく爆発的な噴火が起きる。ねばりけが強いマグマには，岩石の色を白っぽくする石英や長石が多く含まれる。
(2) 火山の地表付近にある岩石は火山岩である。火山岩は急に冷えて固まったもので，斑状組織になる。
　　Aが急に冷えてできた火山岩。Bは粒が丸みをおびているので，水中に積もってできた堆積岩（次ページ参照），Cは結晶が大きく成長していることから，地中深く，ゆっくり冷え固まった深成岩ということがわかる。
(3) 傾斜のゆるやかな火山（盾状火山）は，マグマのねばりけが弱いために溶岩が流れやすく，平らに広がって固まる。

3 堆積岩とその種類

転写 堆積岩の分類

堆積岩 水の堆積作用で積もって固まった岩石

粒の直径で分類		
れき岩	砂岩	泥岩
2 mm		1/16 mm
粒が全体に丸みをおびている		

成分で分類		
凝灰岩	石灰岩	チャート
火山の噴出物	生物の死がいやその成分	
粒が角ばっている	塩酸にとける	塩酸にとけない

解説 ▶ 堆積岩

　マグマが固まってできた火成岩に対して，積もって固まった岩石を**堆積岩**（たいせきがん）という。大地の変動で地表に押し出された火成岩は，熱，水，氷，風などの作用で削られてしまう。削られた岩石は，川の水や氷河と一緒に運ばれ，陸地や海底に積もっていく。積もった岩石の粒は，その重さで次第に押し固められる。地殻全体の約 90 %が火成岩であるが，地表に近い部分では 75 %が堆積岩である。

解説 ▶ 堆積のようす

　流水には**侵食作用**（しんしょく）（削る），**運搬作用**（うんぱん）（運ぶ），**堆積作用**（積もらせる）の3つのはたらきがある。上流で削られ（侵食），運ばれた（運搬）土砂（どしゃ）は，流れのゆるやかなところに積もる（堆積）。

　土砂は粒の大きい順にれき，砂，泥（どろ）に分類される。河口付近や海岸線は波の動きが激しいため，粒の大きいれきや砂が堆積する。粒の小さい泥は漂いながらゆっくりと沈んでいくので，波の動きが穏やかな沖合まで運ばれて堆積する。

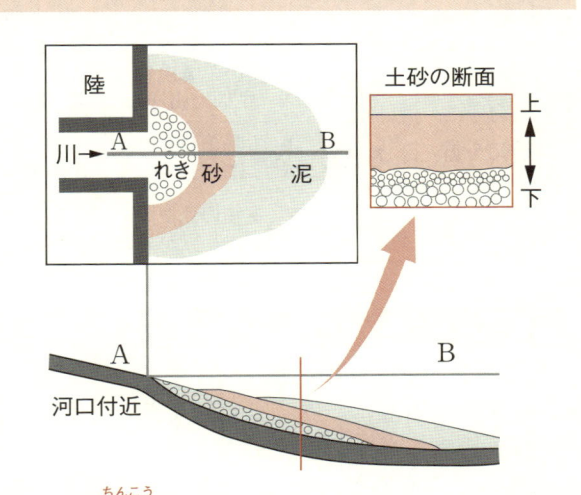

　土地が高くなることを**隆起**（りゅうき），土地が低くなることを**沈降**（ちんこう）という。大地の変動によって隆起や沈降は起きる。隆起によって陸は海水面に対して高くなり，沈降によって陸は海水面に対して低くなる（気候の変動によっても海水面の上昇や下降は起きる）。

　海水面が上昇（土地が沈降）すると，海岸線は内陸に後退する。このとき土砂の堆積は，ほぼ平行になる。海水面が下降（土地が隆起）すると，海岸線が前進し，堆積は階段状になる。

解説 ▶ 地層と堆積岩

　海底や湖の底に堆積した土砂が，長い年月の間，積み重なってできたものが地層である。地層は，下から上に順に堆積するので，連続して堆積した場合，下のほうほど積もった時期が古い。陸地で見られる地層は，かつては水底で形成されたものである。

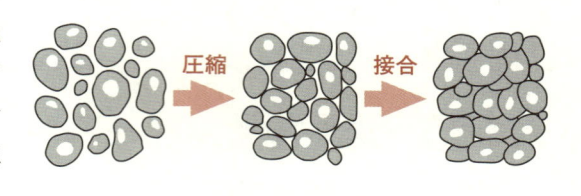

　堆積した土砂は，水やその上に堆積したものの重みで押し縮められ，水分も押し出され次第に固まっていく。このとき一部の鉱物がとけ出し粒と粒を接着するはたらきをする。堆積岩は地層をつくる堆積物が押し固められてできた岩石である。

解説 ▶ 堆積岩の種類

　流水のはたらきで削られた岩石が，海底や湖底に積もってできた岩石が堆積岩。堆積岩は，火成岩に対して水成岩とよばれたこともある。堆積岩は粒の大きさ（直径）で**れき岩**，**砂岩**，**泥岩**に分けられ，粒の性質（成分）によって，**凝灰岩**，**石灰岩**，**チャート**に分けられる。

	堆積岩	粒の直径	特　徴
粒の直径で分類	れき岩	2mm 以上	粒は丸みをおびている。まれに化石が含まれている。俗称「子持ち岩」。
	砂岩	2〜1/16 mm	粒は丸みをおびている。化石がよく見られる。石英が最も多く含まれている。建築用石材に利用される。
	泥岩	1/16 mm 以下	泥や粘土が固まってできた。砂岩に比べてもろい。

	堆積岩	成　分	特　徴
成分で分類	凝灰岩	火山の噴出物（主に火山灰）	火山の噴火物（主に火山灰）が積もって固まった。粒は角ばっている。
	石灰岩	生物の死がい（サンゴ，フズリナ）	生物の死がいや水にとけていた物質が堆積してできた。成分は炭酸カルシウム。化石がよく見られる。セメントや化学肥料の材料。
	チャート	生物の死がい（三葉虫，放散虫）	生物の死がいや水にとけていた物質が堆積してできた。成分は二酸化ケイ素。粒が細かくかたい岩石。

ポイント

石灰岩とチャートの区別
・石灰岩は塩酸にとけて二酸化炭素を発生するが，チャートは塩酸にとけない。
・石灰岩はくぎなどで傷がつくが，かたいチャートはくぎで傷がつかない。
火成岩（深成岩と火山岩）と堆積岩（砂岩）の区別
・火成岩の粒は角ばっているが，堆積岩の粒は丸みをおびている。

深成岩（火成岩）　　火山岩（火成岩） 　　砂岩（堆積岩）

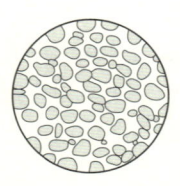

例題1 火成岩と堆積岩を2種類ずつルーペを使って観察し，スケッチをした結果を表にまとめた。

岩石 項目	火成岩 A	火成岩 B	堆積岩 C	堆積岩 D
観察	それぞれの結晶がほぼ同じ大きさでできていて，全体が白っぽい色をしている。石英，長石，黒雲母が含まれている。	比較的大きな結晶を，ごく小さな結晶や結晶になれなかったガラス質の部分が取り囲んでいる。角閃石などが含まれている。	主に0.5mm程度の丸みをおびた粒が集まってできている。石英，岩石のかけらや貝の化石が含まれている。	全体が灰色をしている。フズリナとよばれる生物の化石がたくさん含まれている。
スケッチ	(2mm)	(2mm)	(2mm)	(2mm)

(1) Aについて，
　① それぞれの結晶がほぼ同じ大きさでできているつくりを何というか，書きなさい。
　② 岩石名を書きなさい。

(2) Bについて，
　① この岩石はマグマからどのようにしてできたものか。冷え方に着目して，簡潔に書きなさい。
　② 比較的大きな結晶を取り囲んでいるごく小さな結晶やガラス質の部分を何というか，書きなさい。

(3) Cの岩石をつくっている粒が丸みをおびた理由を簡潔に書きなさい。

(4) Dの岩石にうすい塩酸をかけると泡が発生した。この泡に含まれる気体の化学式を書きなさい。

(2005年　群馬県・改題)

例題1の解答　(1) ① 等粒状組織　② 花こう岩
(2) ① マグマが急速に冷えてできた。　② 石基
(3) 水に運搬される過程で角がとれたため。
(4) CO_2

(1) ①それぞれの結晶がほぼ同じ大きさでできている。このようなつくりを等粒状組織という。
②等粒状組織が見られるのは深成岩。全体に白っぽく，石英を含む深成岩は花こう岩である。

(2) ①比較的大きな粒（＝斑晶）は，マグマが地下で固まり始めたことを意味する。そのまわりの細かいガラス質の部分（＝石基）は，急に冷えて固まった部分である。火山岩はマグマが急に冷えてできた岩石である。
②火山岩は，細かな石基と大きな斑晶がまだら状に含まれている（斑状組織）。

(3) 堆積岩のもととなる土砂は水に運ばれる過程で角がとれて丸みをおびる。

(4) 生物の死がいででき，塩酸にとけるのは石灰岩である。石灰岩に塩酸をかけると，とけて二酸化炭素が発生する（1分野155ページ参照）。

練習問題

▶▶▶解答は214ページ

1 Fさんは，身近な自然を調べてみようと考え，家の近くの川原やその周辺で，岩石のようすを観察した。

[観察]
川原で拾った2つの灰色の岩石のうち，1つを岩石A，もう1つを岩石Bとし，この2つの岩石をくだき，割れた面をルーペを使って観察した。図は，そのスケッチである。Fさんは，観察しながら，①2つの岩石の違いに気付き，岩石Aは火成岩であり，それに対して岩石Bは x であると考えた。
次に，岩石Aをつくっている鉱物を調べたところ，石英はなかったが，主にキ石，カクセン石と白っぽい y が含まれていて，斑状組織であることから，岩石Aは安山岩であると考えた。また，岩石Bをつくっている粒の大きさが，約1mm程度であることから，岩石Bは z であると考えた。

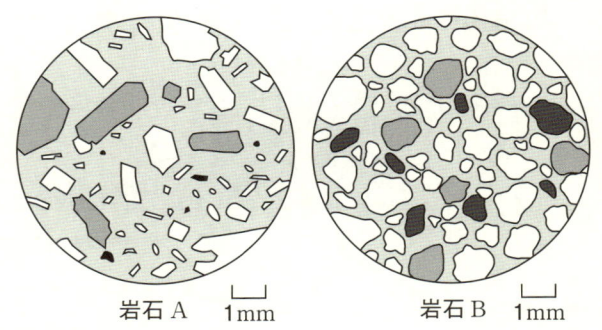

(1) 文章中の x に当てはまる適切な言葉を書きなさい。

(2) 下線部①で，Fさんが気付いた違いは何か，図のスケッチを参考にして，簡単に書きなさい。

(3) 文章中の y に当てはまる適切な鉱物は何か，その名称を書きなさい。

(4) 文章中の z に当てはまる岩石は何か。次のア～エの中から適切なものを1つ選び，その記号を書きなさい。

　　ア　泥岩　　　イ　砂岩　　　ウ　れき岩　　　エ　チャート

(2003年　山梨県・改題)

4 地層のなりたち

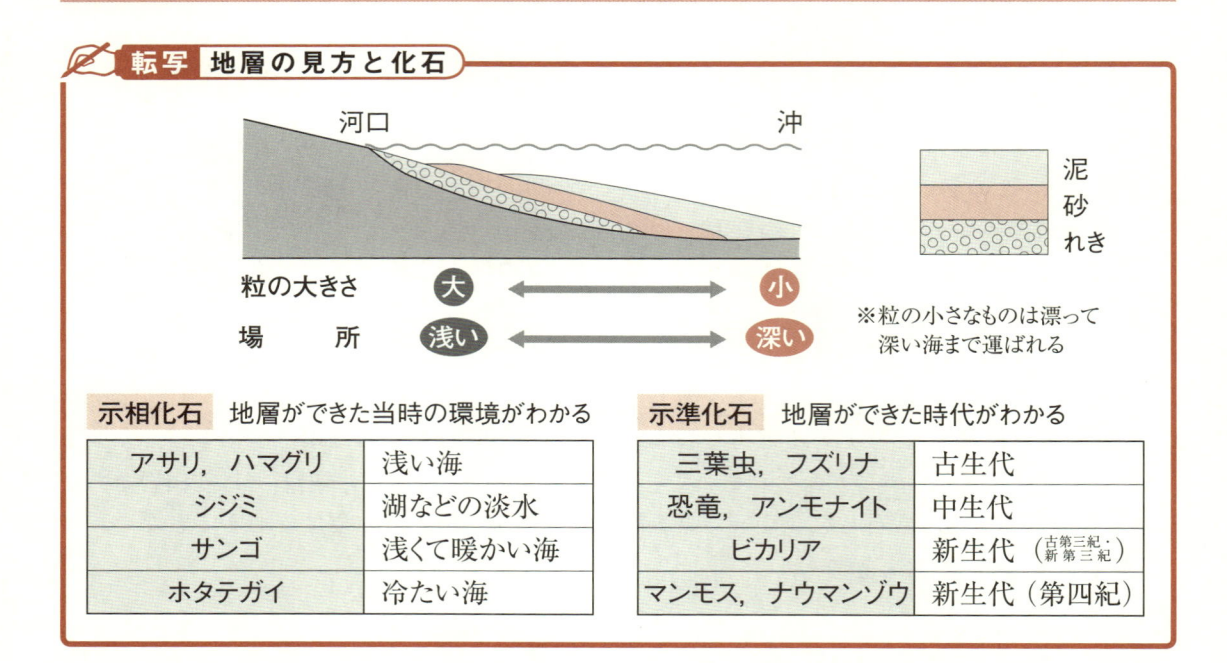

転写 地層の見方と化石

| 粒の大きさ | 大 ←→ 小 |
| 場所 | 浅い ←→ 深い |

※粒の小さなものは漂って深い海まで運ばれる

示相化石 地層ができた当時の環境がわかる

アサリ，ハマグリ	浅い海
シジミ	湖などの淡水
サンゴ	浅くて暖かい海
ホタテガイ	冷たい海

示準化石 地層ができた時代がわかる

三葉虫，フズリナ	古生代
恐竜，アンモナイト	中生代
ビカリア	新生代（古第三紀・新第三紀）
マンモス，ナウマンゾウ	新生代（第四紀）

解説 ▶ 化石

その場所に生活していた生物の死がいやその痕跡（足跡，巣穴，ふんなど）が地層の中に残ったものを化石という。足跡，巣穴，ふんなども化石であることに注意する。

- **示相化石** 地層が堆積した当時の環境を知る手がかりとなる化石。数多く生息し，種としての寿命が長いが，限られた環境で生活している生物の化石が適している。
- **示準化石** 地層が堆積した時代を特定するのに役立つ化石。数多く広範囲に，しかし限られた時代に生息した生物の化石が適している。

46億年の地球の歴史は，代・紀という区分で分類される（これを地質年代という）。新たな生命の出現，その時代に繁栄した生物を基準に区分けされている。

示相化石	地層が堆積した当時の環境
アサリ，ハマグリ	浅い海
シジミ	淡水（と海水が混じる場所）
サンゴ	浅くて暖かい海
ホタテガイ	冷たい海

示準化石	地質時代	開始年	その時代の地球
三葉虫，フズリナ	古生代	5.4億年前	シダ植物の時代，昆虫・両生類出現
恐竜，アンモナイト	中生代	2.5億年前	恐竜と裸子植物の時代
ビカリア	新生代（古第三紀/新第三紀）	6600万年前	ホニュウ類と被子植物の時代
マンモス，ナウマンゾウ	新生代（第四紀）	260万年前	

─古生代─
三葉虫　フズリナ
三葉虫は，カブトガニやサソリの遠い先祖

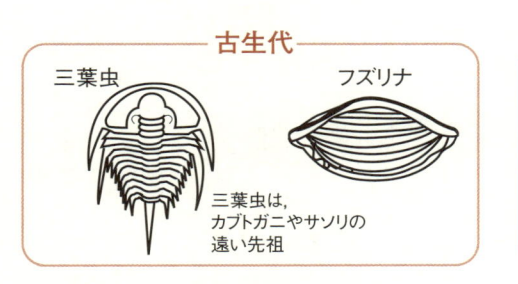

─中生代─
アンモナイト

─新生代─
ビカリア

解説 ▶ しゅう曲と断層

　地層に横から強い力が加わると，地層が波のように曲がることがある。この波のように曲がった状態の地層を**しゅう曲**という。アルプス，ヒマラヤといった大山脈は，しゅう曲をともなった大地の変動によって形成された。

　地震などで地層に強い力が加わると，地層が断裂しズレることがある。地層が切れてズレた部分を**断層**という。正断層は，地層が左右に引っ張られ，ずり落ちるように上下にズレたもので，逆断層は左右から押され，のし上がるように上下にズレたものである。断層には水平方向に横ずれが生じる場合もある。日本列島には，大小たくさんの断層が存在する。

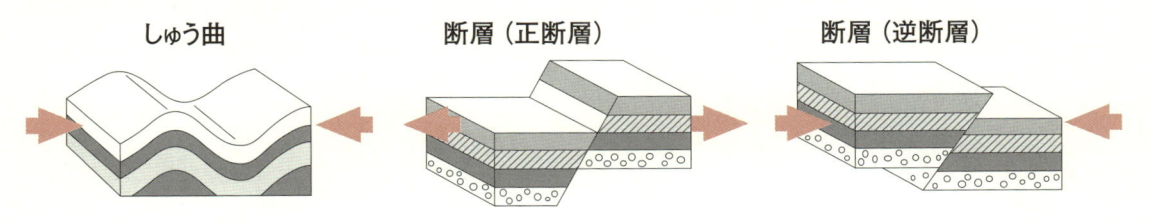

しゅう曲　　断層（正断層）　　断層（逆断層）

解説 ▶ 土地の歴史

地層を調べると，その土地の歴史を知ることができる。

右の地層では，A層とB層の堆積は連続していない。堆積が連続せず，中断があるような重なり方を**不整合**といい，その面を不整合面という。不整合面はかつて陸地になったことを示す。

A層は海底で水平に堆積した。その後，何らかの大地の変動により，A層は隆起し地表に出た。地表に出た部分が，侵食され削られて次第に平坦になった。侵食され削られたA層は沈降し，再び海底でB層の堆積が始まった。

現在この地層が地表に出ていることから，B層の堆積後，再び隆起したことになる。つまり，少なくとも2回は地表に出たことになる。

隆起した回数（陸地になった回数）は，
「不整合面の数＋1」で求められる（現在を含めて1をたす）。

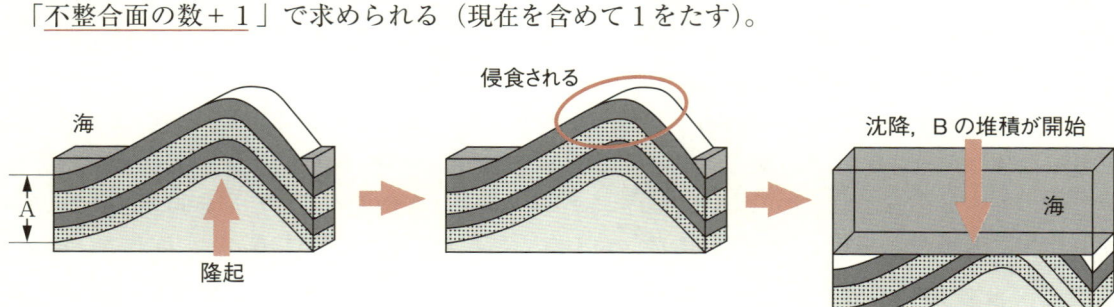

解説 ▶ 粒の大きさで読む地層

水，れき，砂，泥をよくかき混ぜてしばらく放置する。粒が大きいれき→砂→泥の順に沈むことが確かめられる。流水のはたらきで運ばれた土砂についても同じで，粒が大きいれきは河口付近や海岸線の近くに堆積しやすく，泥は漂って沖合まで運ばれる。

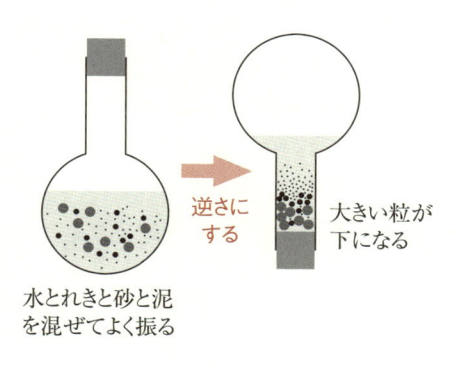

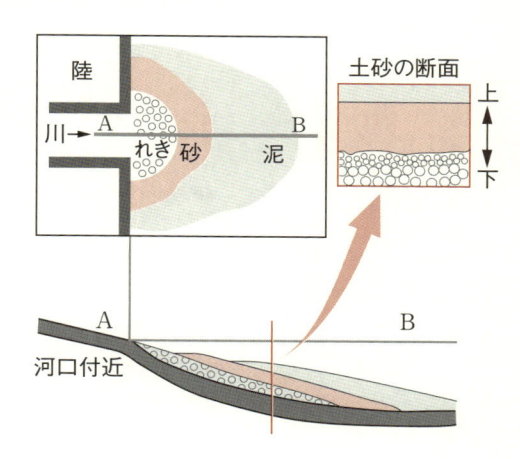

右の図のような地層から，この地層の歴史を考えてみよう。

①の地層

地層は下から堆積していく。したがって，最も古いのは①の地層である。れきを含んだ砂岩であることから，地層が堆積した当時，ここは海岸べりといっていいほど海岸線に近かったといえる。

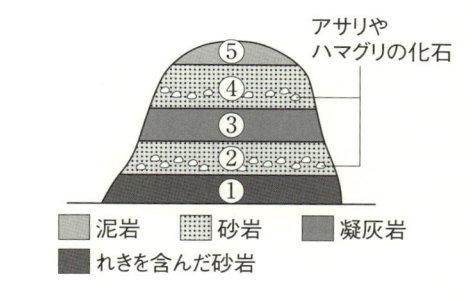

②の地層

れきが混じっていないことから，①の時代よりも海水面が上昇（海底が下降）したと考えられる。しかし，アサリやハマグリなどの化石があることから，比較的浅い海だったことがわかる。

③の地層

凝灰岩は火山灰が固まってできた地層である。すなわち，②の地層が堆積している最中に大規模な噴火が近くであり，その火山灰が堆積したものである。

④の地層

火山活動がおさまり，引き続き浅瀬の海での堆積が続いた。

⑤の地層

泥岩である。泥が沈殿するのは，河口から遠く離れた沖合である。したがって，一番新しいこの時代に海水面はさらに上昇（海底が下降）したということになる。

その後，この土地は隆起し，侵食され，現在のような地層を見ることができるようになったのである。

例題1　図のがけの地層の重なり方から推定して，砂の層が堆積してから，れきが堆積するまでの間に起こった大地の変動（侵食，沈降，隆起）を，起こった順に並べなさい。

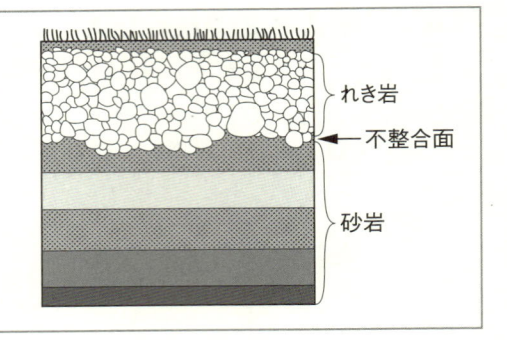

（2002年　鹿児島県・改題）

例題1の解答　隆起→侵食→沈降

砂岩の層の堆積の後，隆起して地上に出た部分が侵食作用を受けた。その後沈降してその上にれき岩の層が堆積した。

例題2　図のような露頭において，X－X′の境と，Y－Y′を境とする地層のずれが見られた。図の露頭を見て，過去のできごとを推定すると，次のア～エはどの順に起こったといえるか。古いものから順にア～エの記号で書け。

　ア　地層Aの堆積
　イ　地層Bの堆積
　ウ　X－X′の形成
　エ　Y－Y′の形成

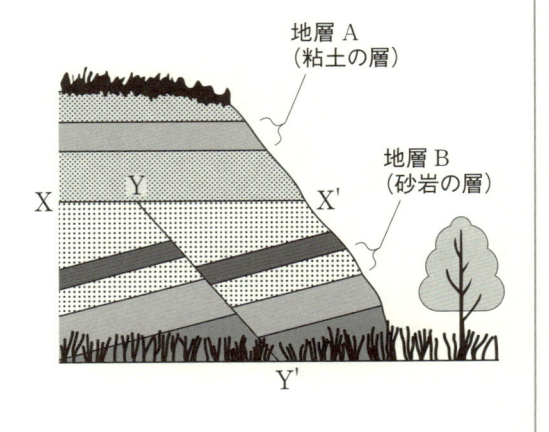

（2002年　愛媛県）

例題2の解答　イ→エ→ウ→ア

地層は下のほうが古い。したがって，まず地層Bの堆積があった（イ）。次に地層BはY－Y′で切られていることに着目する。これは，地層に左右から引っぱる力がはたらき，断層ができたのである（エ）。X－X′はこの面を境に上と下で地層が不連続になっているので，不整合であることがわかる。つまり，いったん地層Bは隆起し，陸地になって侵食された（ウ）。その後，再び下降して海面下に沈み，新たに堆積したのが地層Aである（ア）。

解説 ▶ 地層の広がり

　ある地点における地層の上下関係や，堆積物の特徴を棒グラフのように表したものを柱状図という。大きな建物を建築するときなど，地下のようすを調査するために，ボーリング（地中深くに穴を掘ること）をして，岩石や土砂を採取する。この試料をもとに柱状図はつくられる。離れた地点の柱状図を比べることで，地層の広がりを調べることができる。

　地層の比較を行ううえで，目印になる地層のことを鍵層という。火山灰を含んだ層がよく鍵層として利用される。大規模な火山の噴火は，短期間に広範囲に火山灰を降り積もらせるので，離れた場所にある地層どうしの関係を知る目印となる。

例題3 図1は，ある地域の地形図で，20m間隔に等高線がひかれている。点A～Dは，図の中心地点Oからそれぞれ，北西，南西，南東，北東の向きにいずれも同じ距離だけ離れた地点を示している。この地域の地層の重なりを調査するため，A，B，Cの各地点の地面に穴をあけて得られた試料をもとに，地層の重なり方を図に表すと，図2のようになった。

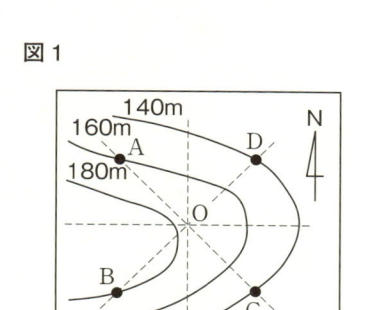

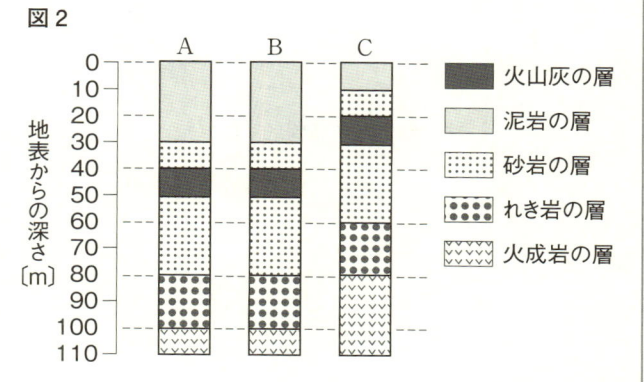

D地点の地層の重なり方を正しく表した図を，次のア～オのうちから1つ選び，記号で答えよ。

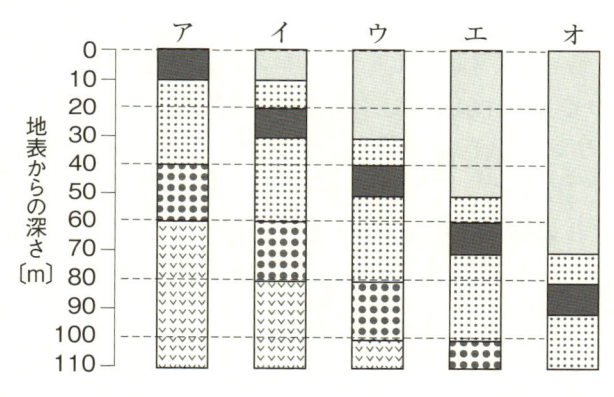

(2005年　大阪教育大学附属平野校舎)

例題3の解答　ウ

「海抜（海水面から見た陸地の高さ。ここでは等高線がそれにあたる）」と「地表からの深さ」の2種類の数字が出てくるので，すべて海抜に統一して考える。まずA～Cそれぞれの柱状図に地表の海抜を記す。次に火山灰の層の海抜を記す（次ページ左の図）。火山灰の層は同時期に積もったものだから，離れた場所どうしのつながり関係を知る目印となる。

海抜で統一して火山灰の層の高低をみると，AとCの火山灰の層は同じ海抜（120m）である。A－O－Cを結ぶ線上の地下には，海抜120mから始まる火山灰の層があるとわかる。Bの火山灰の層が始まる海抜140mは，A－O－Cの火山灰の層よりも20m高い。このことから，この土地の地層は，B（南西）の方角が高く，D（北東）の方角が低くなるように傾斜していることがわかる。

Bの火山灰の層は海抜140m，A－O－Cの火山灰の層は海抜120mなので，Dの火山灰の層は海抜100mから始まる。これは，地表から40mの深さに当たる。

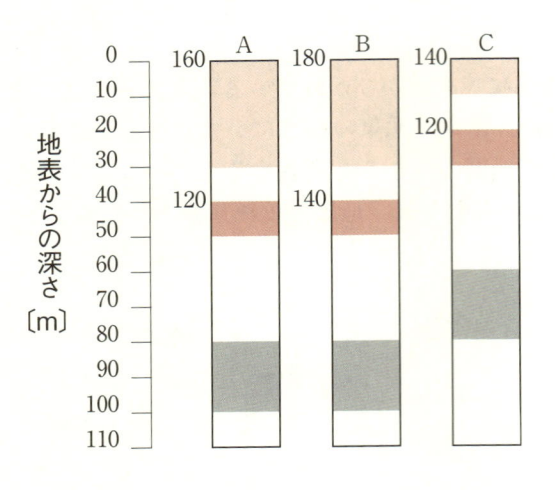

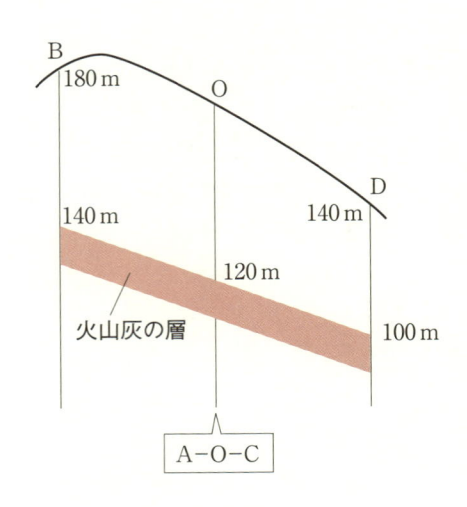

練習問題

▶▶▶ 解答は214ページ

1. ある地域の平野部の地表の高さが等しいA，B，C，Dの4地点でボーリングによる地下の地質調査を行った。図1は，ボーリング試料をもとに，4地点A～Dの地層の重なりを調べてつくった柱状図であり，あ～えは，ある層をさし示している。図2は，4地点のボーリング試料を観察し，共通することがらをまとめた観察記録の一部である。このことについて，下の(1)～(4)に答えなさい。ただし，この地域では断層はなく，それぞれの層は平行に重なって広がり，同じ角度で傾いているものとし，火山灰の層は同じ火山の同じ噴火によってできたものとする。

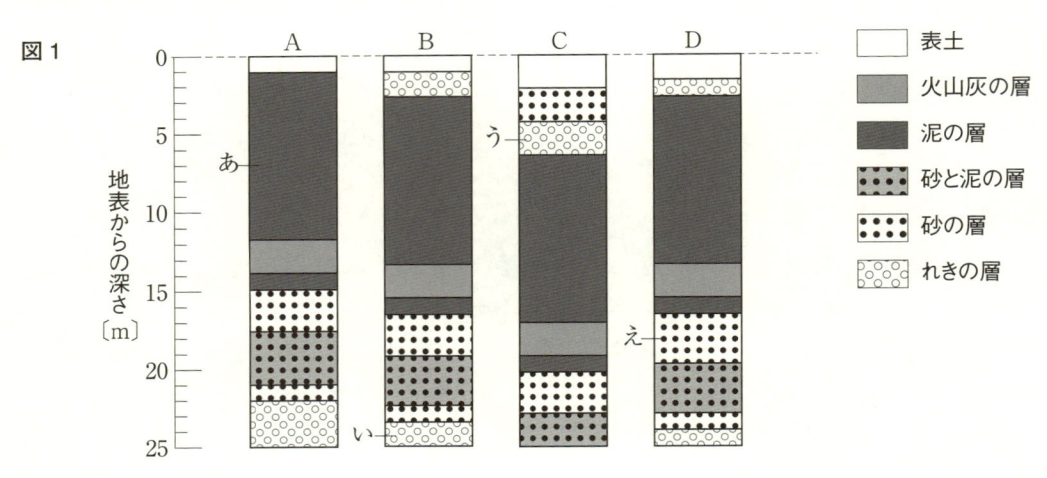

図1

図2
[観察記録]
○堆積物の層が連続して積み重なっていた。
○れきの層や砂の層では，それらの層をつくる粒は，下にいくほど大きくなっていた。
○砂の層には，アサリの化石が含まれていた。

(1) れきの層，砂の層，泥の層は，長い間にすきまがつまり，固まって，それぞれ，れき岩，砂岩，泥岩になる。これらの岩石は，どのような特徴で区別されるか。次のア〜エから1つ選び，その記号を書け。

　　ア　粒の色　　　イ　粒の形　　　ウ　粒の大きさ　　　エ　粒のかたさ

(2) 図1中のあ〜えの層を，堆積した時代の古いものから順に並べ，あ〜えの記号で書け。

(3) 図2中の下線部から，この砂の層が堆積した当時は浅い海であったと推定した。地層が堆積した当時の環境を知る手がかりとなるこのような化石を何というか，書け。

(4) 下の図は，4地点A〜Dの位置関係を示したものである。この地域の地層は，どの方向に低くなるように傾いているか。次のア〜エから1つ選び，その記号を書け。

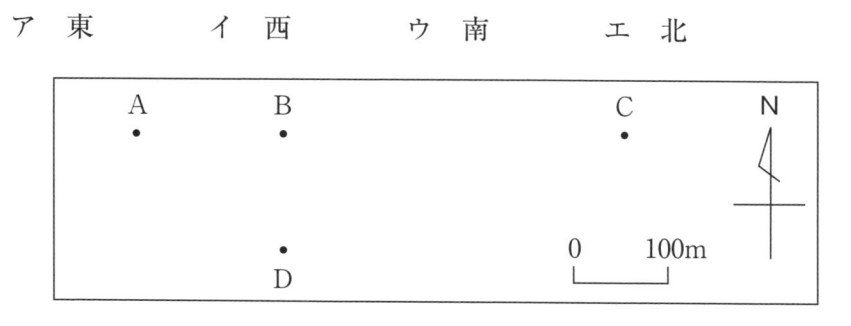

　　ア　東　　イ　西　　ウ　南　　エ　北

（2005年　高知県）

2 ある地域の地質調査をし、道路沿いのほぼ垂直に近いがけ（露頭）を観察した。図1のA地点～E地点は、この地域にある露頭の位置を表し、矢印は観察した向きを示している。図2は、これらの露頭のスケッチである。B地点とD地点には、同一の凝灰岩の層が見つかった。この地域の道路はほぼ平らで、高低差はほとんどない。また、この地域には断層がなく、地層は同じ角度で傾いているものとする。

これらの地層が堆積した時代に、この地域は隆起・沈降のどちらを続けたか。

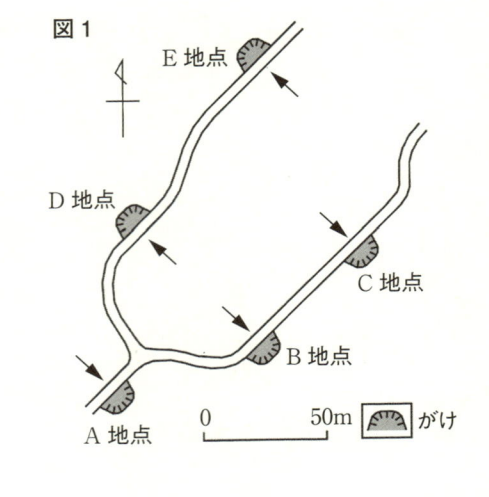

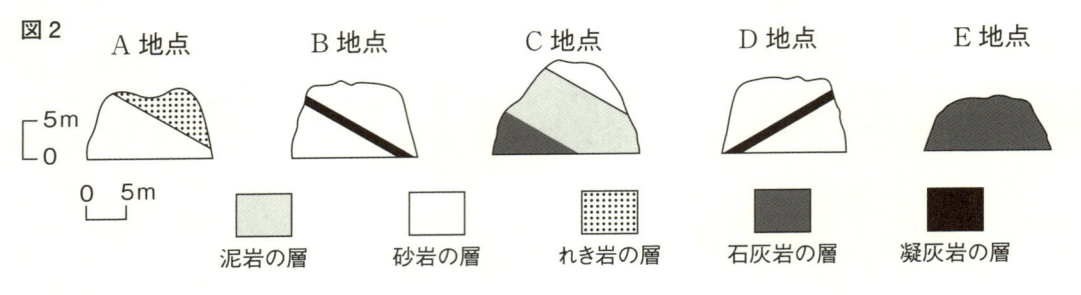

（2004年　宮城県・改題）

5 地震

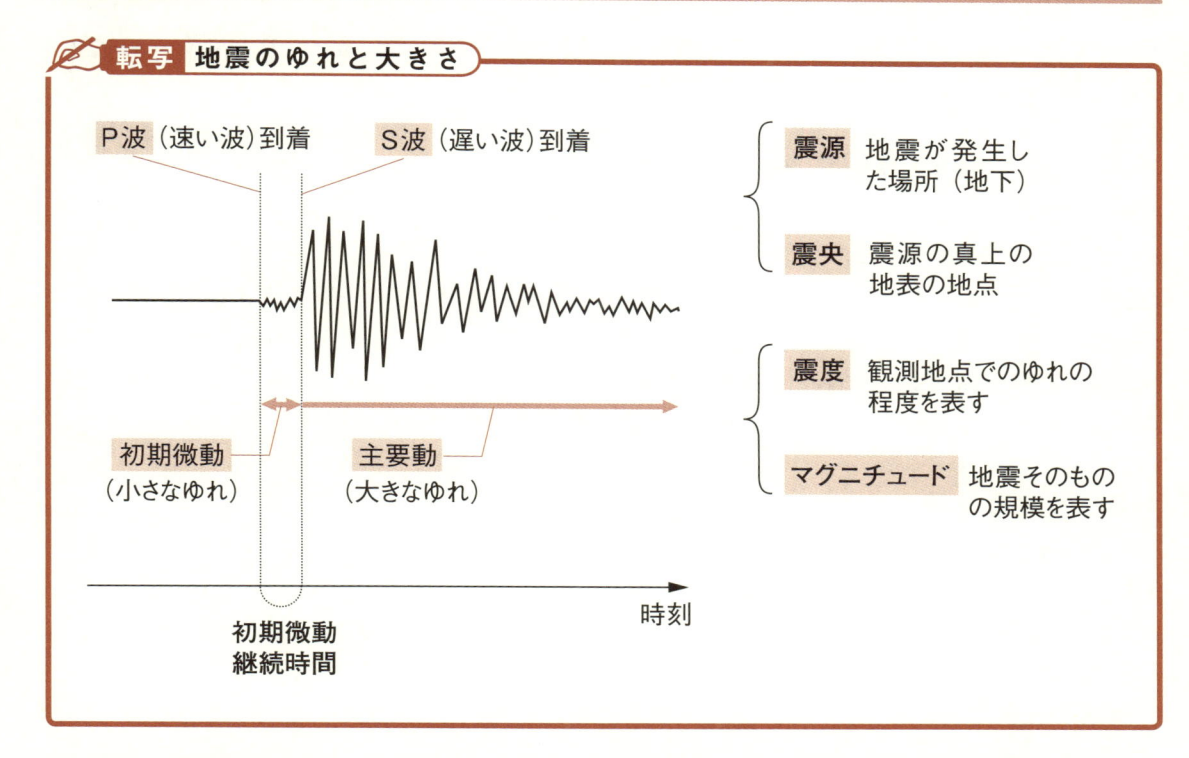

転写 地震のゆれと大きさ

P波（速い波）到着
S波（遅い波）到着

初期微動（小さなゆれ）
主要動（大きなゆれ）
初期微動継続時間
時刻

- 震源　地震が発生した場所（地下）
- 震央　震源の真上の地表の地点
- 震度　観測地点でのゆれの程度を表す
- マグニチュード　地震そのものの規模を表す

解説 ▶ 地震のゆれ

　図は地震計に記録された波を模式的に表したものである。最初の小さいゆれを**初期微動**，大きいゆれを**主要動**という。初期微動が始まって主要動が始まるまでの，小さなゆれが続く時間を**初期微動継続時間**という。

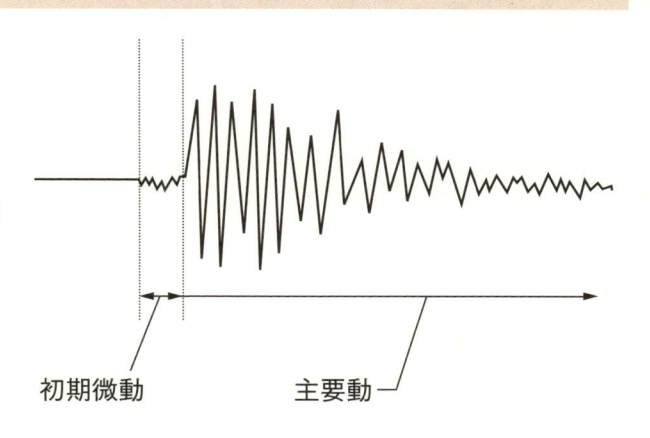

初期微動　主要動

解説 ▶ ゆれを伝える2種類の波

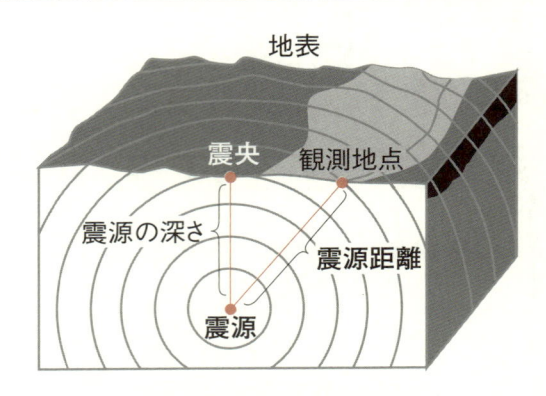

　地震が発生した場所（地下）を震源，震源の真上の地表の地点を震央という。震源から観測地点までの距離を震源距離，震央から観測地点までの距離を震央距離という。地震のゆれは，岩石をゆがめ，ねじりながら同心円状に周辺に広がっていく。

　地震のとき，速さが異なる2種類の波，P波とS波が同時に発生する。P波のPはprimary wave（最初の波）の頭文字で，P波が初期微動を起こす。S波のSはsecondary wave（二番目の波）の頭文字で，S波が主要動を起こす。

　P波とS波は速さが異なるため，震源から離れれば離れるほど，P波とS波の到着時刻の差が大きくなり，初期微動継続時間は長くなる。一方，震源の近くでは，P波とS波の到着時刻の差は少なく，初期微動継続時間は短い。初期微動継続時間と震源距離は比例する。

参考 ▶ 縦波と横波

　P波の速度は毎秒5～7km，波の進行方向と同じ向きに岩石をゆらしながら進む。このような波を縦波という。

　S波の速度は毎秒3～4km，波の進行方向に対して垂直に岩石をゆらしながら進む。このような波を横波という。

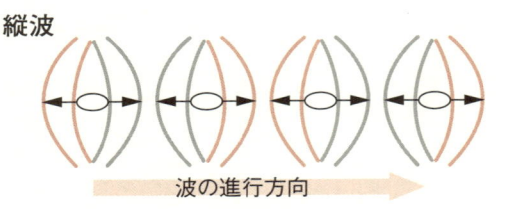

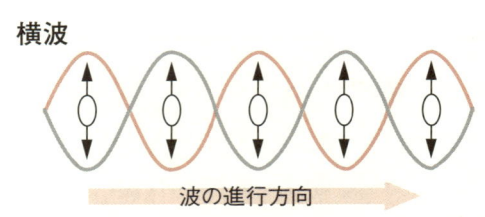

例題1　図は，ある地震についての地震計の記録である。

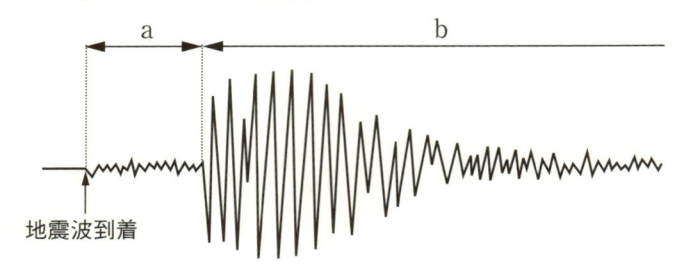

(1) aはP波によるゆれである。このゆれを何というか。

(2) aの時間の長さから何がわかるか。次のア～エから1つ選びなさい。
　　ア　ゆれの大きさ　　イ　地震の規模　　ウ　震源の深さ　　エ　震源までの距離

(3) ゆれ方が2つに分かれているのはなぜか。その理由を簡潔に述べなさい。

> 例題1の解答　　(1)　初期微動　　(2)　エ
> 　　　　　　　　(3)　速さの異なる2つの波が同時に発生したから。

(1) P波が起こす小さく細かなゆれを初期微動，S波が起こす大きなゆれを主要動という。
(2) 最初の小さなゆれの時間（初期微動継続時間）が長ければ震源は遠く，短いほど震源は近い。
(3) 震源では，速さの異なる2つの波が同時に発生する。速く伝わるP波と速度が遅いS波の2種類で，P波は小さく細かなゆれ（初期微動）を起こし，S波は大きなゆれ（主要動）を起こす。

解説 ▶ 地震の規模とゆれの強さ

地震の規模（エネルギー）を表す尺度として**マグニチュード**（記号M）が用いられる。マグニチュードが1異なると，地震のエネルギーは約32倍異なる（マグニチュードは数値が2ふえると，そのエネルギーは1000倍になるように定められている）。

観測地点でのゆれの程度を示す基準が**震度**である。「その場所がどれだけゆれたか」を表す基準である。震度0〜7の10階級に分かれる。震源に近いほどゆれは大きいが，震源から同じ距離の地点でも，土地の地盤によってゆれの強さは異なる。

震度	震度の階級（10階級）※221ページ参照
0	人はゆれを感じない
1	一部の人がゆれを感じる
2	多くの人がゆれを感じる
3	ほとんどの人がゆれを感じる
4	かなりの恐怖を感じる
5弱	一部の人は行動に支障がでる
5強	非常な恐怖を感じる
6弱	立っていることが困難
6強	立っていることができない
7	自分の意志で行動できない

> 例題2　マグニチュード7.4の地震をある地点での地震計で記録した。この地震とほぼ同じ場所でマグニチュード6.0の地震が発生した場合について，次の{　}の中から適当なものを1つずつ選べ。
>
> 　初期微動継続時間は{ア 長くなる　イ 短くなる　ウ 変わらない}。
> 　地震計で示されるゆれの大きさは{エ 大きくなる　オ 小さくなる　カ 変わらない}。
>
> （2002年　富山県）

> 例題2の解答　　ウ，オ

初期微動継続時間は，震源までの距離によって変化する。マグニチュードの変化に左右されない。マグニチュードは地震のとき放出されるエネルギーの大きさを表す尺度で，マグニチュードが小さくなると，放出されたエネルギーが小さくなった分，同じ震源距離ならばゆれは小さくなる。

解説 ▶ 震央とゆれの広がり方

地震のゆれは，震央を中心にほぼ同心円状に広がっていく。震央から等距離の各地点では，ほぼ同じ時刻にゆれが始まり，初期微動継続時間も等しくなる。このことは，各地の地震計の記録から，震央の位置が特定できることを意味している。

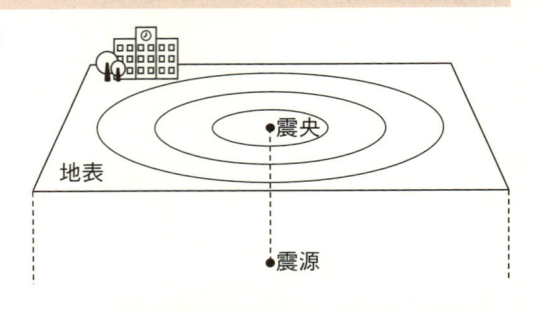

解説 ▶ 震央の決め方

まず，同じ時刻にゆれが始まった2地点（A，B）を選んで結ぶ。初期微動継続時間が等しい2地点でもよい。

AとBでは同じ時刻にゆれが始まったので，震央はAとBそれぞれから等距離にある。

線分の垂直二等分線は，線分の両端から等距離にある点の集まりであるから，垂直二等分線上のどこか（図のE_1，E_2，E_3，……）に震央は存在することになる。

別の2地点C，Dからも垂直二等分線をひき，2本の垂直二等分線の交点が震央である。

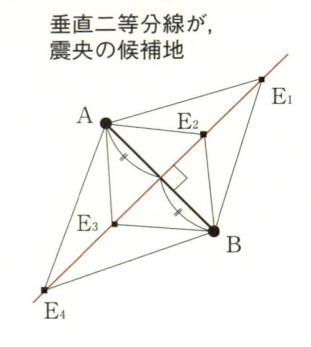

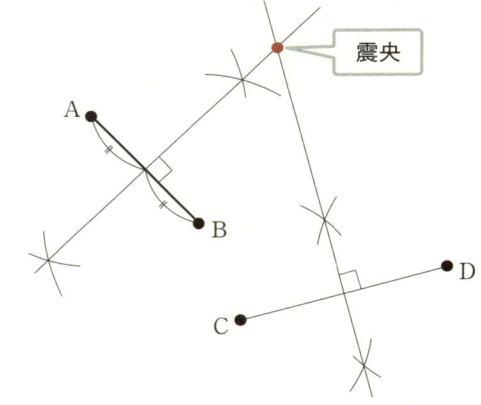

解説 ▶ 地震発生のしくみ

　地球の表面はプレートとよばれる十数枚の岩盤でおおわれている。プレートは年に数 cm ずつ決まった向きにそれぞれが動いている。プレートは互いにぶつかりあうため，火山活動や地震が起きる。日本列島は4つのプレートがぶつかりあう地点の近くに位置する（114ページ参照）。

　地震は大きく2つのタイプに分けられる。<u>プレート内部の割れが原因のタイプ</u>と，<u>プレートどうしの境界がズレるタイプ</u>である。

　図の北米プレートは，ユーラシアプレートと太平洋プレートにはさまれて圧縮される。たまったゆがみはやがて割れて解消される。震源が浅く，直下型地震になるタイプである。阪神淡路大震災（1995年），新潟県中越地震（2004年）はこのタイプのものである。

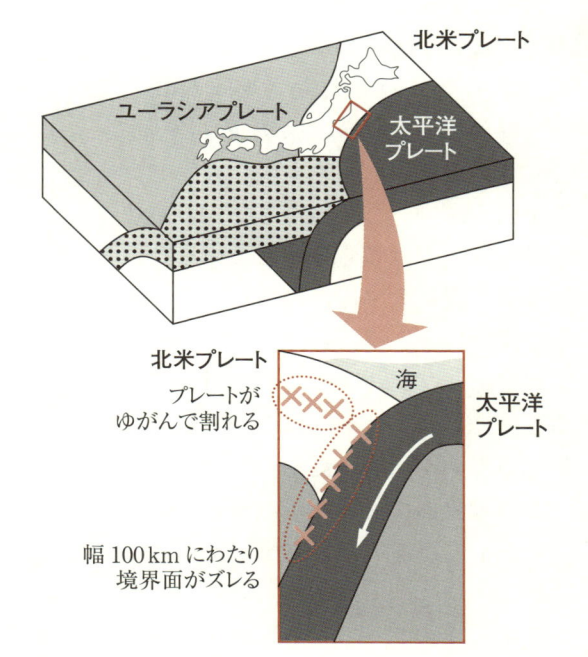

　太平洋プレートは北米プレートを引きずり込み，下にもぐり込んでいる。引きずり込まれた北米プレートはやがてもとに戻ろうと反発してはね上がり，境界面の幅100 km以上が一気に反発する。そのとき規模（マグニチュード）の大きな地震が発生する。スマトラ沖地震（2004年）はこのタイプのものである。

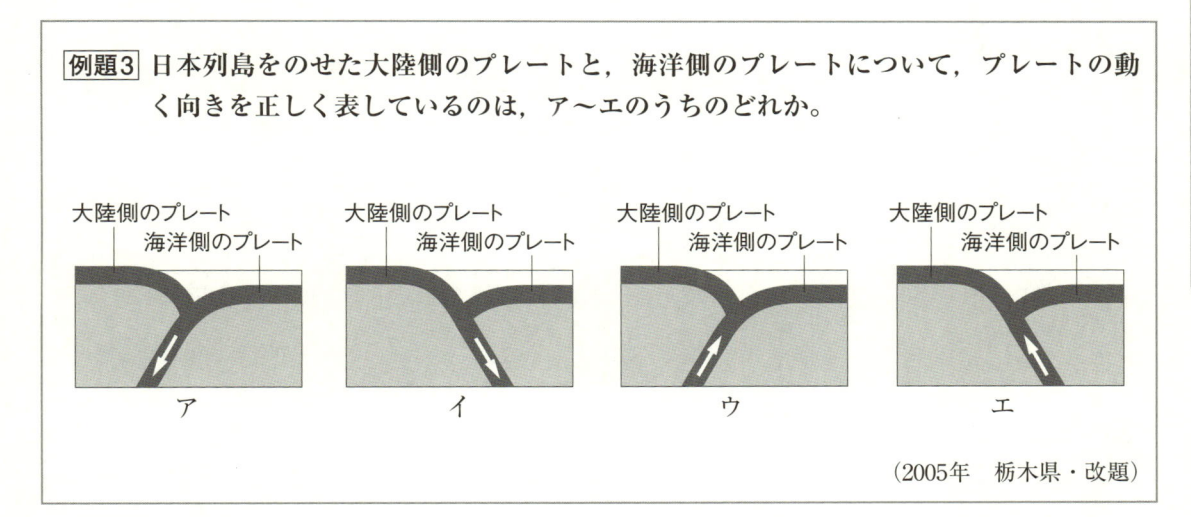

例題3　日本列島をのせた大陸側のプレートと，海洋側のプレートについて，プレートの動く向きを正しく表しているのは，ア～エのうちのどれか。

（2005年　栃木県・改題）

例題3の解答　　ア

　海洋プレートの密度は大陸プレートの密度より大きいので，海洋プレートが大陸プレートの下に沈み込むようにぶつかりあっている。

解説 ▶ 震源の分布

大陸をのせるのが大陸プレート，海底をつくるのが海洋プレートである。

日本列島がのる大陸プレートの下には，海洋プレートがもぐり込んでいる。もぐり込む海洋プレートが，大陸プレートを引きずり込むため，プレートの境界に沿って震源は多く分布している。震源が浅い地震は太平洋側に多く，震源が深い地震は日本海側に多い。

地震は，プレートのズレが原因で生じるものと，プレート内部の割れが原因で生じるものがある。震源の分布も，プレートの境界面に沿ったところと，大陸のプレート内部に多く集中する。

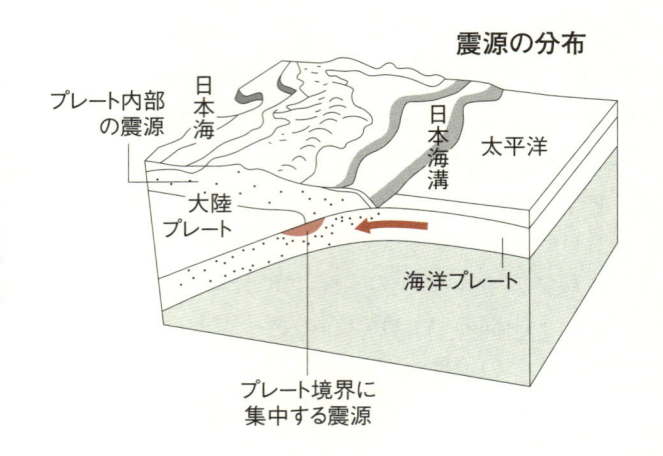

例題4 下のア～ウの図は，1926年から1986年の間に日本付近で起こったマグニチュード6.0以上の地震の震央を，震源の深さ別に表したもので，震源の深さは0～100 km，101～400 km，401～600 kmのいずれかである。ア～ウを震源の深さが浅い順に左から並べなさい。

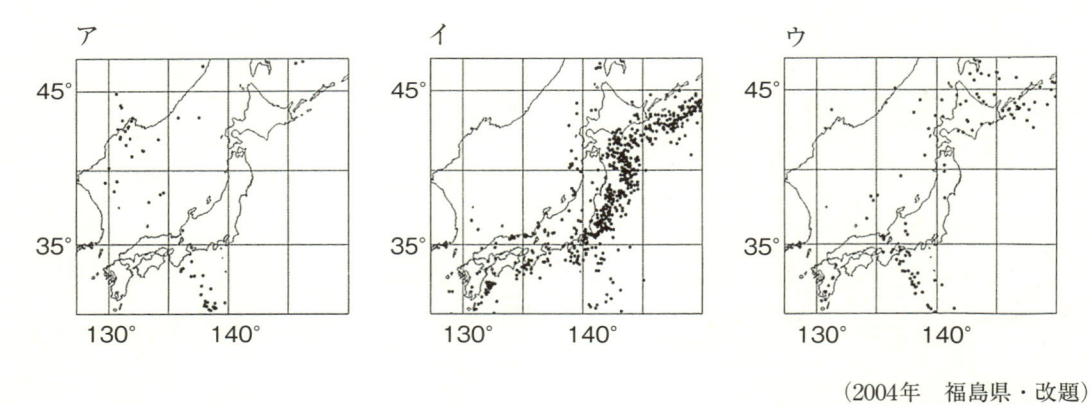

（2004年　福島県・改題）

例題4の解答　　イ → ウ → ア

日本海溝の付近で海洋プレートが大陸プレートの下にもぐり込んでいるため，太平洋側の地震は震源の深さが浅いものが多く，大陸に近い側に震源の深さが深いものが多く分布する。

練習問題

▶▶▶ 解答は214ページ

1. 表は，三陸沖で発生したマグニチュード7.0の地震について，A～Dの各地点での地震計の記録をまとめたものである。また，図はC地点の地震計の記録であり，aで小さくゆれはじめ，bで大きなゆれが始まっている。

地点	初期微動の はじまりの時刻	主要動の はじまりの時刻	震度
A	18時24分48秒	18時24分56秒	6弱
B	18時24分52秒	18時25分04秒	5強
C	18時24分54秒	18時25分08秒	5弱
D	18時24分57秒	18時25分14秒	4

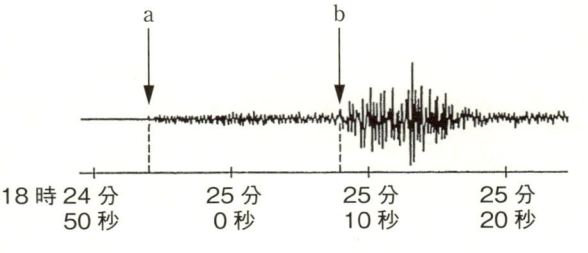

(1) 図において，a～bの間の初期微動継続時間は何秒か，求めなさい。

(2) 表から，初期微動の始まりの時刻と初期微動継続時間との関係を示すグラフをかきなさい。

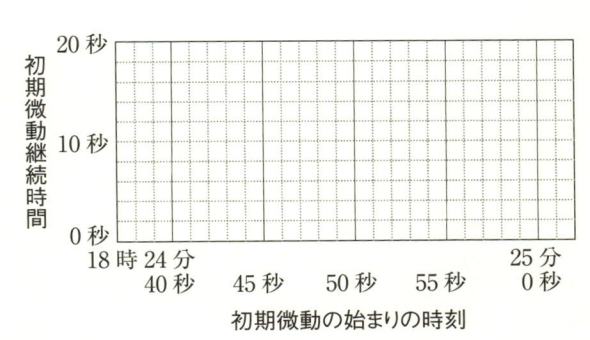

(3) この地震はいつ発生したと考えられるか。時刻を答えなさい。

(4) 表から，震源からの距離が遠い地点ほど，初期微動継続時間は
① （ア 長く　イ 短く），震度は② （ア 大きい　イ 小さい）ことがわかる。
①，②の（　）の中から正しいものを1つずつ選び，記号で答えなさい。

(2004年　熊本県)

重点学習 初期微動継続時間と震源距離

速度の速いP波が到着してから、遅いS波が到着するまでの時間を**初期微動継続時間**という。この初期微動継続時間がわかれば、震源までの距離を求めることができる。

例題1 ある日発生した地震をA，B両地の地震計で観測した。その結果をグラフに表した。
B地点の震源距離は84kmである。
9：51′00″は、9時51分00秒を表す。

(1) A地点の初期微動継続時間は何秒か。

(2) A地点の震源距離は何kmか。

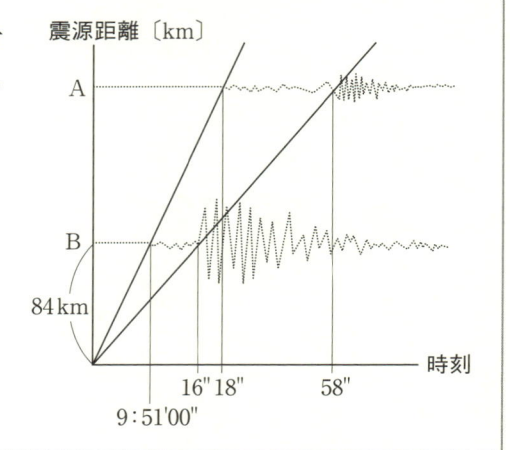

考え方 初期微動継続時間と震源距離は比例する

地震波を震源距離に合わせて並べ、P波到達時刻、S波到達時刻を結ぶと、初期微動継続時間〔秒〕と震源距離〔km〕は比例関係になる。右の図のa, b, s, tの間には、

$a : b = s : t$

の関係式が成り立つ。

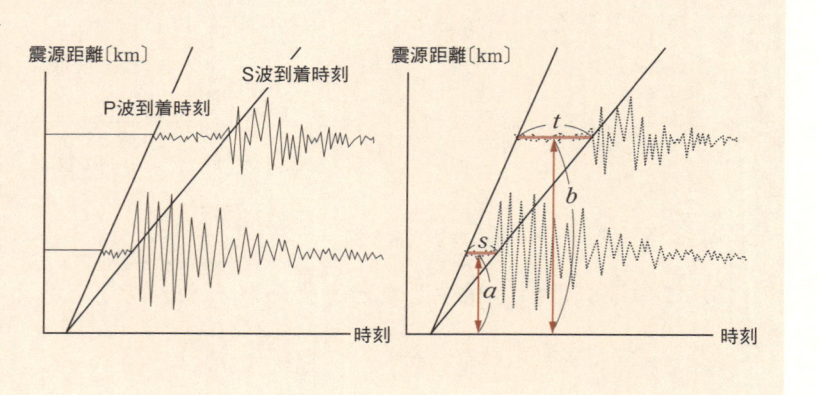

例題1の解答 (1) 40秒 　(2) 210 km

(1) A地点の初期微動継続時間は、S波の到着時刻58秒からP波の到着時刻18秒をひく。
$58 - 18 = 40$ 〔秒〕

(2) 初期微動継続時間は震源距離に比例する。Aの初期微動継続時間は40秒、Bは16秒なので、A地点の震源距離をx〔km〕とすると、$x : 84 = 40 : 16$の関係が成り立つ。

$x : 84 = 40 : 16$
$16x = 84 \times 40$ ◁ 内項の積＝外項の積
$x = \dfrac{\overset{21}{84} \times \overset{10}{40}}{\underset{*1}{16}}$ ◁ 両辺を16で割り、約分する
$x = 210$

よって、A地点の震源距離は、210 km

練習問題

▶▶▶ 解答は 215 ページ

1. ある時，ある場所で地震が発生した。図は，この地震で発生したゆれ方の異なる 2 種類の波 X と Y が，それぞれの観測地点に到着するのに要した時間と，震源からの距離との関係を表している。

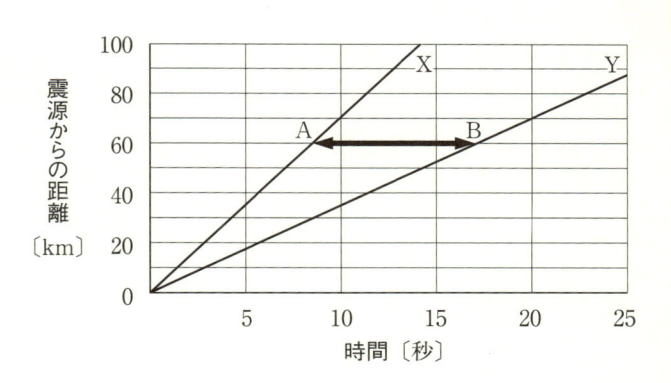

(1) 大きなゆれを起こす波は，X と Y のうちどちらか。また，その波が起こすゆれを何というか，書きなさい。

(2) 図の中の A B 間の矢印が表す時間を何というか，書きなさい。

(3) 観測地点 P と Q は，震源からそれぞれ 70 km と 140 km 離れていた。その観測地点 P に備えられた地震計が，小さなゆれを記録し始めた時刻は午前 9 時 15 分 28 秒であった。観測地点 Q に備えられた地震計が，大きなゆれを記録し始めた時刻は午前何時何分何秒であったと考えられるか，求めなさい。ただし，地震の波の伝わる速さはそれぞれ一定であるとする。

(2005年　山梨県・改題)

2 分野
地学

第2章

天気とその変化

　雲とは何でしょう？　水滴や氷の粒が空気中に浮かんでいるものです。ではどのように雲は発生するのでしょうか。

　まずは「氷（固体）⇔水（液体）⇔水蒸気（気体）」の状態変化を押さえておくことです。氷はゼロ℃をさかいに水となり，水は蒸発して水蒸気になります。

　勘違いしやすいのは，たとえば図のように沸とうしているやかんの口の部分です。白いゆげがいきおいよく出ています。このゆげは水蒸気ではありません。小さな水滴です。水蒸気は気体で目に見えません。水の分子が空気中を自由に飛び回っている状態です。

　水は蒸発し，気体の水蒸気になりますが，際限なく蒸発できるわけではありません。空気には水蒸気の"座席数"が決まっているのです。この"座席数"にあたるものを飽和水蒸気量といいます。飽和水蒸気量は，気温とともに変化することがポイントです。気温が高ければ高いほど，飽和水蒸気量はふえる。つまり，水蒸気の"座席数"がふえます。

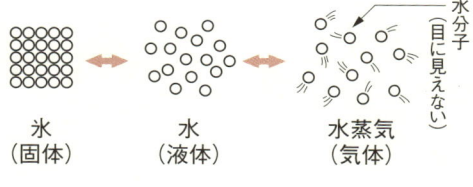

　では，水蒸気をめいっぱい含んだ空気の温度が急に下がったらどうなるでしょう？　水蒸気の"座席数"が減ってあぶれてしまった水分子はどうなるのか？

　ここを押さえることで，なぜ雲ができるのかが理解できます。また，冬の日，家の窓ガラスの内側に結露（水滴がつく）ができる理由や，冷たい飲み物を注いだガラスのコップの外側に水滴がつく理由もわかります。

1 空気中の水蒸気量

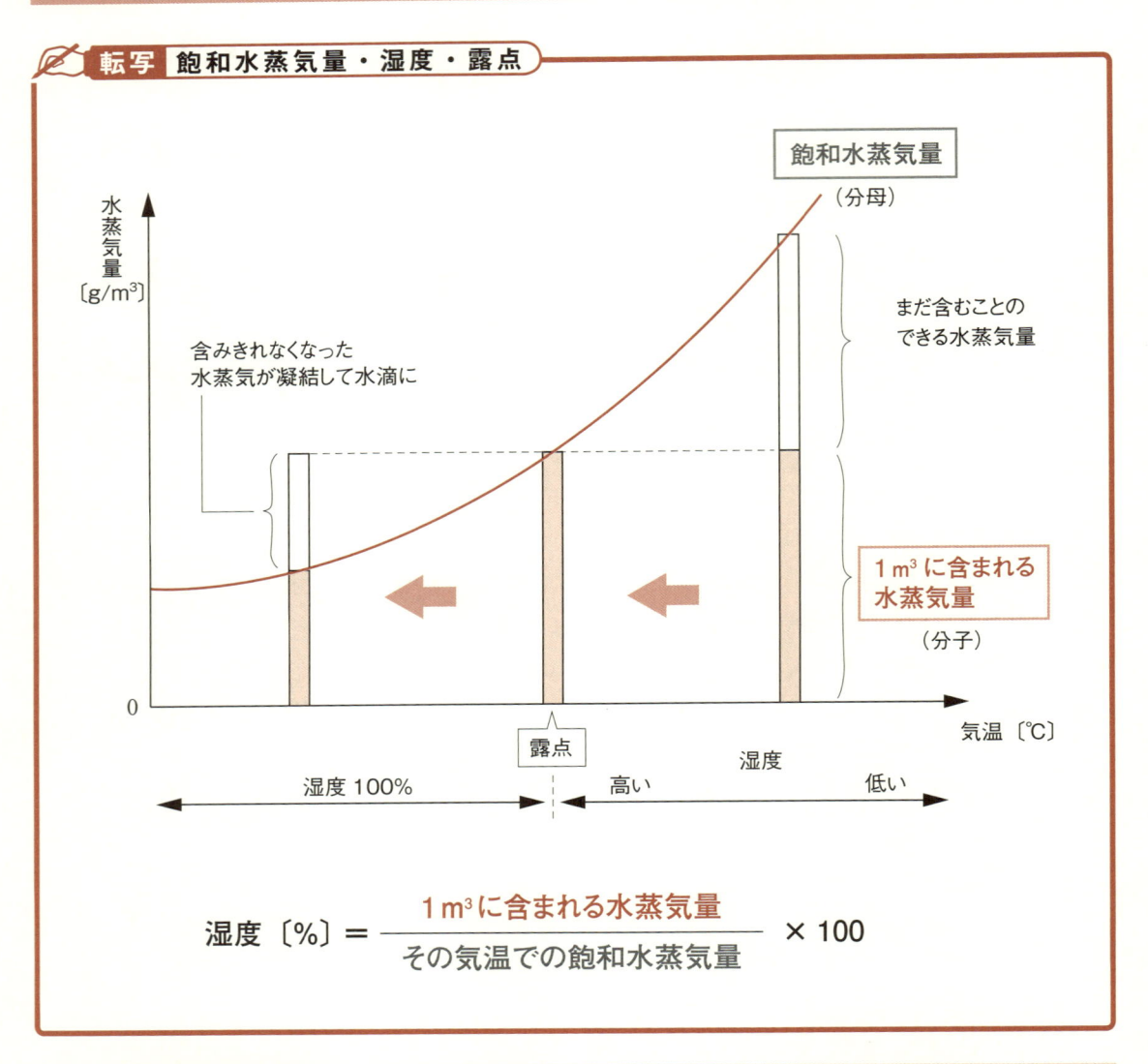

転写 飽和水蒸気量・湿度・露点

水蒸気量 $[g/m^3]$

飽和水蒸気量 （分母）

まだ含むことのできる水蒸気量

含みきれなくなった水蒸気が凝結して水滴に

$1m^3$に含まれる水蒸気量 （分子）

気温 $[℃]$

露点

湿度100%　｜　高い　湿度　低い

$$湿度[\%] = \frac{1m^3に含まれる水蒸気量}{その気温での飽和水蒸気量} \times 100$$

解説 ▶ 気象観測の方法

①雲量を見て，天気を決める

空全体に対して雲がしめる面積の割合を**雲量**（うんりょう）という。0～10の11段階で表す。

雨や雪が降っていないときは，雲量によって快晴・晴れ・くもりを決める。

天気記号

天気	記号	雲量
快晴	○	0, 1
晴れ	①	2～8
くもり	◎	9, 10
雨	●	—
霧	⦿	—
雪	⊗	—

② 5つの気象要素を測定する

気温　空気の温度で単位は〔℃〕。温度計ではかる。
湿度　空気のしめりぐあいで単位は〔％〕。乾湿計（下を参照）ではかる。
気圧　大気の圧力で単位は〔hPa〕（ヘクトパスカル）。気圧計ではかる。
風向　風が吹いてくる方向。風向風力計で調べ，16方位で表す。
風力　風速をもとに風の強さを 0 ～ 12 の 13 段階で表す。

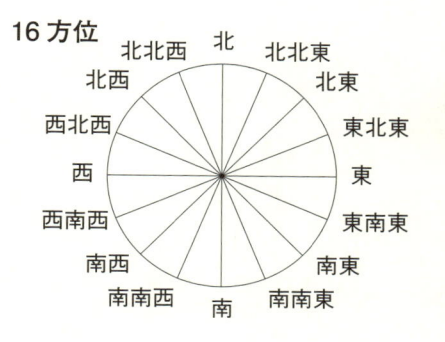

16方位：北北西・北・北北東・北西・北東・西北西・東北東・西・東・西南西・東南東・南西・南東・南南西・南・南南東

解説 ▶ 天気記号の表し方

気象観測で得たデータのうち，天気・風向・風力は1つの記号で表すことができる。風向は風が吹いてくる方向を表す。たとえば，北東の風は北東から吹いて南西へ向かう風のことである。

【例】
晴れ
北東の風
風力2

風力はF型にかく
これはダメ

風力記号

風力	記号	風力	記号
0		7	⊢⊢⊢⊢
1	⊢	8	⊢⊢⊢⊢
2	⊢⊢	9	⊢⊢⊢⊢
3	⊢⊢⊢	10	⊢⊢⊢⊢
4	⊢⊢⊢⊢	11	⊢⊢⊢⊢⊢
5	⊢⊢⊢⊢⊢	12	⊢⊢⊢⊢⊢
6	⊢⊢⊢⊢⊢⊢		

例題1　次の記号の天気・風向・風力を答えなさい。

(1)　　　(2)

例題1の解答　(1) 雨・南西の風・風力2　　(2) くもり・東の風・風力1

基本操作 ▶ 乾湿計（乾球湿球温度計）

湿度（空気のしめりぐあい）を調べるとき，乾湿計を利用する。乾湿計はふつうの温度計（乾球）と温度計の球部をぬれたガーゼで包んだ湿球からなる。水はまわりから熱をうばって蒸発するので，湿球の温度のほうが乾球より低くなる。空気が乾燥しているとき，蒸発が盛んになるので，湿球の温度は下がりやすい。

乾湿計は風通しのよい，直射日光の当たらないところに置く。乾球で気温を読み，乾球と湿球の示度の差を読む。この2つの値をもとに，湿度表を見て湿度を確定する。

湿度表

乾球 [℃]	乾球と湿球の示度の差〔℃〕				
	0	1	②	3	4
12	100	88	76	65	53
11	100	87	75	63	52
⑩	100	87	74	62	50
9	100	86	73	60	48
8	100	86	72	59	46

湿度 74%

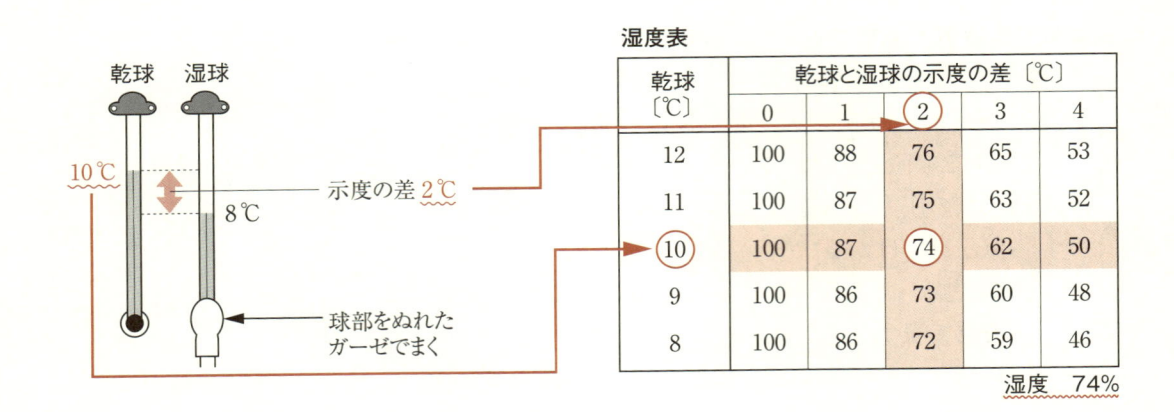

例題2 Kさんは，気温と湿度の変化を調べる気象観測を次の方法で行った。

［方法］
① 図1のような乾湿計を測定場所に設置する。
② 2つの温度計の示す温度（示度）を測定する。
③ 表1の湿度表を用い，湿度を求める。

表1

		乾球温度計と湿球温度計の示度の差〔℃〕						
		0.0	1.0	2.0	3.0	4.0	5.0	6.0
乾球温度計の示度〔℃〕	33	100	93	86	80	73	67	61
	32	100	93	86	79	73	66	61
	31	100	93	86	79	72	66	60
	30	100	92	85	78	72	65	59
	29	100	92	85	78	71	64	58
	28	100	92	85	77	70	64	57
	27	100	92	84	77	70	63	56
	26	100	92	84	76	69	62	55
	25	100	92	84	76	68	61	54

［測定結果］
表2は，Kさんが観測した日の10時から16時までの2時間おきの測定結果である。

表2

時刻〔時〕	10	12	14	16
乾球温度計の示度〔℃〕	29	31	31	30
湿球温度計の示度〔℃〕	25	26	25	25

(1) ［方法］の①の測定場所として，どのような場所が適しているか。次のア～エから選び，記号で答えなさい。

　　ア　風通しのよくない日なた　　イ　風通しのよくない日かげ
　　ウ　風通しのよい日なた　　　　エ　風通しのよい日かげ

(2) Kさんが観測した日の14時の気温と湿度を答えなさい。

(2004年　山口県)

例題2の解答　　(1) エ　　(2) 気温31℃　　湿度60％

(1) 乾湿計は風通しがよく，直射日光の当たらないところにおく。
(2) 気温は乾球から読みとる。14時の乾球の示度は，表2より31℃である。
　　湿度は，まず乾球と湿球の示度の差を求める（31 − 25 = 6〔℃〕）。
　　次に湿度表の乾球31℃の行と，示度の差6.0℃の列の重なりを読みとれば，湿度は60％だとわかる。

解説 ▶ 飽和水蒸気量と湿度

空気中に含まれる水蒸気の量には限度があり，その限度は温度によって変化する。空気1m³が含むことのできる最大の水蒸気量を**飽和水蒸気量**という（単位はg/m³。つまり，1m³当たりの空気に何gの水蒸気があるかということ）。飽和水蒸気量は気温が高いほど大きく，気温が低いほど小さくなる。

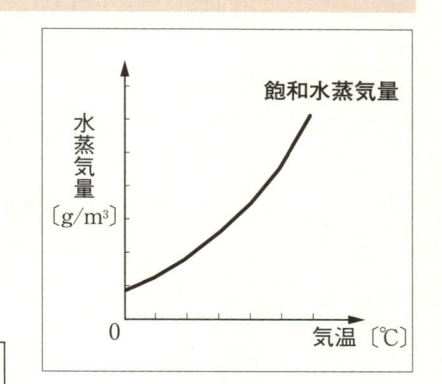

気温と飽和水蒸気量の関係

気温〔℃〕	0	5	10	15	20	25	30
飽和水蒸気量〔g/m³〕	4.8	6.8	9.4	12.8	17.3	23.1	30.4

空気のしめりぐあいを表す**湿度**は，空気中に含まれる水蒸気の量が，その気温における飽和水蒸気量に対して何％であるかを示している。

$$湿度〔\%〕 = \frac{空気1m^3に含まれる水蒸気量〔g/m^3〕}{その気温における飽和水蒸気量〔g/m^3〕} \times 100$$

空気に含まれる水蒸気の量が変わらなくても，
- 気温が上がれば，飽和水蒸気量が大きくなる（分母が大きくなる）ため，湿度は下がる。
- 気温が下がれば，飽和水蒸気量が小さくなる（分母が小さくなる）ため，湿度は上がる。

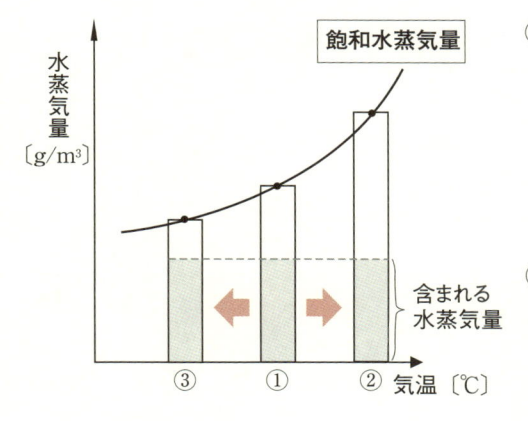

① → ②（気温が上がる）
　①と②を比べると，
　①のほうが水蒸気量は「満タン」に近く（湿度が高い），
　②は水蒸気量に余裕がある（湿度が低い）。
　よって，湿度は下がる。

① → ③（気温が下がる）
　①と③を比べると，
　③のほうが水蒸気量は「満タン」に近く（湿度が高い），
　①は水蒸気量に余裕がある（湿度が低い）。
　よって，湿度は上がる。

解説 ▶ 露点と凝結

あたためられた室内の空気が冷やされ，窓に水滴をつけるように，空気の温度を下げると，空気中に含まれていた水蒸気（気体）の一部が水滴（液体）に変化する。これを**凝結**（ぎょうけつ）といい，凝結が起きる温度を**露点**（ろてん）という（露ができ始める温度という意味）。露点は，水の入った金属製のコップに氷を入れて冷やしながら，コップの表面がくもり始めたときの温度計の温度を読みとる。

凝結が起きるのは，コップのまわりの空気が冷やされ（温度が下がる），飽和水蒸気量が小さくなるからである。その結果，空気中に含みきれなくなった水蒸気が凝結して水滴となる。

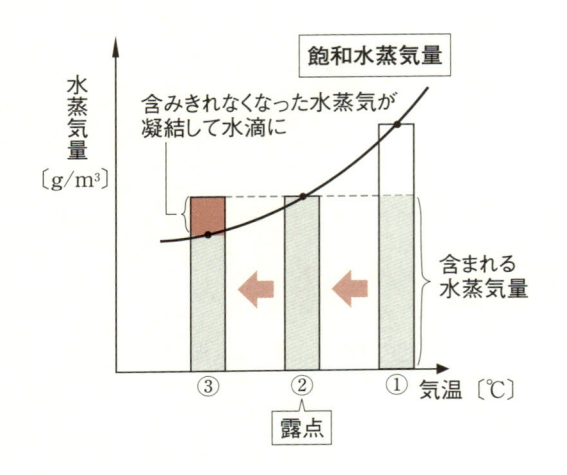

① → ② → ③（気温が下がり続ける）

②の水蒸気量が「満タン」の状態。
このときの気温が露点で，湿度は100%

③は限界をこえて含みきれなくなった水蒸気が凝結して水滴となる。
水蒸気量は引き続き「満タン」で，湿度は100%

例題3 図は，気温と飽和水蒸気量の関係を表したグラフである。図のA，B，Cの状態にある空気について，次の問いに答えなさい。

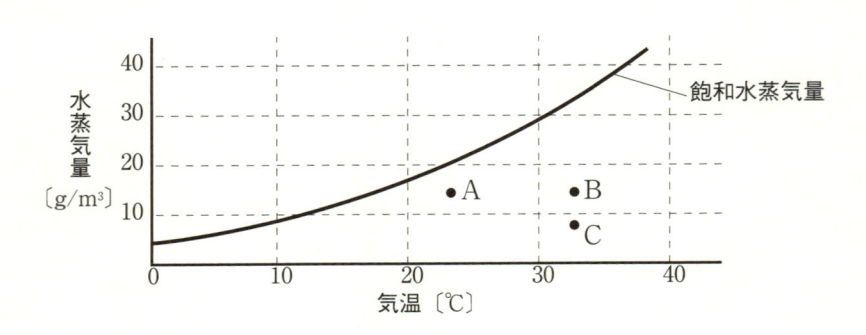

(1) AとBを比べたとき，湿度が高いのはどちらか。

(2) BとCを比べたとき，湿度が高いのはどちらか。

(3) 露点が等しいのは，どれとどれか。

(2005年　愛知県A・改題)

例題3の解答　　(1)　A　　　(2)　B　　　(3)　AとB

(1)

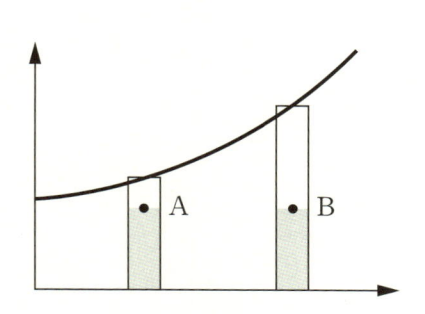

Aのほうが水蒸気量が「満タン」に近いので，湿度が高い。

(2)

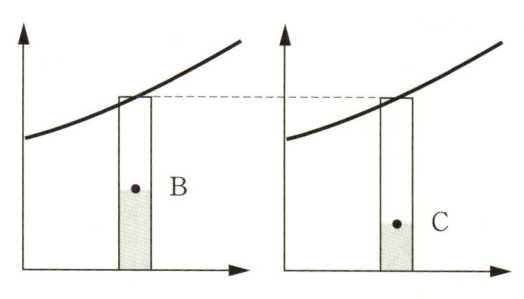

Bのほうが水蒸気量が「満タン」に近いので，湿度が高い。

(3) 露点は，空気中に含まれる水蒸気量を左にずらしていき，飽和水蒸気量のグラフにぶつかる点の気温を見ればよい。AとBは気温は異なるが，含まれる水蒸気量が同じなので，露点は等しくなる。

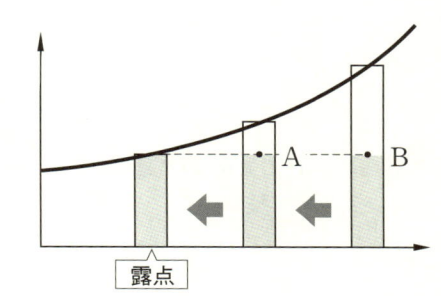

練習問題

▶▶▶ 解答は 215 ページ

1. 美紀さんたちは，気象観測を続けている。下の図は，ある日の気温と湿度の変化を表したグラフとその日の 14 時の気象観測の記録である。

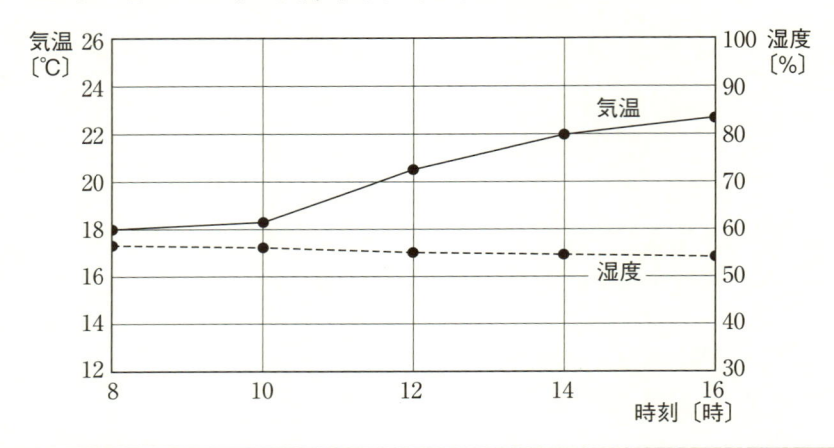

14 時の気象観測の記録	天気	気温〔℃〕	湿度〔%〕	風向	風力	気圧〔hPa〕
	くもり	22.0	55	西南西	2	1019.8

(1) 観測記録から，この日の 14 時に，$1 m^3$ の空気はあと何 g の水蒸気を含むことができたか。答えは，次の表を利用して小数第 1 位まで求めなさい。

気温〔℃〕	10	12	14	16	18	20	22	24
飽和水蒸気量〔g/m³〕	9.4	10.7	12.1	13.6	15.4	17.3	19.4	21.8

(2) グラフから，この日の 10 時から 16 時までの空気中の水蒸気量はどのように変化したか，簡潔に書きなさい。

(2005年　和歌山県・改題)

2 雲のでき方

転写 雲の発生と水の循環

雲の発生

地表の水が → 蒸発 → 空気中に 水蒸気 が含まれる → 膨張 → 温度が下がる → 露点 → 凝結 → 水滴 → 水滴が大きくなると雨となって地表に降る

↑ 上昇気流

実験 ▶ 雲が発生するしくみ

① フラスコに少量の水を入れて内面をぬらし，線香の煙を少量入れておく。
② 温度計と注射器をとりつける。
③ 注射器のピストンをすばやく引く。

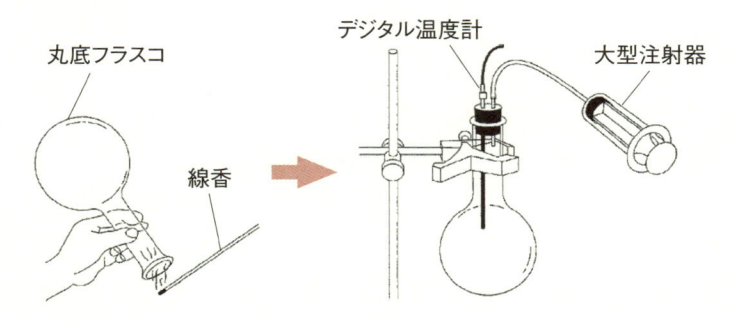

丸底フラスコ　線香　→　デジタル温度計　大型注射器

【結果】
・フラスコ内が白くくもる（水蒸気の一部が凝結して細かい水滴となったため→これが雲の正体）。
・フラスコ内の温度が少し下がる。

　ピストンをすばやく引くと，フラスコ内の空気は急に膨張(ぼうちょう)する。この実験から，空気が膨張すると温度が下がることがわかる。温度が下がった結果，水蒸気の一部が凝結して細かい水滴となったのである。

[例題1] 雲のできるようすを調べるために，次の実験を行った。まず，ガラス製の容器に少量の水を入れてよく振り，線香の煙を少し入れてから，この容器に，デジタル温度計と注射器を図のように取りつけた。次に，ピストンを強く引いたり強く押したりして，容器内の温度の変化とくもりのようすを観察した。

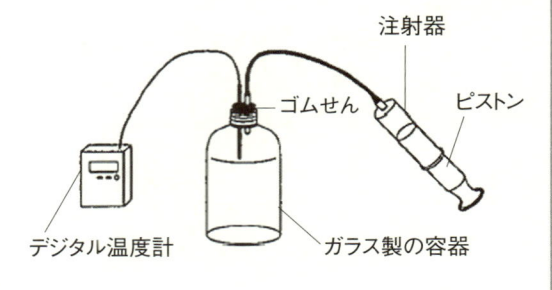

(1) ピストンを強く引いたり強く押したりしたときの，ガラス製の容器内の温度の変化とくもりのようすについて，正しく述べたものを，次のア～エから1つ選べ。

　　ア　ピストンを強く引くと温度が上がってくもりができ，強く押すと温度は下がってくもりは消えた。
　　イ　ピストンを強く引くと温度が上がってくもりができ，強く押すと温度は下がってくもりは消えなかった。
　　ウ　ピストンを強く引くと温度が下がってくもりができ，強く押すと温度は上がってくもりは消えた。
　　エ　ピストンを強く引くと温度が下がってくもりができ，強く押すと温度は上がってくもりは消えなかった。

(2) ガラス製の容器内のくもりは，容器内の水蒸気が水滴となって現れたものである。このように水蒸気が凝結して，水滴となり始めるときの温度を何というか，書け。

(2005年　高知県)

[例題1の解答]　(1)　ウ　　(2)　露点

(1)　ピストンを引く→空気が膨張→温度が下がる→露点に達する→くもりができる。
　　　ピストンを押す→空気を圧縮→温度が上がる→露点を上回る→くもりが消える。
(2)　水蒸気が凝結して水滴になり始めるときの温度を露点という。

ポイント

・なぜフラスコ内を水でぬらすのか。　⇨　[理由] フラスコ内の空気に水蒸気を多く含ませるため。
・なぜ線香の煙を入れるのか。　⇨　[理由] 水蒸気が凝結するときの核にするため。
　　　　　　　　　　　　　　　　　　(飽和に達した水蒸気は，核がないとすぐに凝結しない)

※「空気が膨張する→温度が下がる」と「空気を熱する（温度を上げる）→空気が膨張する」を混同しないこと。ピストンをすばやく引いて空気が膨張するときは，熱の出入りはない。空気はみずからがもつエネルギーを消費して膨張するため，温度が下がる。空気を熱するときは，膨張に必要なエネルギーは外部（たとえばガスバーナーなど）からまかなわれる。

解説 ▶ 上昇気流と雲の発生

あたためられた空気が上昇して雲をつくるしくみを考える。

まず太陽光線で地面があたためられる。その熱が地面付近の空気に伝わり，あたためられて軽くなり（密度が下がる），上昇する。上空は気圧（1分野 47 ページ参照）が低いので，上昇した空気は膨張して温度が下がる。露点に達すると，空気中の水蒸気が凝結して細かい水滴となる。さらに温度が下がって 0 ℃以下になると，氷の粒ができる。雲は上空を漂う細かい水滴や氷の粒のことである。

上昇気流は他にも次のような場所で生じやすい。

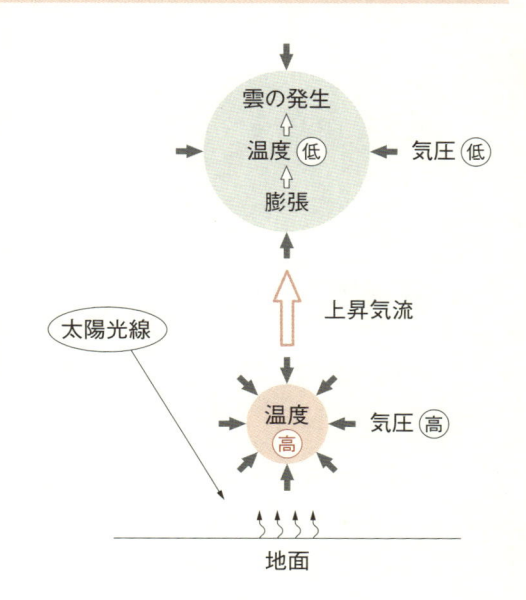

「雲が発生する ＝ 上昇気流が生じる」ところの例

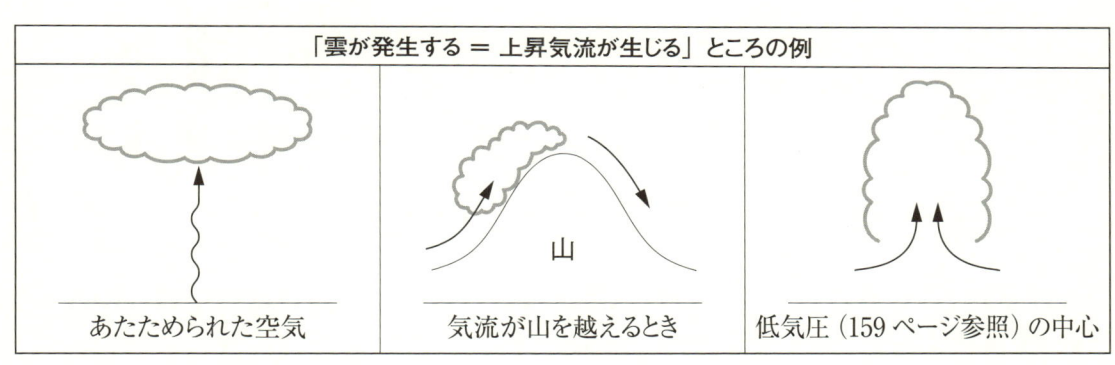

| あたためられた空気 | 気流が山を越えるとき | 低気圧（159 ページ参照）の中心 |

解説 ▶ 大気中の水の循環

地表にある水（海や川，湖など）はたえず蒸発して，水蒸気に変化している。水蒸気を含んだ空気は，あたためられて上昇気流となり，上空に雲をつくる。雲をつくる水滴や氷の粒が集まって大きくなると，やがて落ちてくる。途中でとけたものが雨であり，とけずに地面まで達したものが雪である。このように，水は姿を変えながら，大気中と地表とを循環している。

> **例題2** 雲ができるしくみについて述べた次の文の①～④の｛　｝の中から，それぞれ適当なものを1つずつ選び，その記号を書け。
>
> 山のふもとから山頂に向かって空気が上昇するにつれ，まわりの気圧が①｛ア 高く　イ 低く｝なるので，空気は②｛ア 膨張　イ 収縮｝する。そのため，空気の温度が③｛ア 上がって　イ 下がって｝，④｛ア 露点　イ 沸点｝に達すると，空気中の水蒸気は水滴に変わり，雲として見えるようになる。
>
> （2003年　愛媛県）

例題2の解答　①イ　②ア　③イ　④ア

上空へいくほど気圧は低くなる。高い山の頂上などでは，空気が薄く，少なくなるため，気圧は小さくなっている。まわりの気圧が下がれば，上昇した空気は膨張する。空気が膨張すると温度が下がるため，やがて露点に達して，水蒸気の一部が水滴に変わる。

練習問題

▶▶▶ 解答は215ページ

① 次の気象観測について，(1)～(3)の問いに答えなさい。

[観測]
① 図1の山頂での観測データは，南西の風，風力3，雨であった。
② 山頂からA地点までは雲におおわれていたが，A地点より低いところでは雲が消えていた。
③ 空気の流れは，図1のように，山頂からふもとに向かう下降気流であった。
④ B地点では，乾湿計の乾球と湿球の示度は図2のようになっていた。

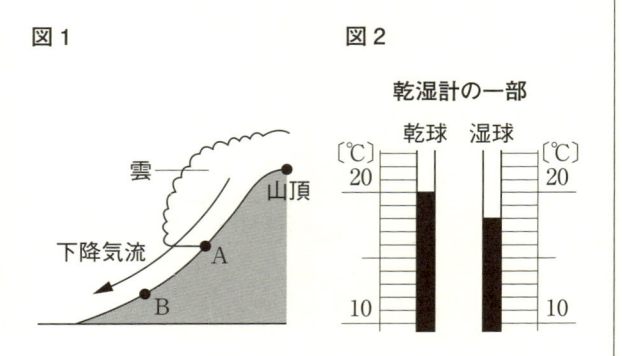

(1) 山頂での観測データを天気記号で表したものはどれか。次のア～カの中から1つ選びなさい。

（ア 北／イ 北／ウ 北／エ 北／オ 北／カ 北）

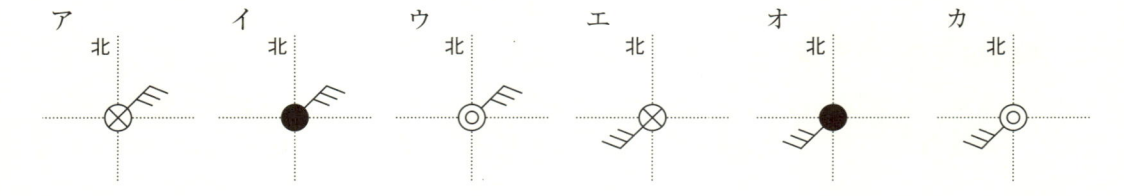

(2) B地点の空気1m³中に含まれている水蒸気の量は何gか。表1，表2を用いて，小数第1位を四捨五入し，整数で求めなさい。

表1　湿度表の一部

乾球の示度〔℃〕	乾球と湿球の示度の差〔℃〕						
	0.0	0.5	1.0	1.5	2.0	2.5	3.0
23	100	96	91	87	83	79	75
22	100	95	91	87	82	78	74
21	100	95	91	86	82	77	73
20	100	95	91	86	81	77	72
19	100	95	90	85	81	76	72
18	100	95	90	85	80	75	71

表2　気温と飽和水蒸気量の関係

気温〔℃〕	飽和水蒸気量〔g/m³〕
0	5
5	7
10	9
15	13
20	17
25	23

(3) 観測の②で，A地点より低いところでは雲が消えていた理由を，観測の③を踏まえて，圧縮，露点という2つの言葉を用いて説明しなさい。

(2003年　福島県・改題)

2 空気中の水蒸気が水滴に変わるしくみを調べるために，次の実験1, 2を行った。

[実験1]
やかんの口から出るゆげをペットボトルに入れ，ふたをしてから，ドライヤーでペットボトルをまんべんなくあたためたり，冷やしたりして，ペットボトルの中のようすを観察した。

[実験2]
丸底フラスコの内側をぬるま湯でぬらし，その中に線香の煙を少量入れた後，ゴムせん，注射器，サーミスター温度計を取り付け，右の図のような装置をつくった。この装置の注射器のピストンを引いたところ，丸底フラスコの中が白くくもった。

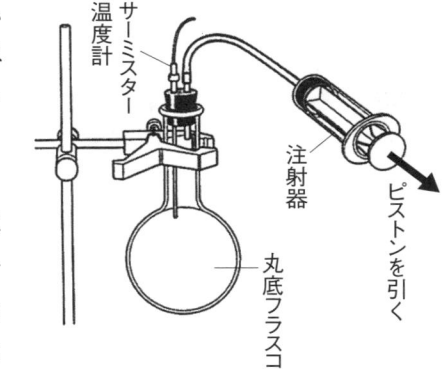

(1) 実験1で，ペットボトルをあたためたところ，ゆげは見えなくなり，内部が透明になった。その理由は，ペットボトル内の（　　）が増加したためである。（　　）に当てはまる言葉を書きなさい。

(2) 実験1で，ゆげが見えなくなったペットボトルを冷やしたところ，内部が白くくもった。このとき，ペットボトル内部の空気の水蒸気量と湿度は，内部が透明なときと比べてどのようになっているか。{　　}内の正しい言葉を選びなさい。

　　水蒸気量は{増加，減少}し，湿度は{高く，低く}なっている。

(3) 次の文は，実験2で丸底フラスコの中が白くくもった理由を説明した文である。文中の▢の中に，最もよく当てはまる用語を書きなさい。

　　注射器のピストンを引くと，丸底フラスコ内部の空気は▢し，温度が▢。丸底フラスコ内部の空気の温度が▢に達すると，水蒸気が凝結して水滴になるため，丸底フラスコの中が白くくもって見える。

(2005年　新潟県・改題)

3 気団と前線

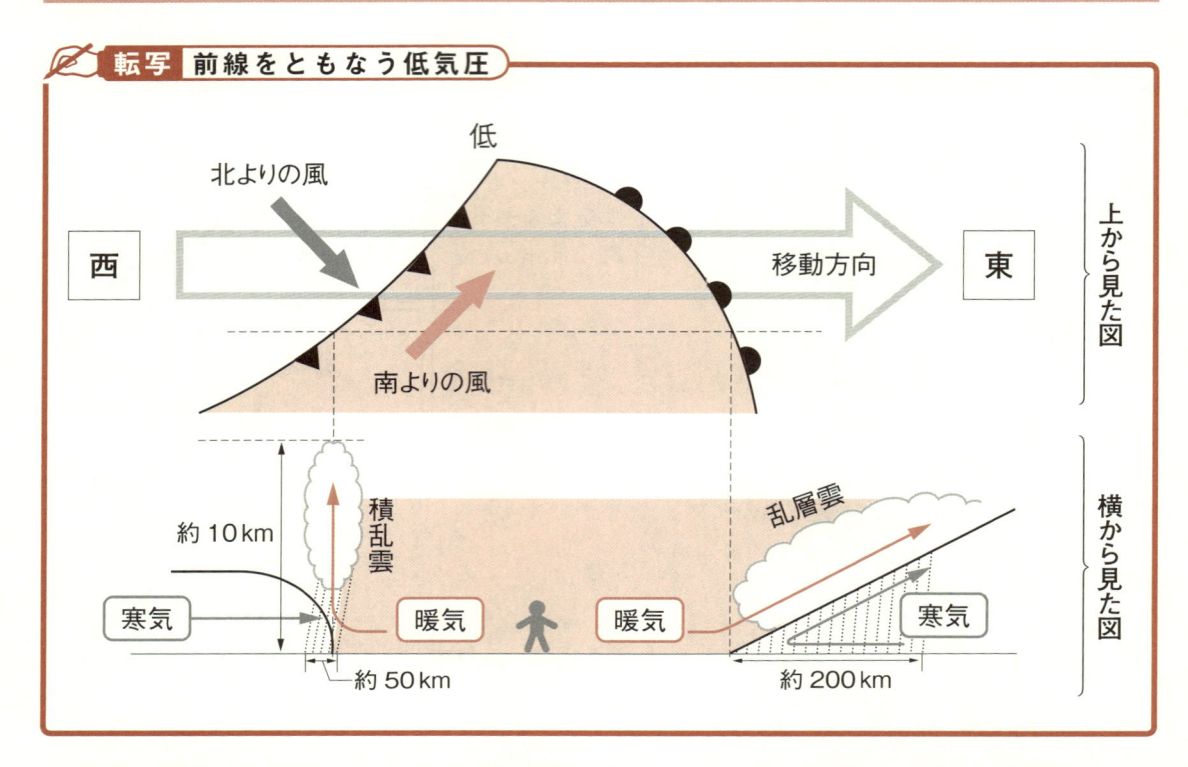

転写　前線をともなう低気圧

（図：上から見た図／横から見た図　低、北よりの風、南よりの風、西、東、移動方向、約10 km、積乱雲、乱層雲、寒気、暖気、暖気、寒気、約50 km、約200 km）

解説 ▶ 等圧線と高気圧・低気圧

　同一時刻に各地で測った気圧を地図上に記し，気圧の等しい地点をなめらかな曲線で結んだものを<u>等圧線</u>という。等圧線はふつう 4 hPa（ヘクトパスカル）ごとに引く。

　等圧線が丸い形に閉じているところで，その中心にいくほど気圧が高ければ<u>高気圧</u>，その中心にいくほど気圧が低ければ<u>低気圧</u>である。「何 hPa 以上が高気圧」「何 hPa 以下が低気圧」という決め方ではなく，気圧がまわりより高いか低いかによって決まる。

解説 ▶ 気圧と風向

　<u>風は気圧の高いところから低いところに向かって吹く。</u>

　高気圧からは風が時計回りに吹き出し，低気圧へは反時計回りに風が吹き込む。高気圧の中心付近では，吹き出す風を補う上空からの風が吹く（下降気流）。低気圧の中心付近では，吹き込んだ風が上空へ向かう（上昇気流）。

高気圧（中心の気圧が高い）

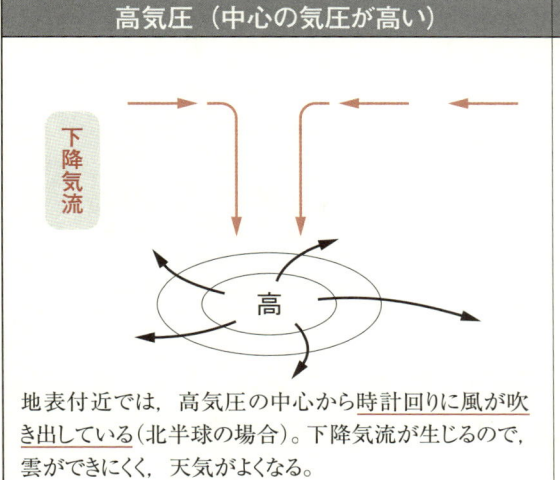

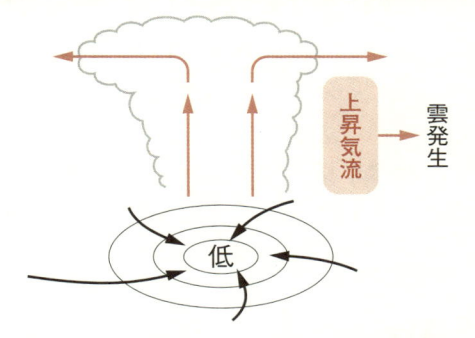

地表付近では，高気圧の中心から時計回りに風が吹き出している（北半球の場合）。下降気流が生じるので，雲ができにくく，天気がよくなる。

低気圧（中心の気圧が低い）

地表付近では，低気圧の中心に向かって反時計回りに風が吹き込んでいる（北半球の場合）。上昇気流が生じるので，雲ができやすく，天気は悪くなる。

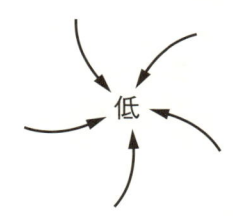

例題1 次の文中の①に当てはまるものをア〜エから選び，②に当てはまる適当な言葉を書きなさい。

北半球の低気圧の区域では，地球の自転の影響を受けて，図中の ① のように，うずを巻きながら風が吹く。そして，低気圧の区域の中心付近では，上昇気流ができ，上昇した空気は ② して気温が下がり，雲が発生して雨が降りやすくなる。

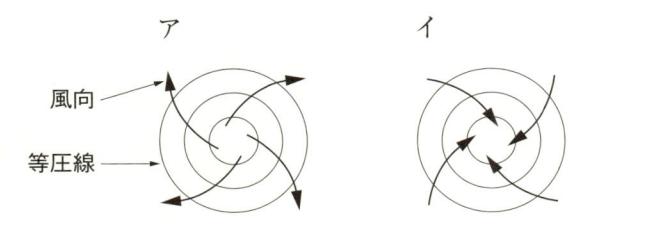

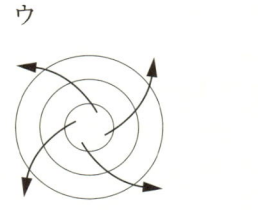

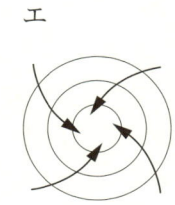

ア　イ　ウ　エ

風向
等圧線

（2003年　香川県・改題）

例題1の解答　①　エ　　②　膨張

低気圧の区域では，反時計回りに風が吹き込む。吹き込んだ風は上昇気流となり，上空は気圧が低いため，上昇した空気が膨張して温度が下がる。露点に達すると，水蒸気の一部が水滴となり，雲が発生する。

解説 ▶ 偏西風

　日本列島の上空には，**偏西風**とよばれる西よりの風が絶えず吹いている。偏西風は，日本列島がある中緯度地帯の上空を，西から東に一年中一定の向きに吹いている風である。

　北半球全体を見渡すと，低緯度・中緯度・高緯度の3つの領域に，一年中一定の向きに吹く風がそれぞれある。

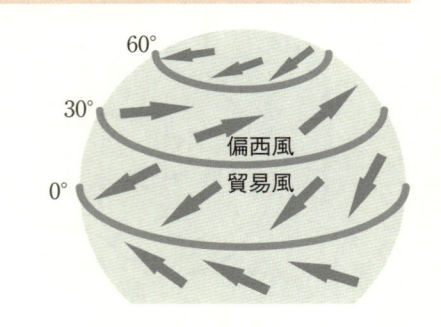

解説 ▶ 季節風

　海と陸ではあたたまり方が異なる。海はあたたまりにくく冷めにくい。陸はあたたまりやすく冷めやすい。

　日中は，あたたまりやすい陸のほうが海よりも温度が高くなる。陸の空気はあたたかくなって上昇気流となり，地表付近では海から陸に空気が流れ込む（**海風**）。夜になると冷めにくい海のほうが陸よりも温度が高くなり，海上の空気が上昇気流となり，地表付近では陸から海に空気が流れ込む（**陸風**）。このように温度差によっても風が生じている。

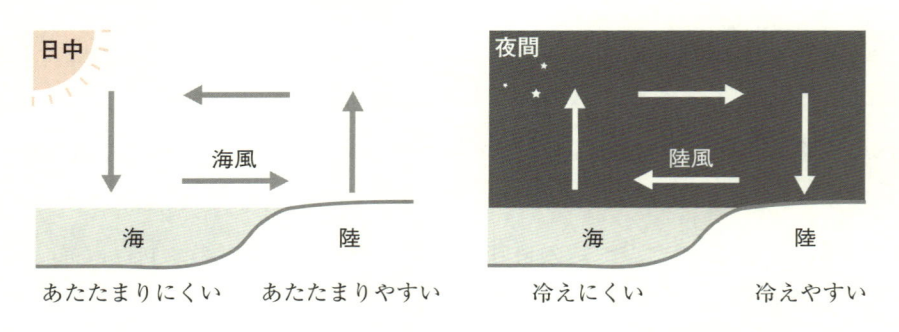

　年間を通してみると，夏は海洋側から大陸側に向かって，冬は大陸側から海洋側に向かって風が吹く。これを**季節風**とよぶ。

　夏，大陸はあたたまりやすいので，海洋よりも温度が高くなる。大陸の空気は上昇気流となり，地表付近では海洋から大陸に向かって風が吹く（夏の季節風）。冬，海洋は冷めにくいので，大陸よりも海洋のほうがあたたかくなる。海上の空気が上昇気流となり，地表付近では大陸から海洋に向かって風が吹く（冬の季節風）。

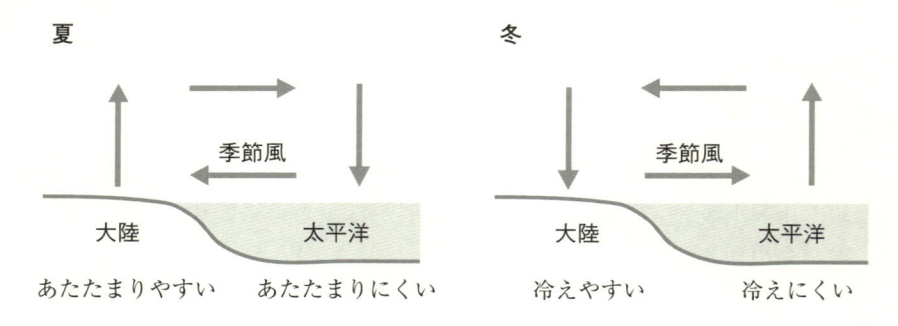

　日本列島は，ユーラシア大陸と太平洋に挟まれた場所に位置する。そのため夏は太平洋側からのあたたかい季節風が，冬は大陸からの冷たい季節風が吹く。

解説 ▶ 気団

　気温や湿度がほぼ同じ大きな空気のかたまりを**気団**という。大陸や海上のような広い範囲で空気が長くとどまったり，ゆっくりと動くことで，気団は形成される。気団は大きな高気圧となる。

　日本付近に現れる気団の中で，日本の天気に大きな影響を与えるのが，シベリア気団，オホーツク海気団，小笠原気団，揚子江気団の4つである。

	大陸で発生 （かわいている）	海で発生 （しめっている）
北で発生 （冷たい）	シベリア気団	オホーツク海気団
南で発生 （暖かい）	揚子江気団	小笠原気団

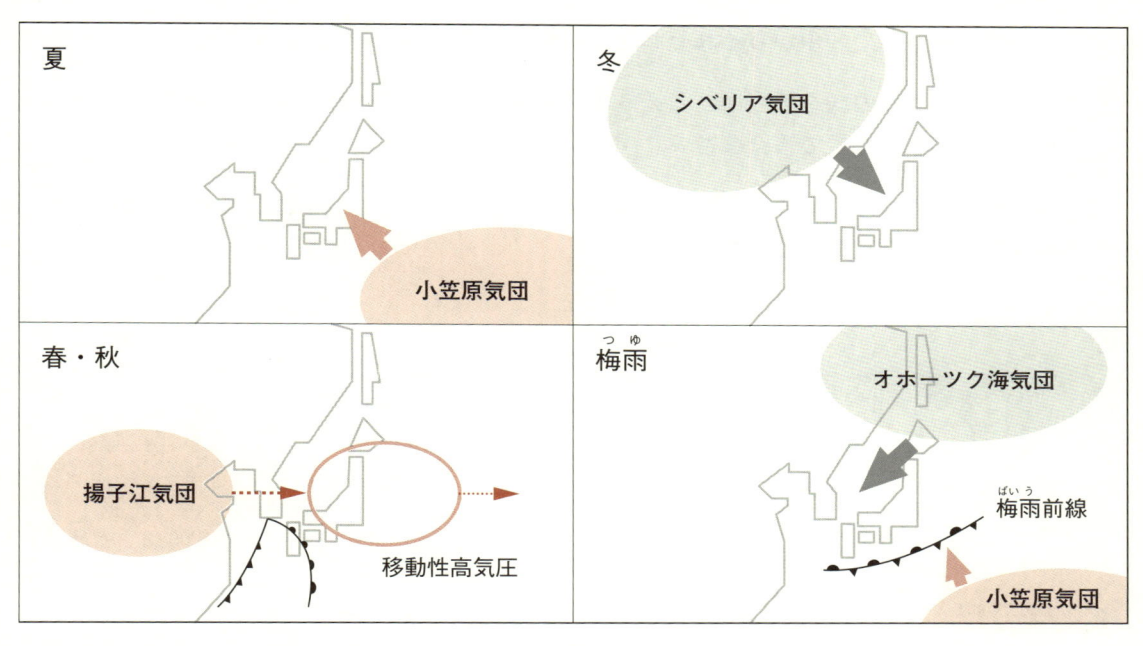

夏：小笠原気団

冬：シベリア気団

春・秋：揚子江気団　移動性高気圧

梅雨：オホーツク海気団　梅雨前線　小笠原気団

解説 ▶ 前線

　性質の異なる2つの気団どうしがぶつかりあっても，急に混じりあうことはなく，境界面をつくってしまう。この境界面を**前線面**といい，前線面が地面に接するところを**前線**という。
　寒冷前線は，寒気（冷たい空気）の勢いが暖気（暖かい空気）よりも強いところで生じる。寒気は暖気をはね上げ，暖気の下にもぐりこむように進む。
　温暖前線は，暖気の勢いが寒気よりも強いところで生じる。暖気は寒気を押しながら，寒気の上にのしあがっていく。
　どちらの前線付近でも，寒気が下，暖気が上になる。

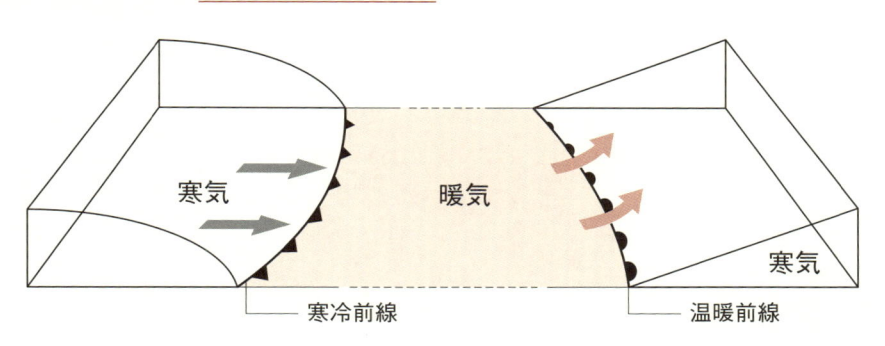

寒気　暖気　寒気
寒冷前線　温暖前線

例題2 右の図は，35℃の温水500 cm³とインキで着色した15℃の冷水500 cm³を用いて，前線のモデル実験をしたときのようすを模式的に示したものである。

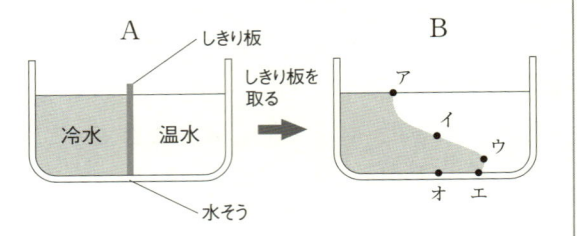

(1) 図から，密度は ①（ア 温水　イ 冷水）が大きいことがわかる。この実験では冷水が ②（ア 寒気　イ 暖気）に相当する。
　①，②の（　）の中からそれぞれ正しいものを1つずつ選び，記号で答えなさい。

(2) 図のBで水そうの底を地表面と考えると，前線に相当するのはどこか。図のBのア～オから1つ選び，記号で答えなさい。

(3) 図でしきり板を取ってから，5分後のようすを正しく示したものはどれか。下のア～オから1つ選び，記号で答えなさい。

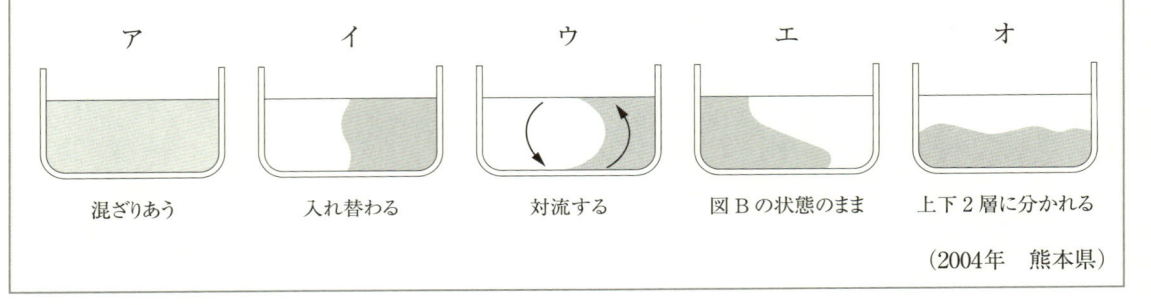

ア　混ざりあう　　イ　入れ替わる　　ウ　対流する　　エ　図Bの状態のまま　　オ　上下2層に分かれる

（2004年　熊本県）

例題2の解答　(1) ① イ　② ア　(2) エ　(3) オ

(1) 冷たい水（空気）は，あたたかい水（空気）に比べて密度が大きいので重たい。
(2) 前線は，暖気と寒気の境界面が地面に接するところである。このモデルでは，冷水と温水の境界面が水そうの底にふれるところ。
(3) 5分後なので，冷水が下，温水が上という上下2層に分かれる。さらに長時間放置すれば，いずれ混ざりあうことになる。

解説 ▶ 温帯低気圧

温帯低気圧（日本でたんに「低気圧」といえばこれのこと）は温帯地方で発生し，前線をともなっている。温帯低気圧は上空の偏西風に流されて，日本付近を西から東へ移動する。

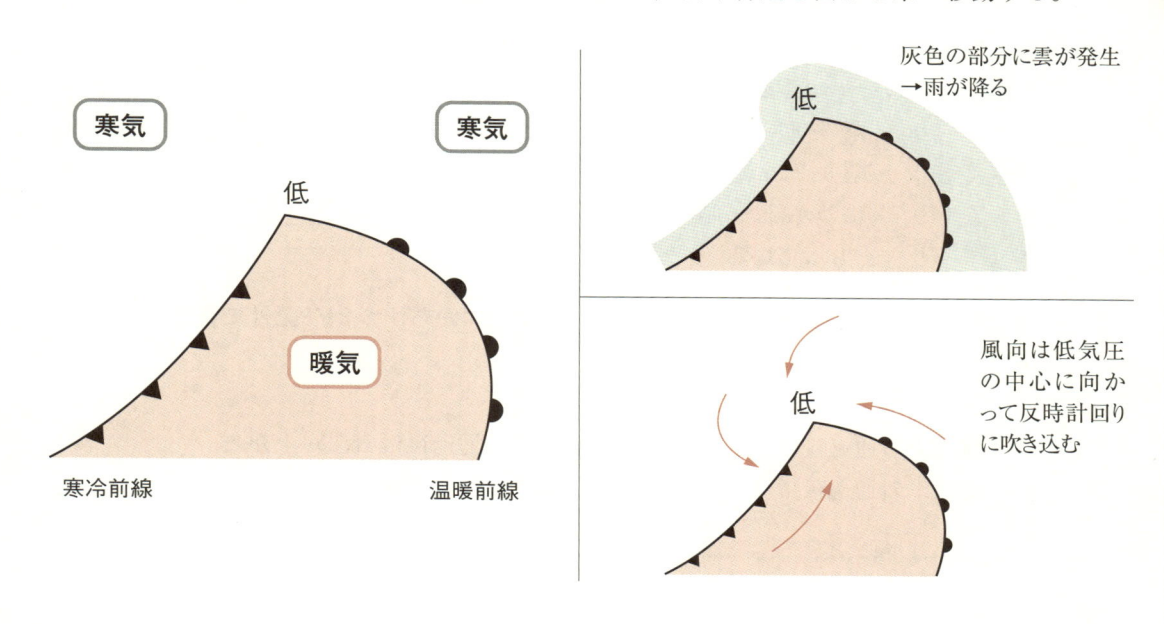

灰色の部分に雲が発生
→雨が降る

風向は低気圧の中心に向かって反時計回りに吹き込む

解説 ▶ （温帯）低気圧の移動と天気の変化

低気圧が西から近づくと，しだいに雲が低くなってきて弱い雨がシトシトと降り続く。温暖前線が通過すると，暖気に入るため気温は上がる。

寒冷前線が通過するとき，短時間に強い雨が降る。また，南よりの風が北よりの風に変わる。寒冷前線通過後は寒気に入るので，気温は急に下がる。

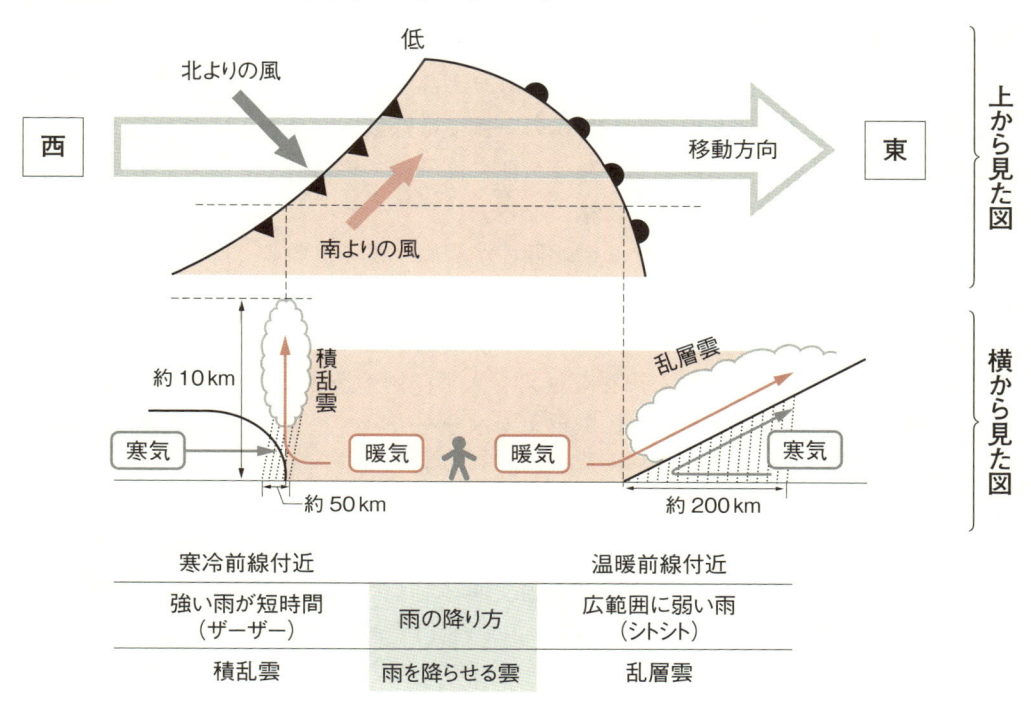

寒冷前線付近		温暖前線付近
強い雨が短時間（ザーザー）	雨の降り方	広範囲に弱い雨（シトシト）
積乱雲	雨を降らせる雲	乱層雲

例題3 図は，低気圧にともなう前線①，②が西から東へ通過することを表している。

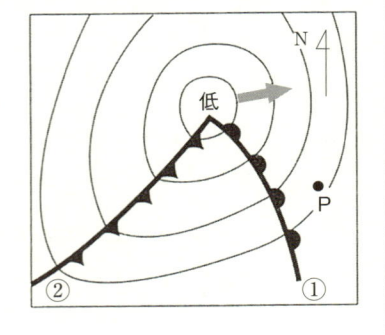

(1) 図の②は何前線というか。答えなさい。

(2) P地点の天気はどのように変化するか。次のア〜エから最も適当なものを1つ選び記号で答えなさい。
　ア　くもり→雨→晴→にわか雨→晴
　イ　くもり→晴→にわか雨→くもり→晴
　ウ　くもり→にわか雨→晴→くもり→晴
　エ　ずっと，くもっている

(3) P地点の気温はどのように変化するか。次のア〜エから1つ選び記号で答えなさい。
　ア　気温は上がりつづける。
　イ　気温は下がりつづける。
　ウ　前線①の通過後は気温が下がり，前線②の通過後は気温が上がる。
　エ　前線①の通過後は気温が上がり，前線②の通過後は気温が下がる。

(2004年　沖縄県)

例題3の解答　(1) 寒冷前線　　(2) ア　　(3) エ

(1) 低気圧にともなう前線は，先に温暖前線が通過して，次に寒冷前線が通過する。

(2)(3) P地点は温暖前線が近づいてきている。温暖前線通過前は弱い雨が降り，温暖前線通過後に気温が上がる。やがて寒冷前線が近づき強い雨が短時間降り（にわか雨），寒冷前線通過後は急に気温が下がることが予想される。

解説　日本の天気

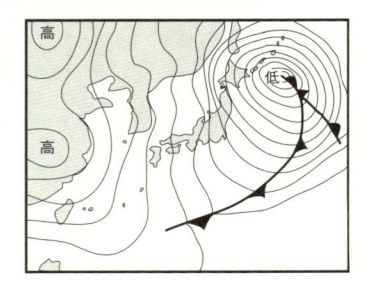

冬　シベリアで高気圧が発達する。シベリアの高気圧が，寒冷で乾燥したシベリア気団をつくる。日本の東側では低気圧が発達するので，気圧配置はいわゆる<u>西高東低</u>（西に高気圧・東に低気圧）になる。天気図では<u>等圧線が縦縞</u>になる。

　日本列島には，シベリア気団からの<u>北西の季節風</u>が吹く。この季節風は寒冷で乾燥しているが，日本海を渡るとき，（相対的に）あたたかい海から蒸発した水蒸気を多く含み，日本に到達したときは湿った空気となる。これが山脈を越えて太平洋側へ抜ける際，上昇気流となって雲を発生させ日本海側に大雪をもたらす。山脈越えで水分を失い，太平洋側には乾燥した風（からっ風）となる。

春　シベリア気団の一部があたためられながら南下し，揚子江気団をつくる。揚子江気団から分かれた<u>移動性高気圧</u>が偏西風に流され，日本列島の上空を西から東へ移動する。移動性高気圧の東西には低気圧があり，移動性高気圧の通過で天気は周期的に変化する。

梅雨（つゆ） 春から夏にかけて，北のオホーツク海上の冷たく湿った高気圧がつくるオホーツク海気団と，南の小笠原高気圧がつくる小笠原気団との勢力が拮抗し，間に停滞前線が発生する。この前線を**梅雨前線**といい，くもりがちの天気が続き雨の日が多くなる。

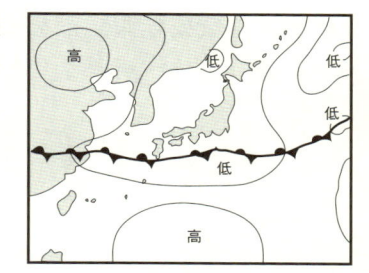

夏 小笠原高気圧の発達で，梅雨前線は北に押し上げられて梅雨があける。夏の気圧配置は，南に小笠原高気圧が大きく張り出し，北に低気圧が位置する**南高北低**になる。等圧線の形からクジラの尾型とよぶことがある。

日本列島には，小笠原気団からのあたたかく湿った<u>南東の季節風</u>が吹き込むため，蒸し暑い日々が続く。

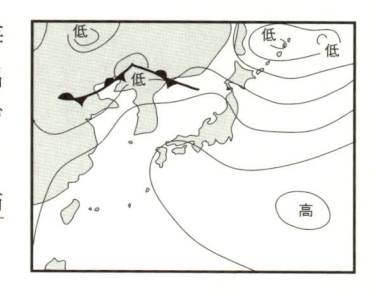

秋 小笠原気団が弱まってくると，オホーツク海気団との間に停滞前線ができる。この前線を**秋雨前線**という。北上していた梅雨前線が南下したと考えられるが，梅雨が日本，朝鮮半島，中国での雨期に当たるのに対して，秋雨は日本だけの気象現象。秋雨が終わるころ，移動性高気圧の通過で春のように天気は周期的に変化する。

練習問題

▶▶▶ 解答は216ページ

1 図は，等圧線と風向の関係を模式的に示したものである。次の文の ① ， ② に当てはまる語の組み合わせとして適切なものを，下のア〜エから選びなさい。

　　高気圧の中心付近では， ① ができる。北半球では高気圧の地上付近の風は，右の図の ② のように吹く。

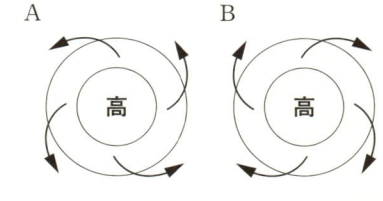

（注）「高」は高気圧を，円は等圧線を，矢印は風向を示す。

　　ア ［① 上昇気流　② A］
　　イ ［① 上昇気流　② B］
　　ウ ［① 下降気流　② A］
　　エ ［① 下降気流　② B］

（2005年　群馬県）

2 図は，気象観測記録をまとめたもので，表は，気温と飽和水蒸気量との関係を示している。

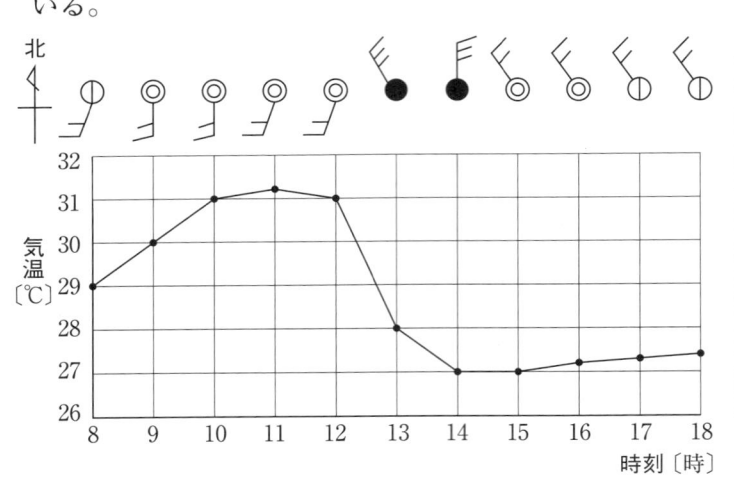

気温 〔℃〕	飽和水蒸気量 〔g/m³〕
15	13
20	17
25	23
30	30
35	40

(1) 9時の天気・風向・風力の正しい組み合わせを，次のア～エから1つ選び記号で答えなさい。

　　ア　晴れ・南の風・風力2　　　イ　晴れ・北の風・風力2
　　ウ　くもり・南の風・風力2　　エ　くもり・北の風・風力2

(2) 9時の気温は30℃で，露点を調べると25℃であった。このときの湿度は何％か。小数点以下を四捨五入して整数で答えなさい。

(3) この観測中に，{温暖，寒冷}前線が{10時～12時，12時～14時}の間に通過したと考えられる。
　　{　}の中から正しいものを選びなさい。

(4) この日の湿度は，どのように変化したと考えられるか。最も適当なものを，次のア～エから1つ選び記号で答えなさい。
　　ア　気温の変化に関係なく一定であった。
　　イ　気温の変化とは逆に変化し，気温が下がると湿度は上がった。
　　ウ　気温の変化と同じように変化し，気温が下がると湿度も下がった。
　　エ　ほとんど変化しなかったが，気温が急低下したときだけ湿度も一時的に下がった。

(2005年　沖縄県・改題)

3 図は，春のある日の15時の天気図である。

(1) A，B両地点における風向・風力・天気を示した記号の組み合わせとして，最も適当なものを，次のア～エから1つ選びなさい。

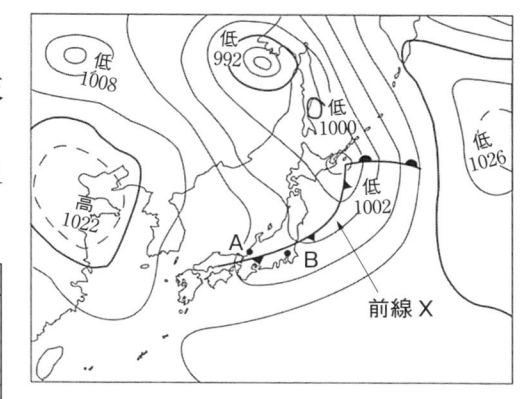

(2) 図の前線X（▼▼▼）付近の雲として最も適当なものを，次のア～エから1つ選びなさい。

　　ア　巻積雲　　　イ　乱層雲　　　ウ　積乱雲　　　エ　高積雲

(3) 下のグラフは，A地点におけるこの日の気温・気圧の観測データである。このグラフから，11～12時ごろに気温が下がり，気圧が上がりはじめていることが読み取れる。このような気象の変化が生じた理由を，簡潔に説明しなさい。

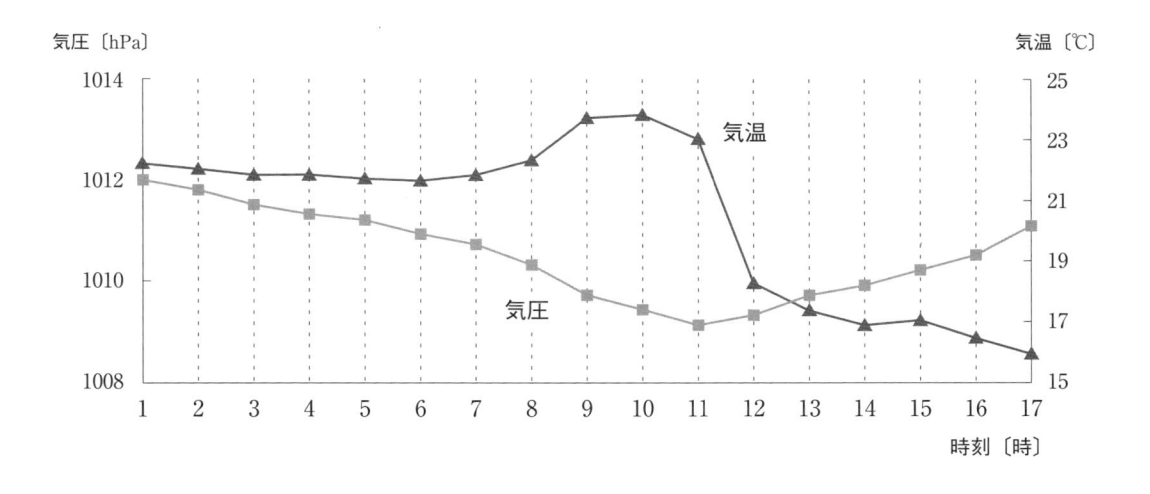

（2004年　鳥取県・改題）

重点学習 台風

転写 台風の進路と風向きの変化

台風 熱帯低気圧が発達したもの

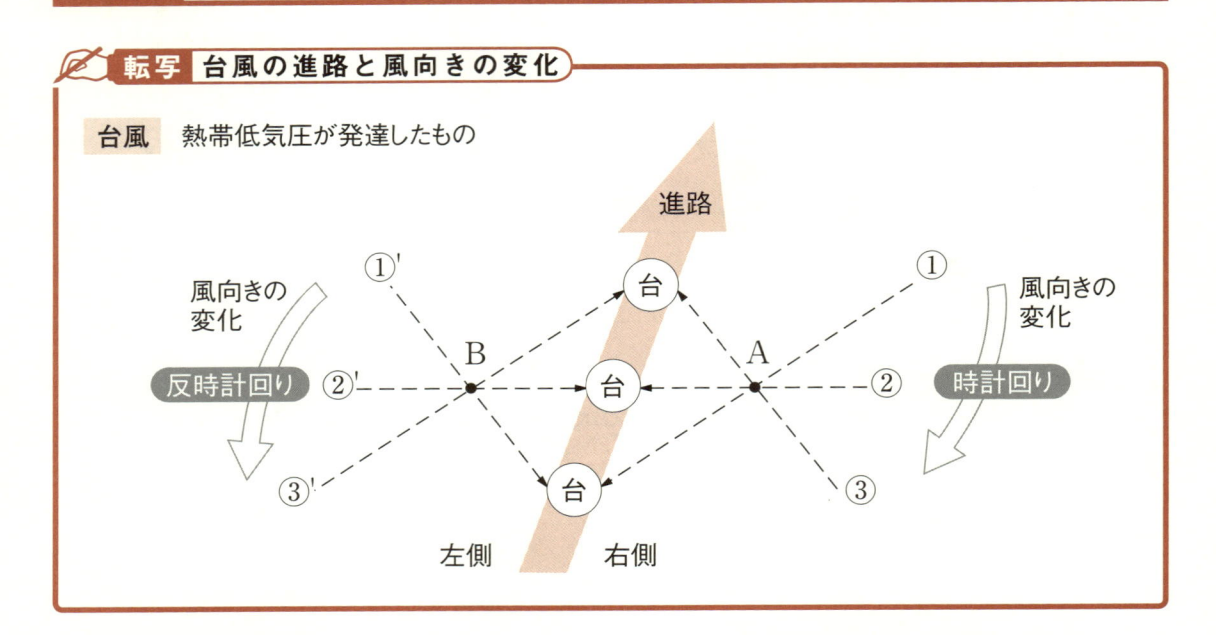

解説 ▸ 台風

台風は，赤道付近の海上で発生した熱帯低気圧が発達したものである。中心付近の最大風速が 17.2 m/秒 を越えると台風になる。

台風は強い低気圧である。風は中心に向かって反時計回りに吹き込んでいる。前線はともなわない。

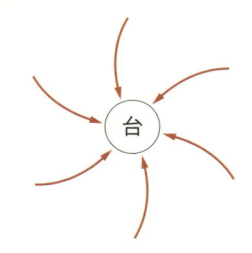

解説 ▸ 台風の進路と風の強さ

台風は上空の空気の流れに押し流されて進む。

台風の進路の右側は，左側よりも強い風が吹きやすい。台風の進路の右側は，台風の中心に向かって吹く風に，上空の空気の流れが加わるので，風が強くなる。

台風の進路の左側は，台風の中心に向かって吹く風と上空の空気の流れが逆向きのため，風は弱まる。

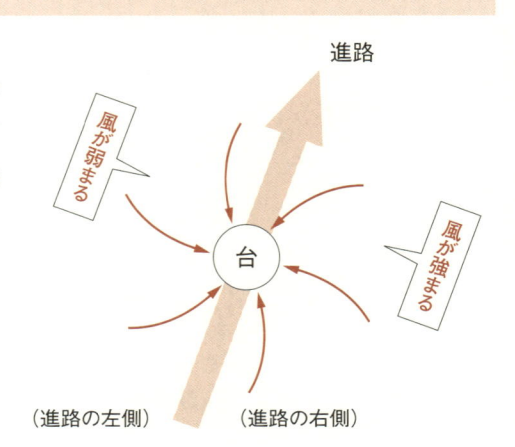

解説 ▶ 風向きの変化

風は台風の中心に向かって吹く。そのため台風の進路の右側のA地点では，台風の動きにともなって，風向きが①→②→③と時計回りに変化する。進路の左側のB地点では，台風の動きにともなって，風向きが①'→②'→③'と反時計回りに変化する。風向きの変化は暗記に頼るのではなく，図をかいて確かめることが大切である。

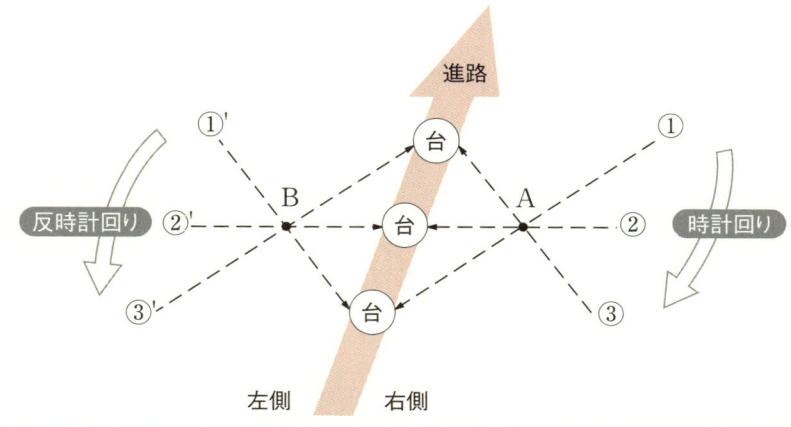

進路の左側		進路の右側
弱まる	風の強さ	強まる
反時計回りに変化	風向き	時計回りに変化

例題1 図はある台風の進路の予想図である。

(1) 図のように台風が沖縄県北部に達した。鹿児島市でこの台風が通過する前後の風向観測を行ったところ，東よりの風→北よりの風→西よりの風と変化した。この台風はどの方向に進んだと考えられるか，図のa～cから選びなさい。

(2) 一般的に，台風の進行方向の右側と左側では，どちらの風力が大きいか，書きなさい。

ある台風の進路の予想図

（2004年　群馬県・改題）

例題1の解答　(1) c　　(2) 右側

(1) 鹿児島市の風向は，①東よりの風→②北よりの風→③西よりの風と反時計回りに変化している。このことから，鹿児島市は台風の進路の左側だったことがわかる。したがって，台風は鹿児島市の右側のcを通過した。

(2) 台風の進路の右側で風は強まりやすい。台風を押し流す上空の風と，台風に吹き込む風が同じ向きになるためである。

2 分野
地学

第3章

地球と宇宙

　地球は1日に1回転し（自転），1年かけて太陽のまわりを1周します（公転）。太陽や夜空の星が動いて見えるのは，この自転と公転によるものです。

　太陽も星も，毎日東から出て西に沈みます。地球が西から東に反時計回りに自転をしているから，そのように見えるのです。

　季節によって，真夜中に見える星座が変わっていくのは，地球が1年かけて公転をしているからです。

　図1は，はるか上空から，地球と太陽の関係を見たものです。動いているのは地球です。しかし，あなたの立ち位置（視点）を地球上にもっていくと（図2），太陽や星が動いているように見えるのです。

　この章では，地球の自転と公転によって，星や太陽がどのように動いて見えるかを学習します。

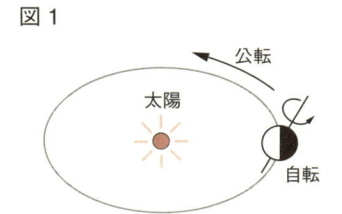

図1

宇宙の遠くから見ると……

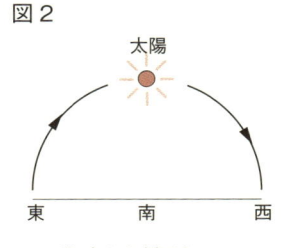

図2

地球から見ると……

1 天体の1日の動き

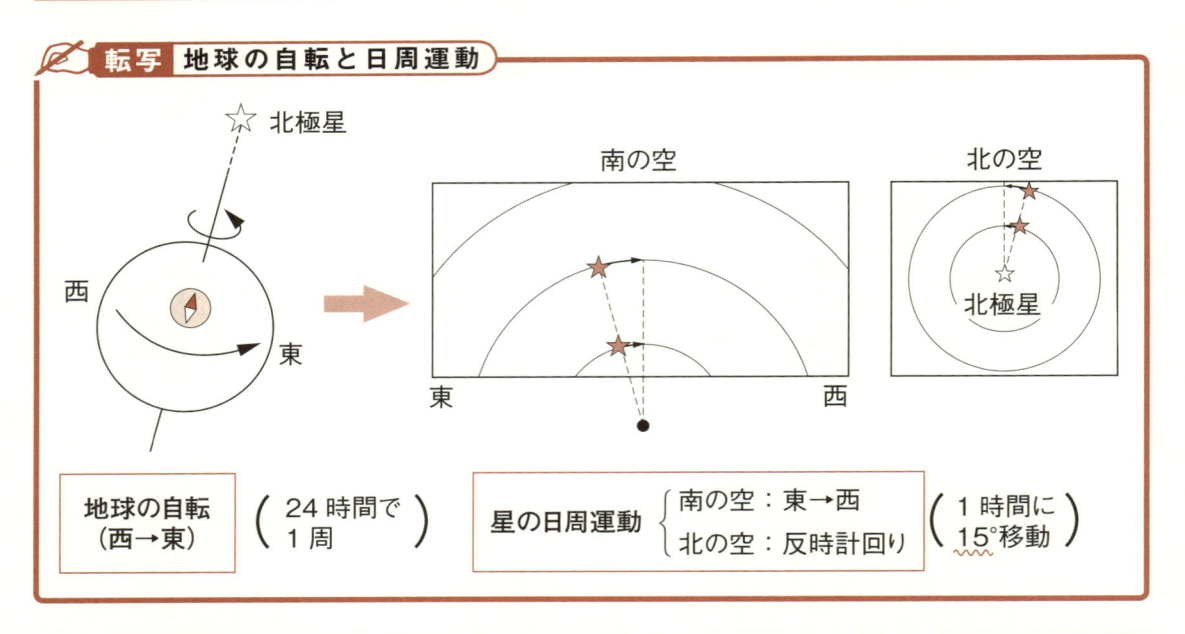

転写 地球の自転と日周運動

| 地球の自転（西→東） | 24時間で1周 |

星の日周運動 ｛ 南の空：東→西 / 北の空：反時計回り ｝ （1時間に15°移動）

解説 ▶ 日周運動

太陽が朝，東の空から昇り，南の空を通って，夕方に西の空に沈むように，星も時間とともに動いて見える。夕方，東の空に見えていた星は，時間とともに「東→南→西」と動いて見える。このような星や太陽の動きを**日周運動**という。日周運動は地球から見た星の動き。

解説 ▶ 天球

地球からそれぞれの星までの距離はさまざまである。しかし，非常に遠いので，距離の違いは感じられない。そこで，星は地球を中心とした大きな球面上を動いていると考える。この大きな球を**天球**という（天球は実際には存在しない）。

天球の図

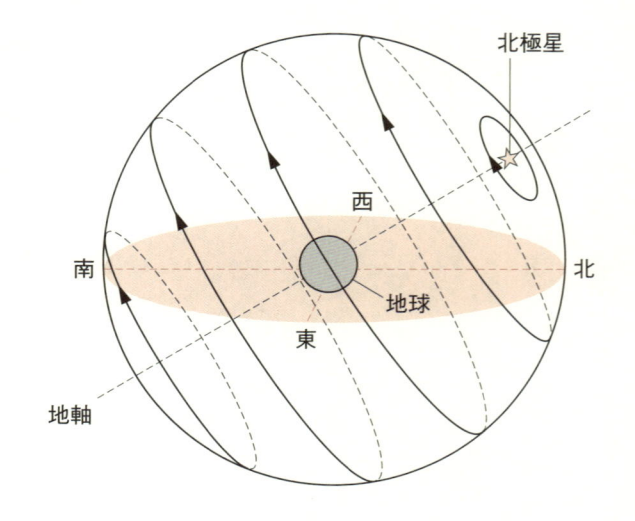

解説 ▶ 天球上の星の動き

南の空の星は大きな弧を描き，北の空の星は北極星を中心に反時計回りに動いて見える。星は24時間後にほぼ同じ位置に戻ってくる。24時間で360°動いて見えるから，$360° ÷ 24 = 15°$ より，星は1時間に15°ずつ動いて見える。

天球上の星の動き

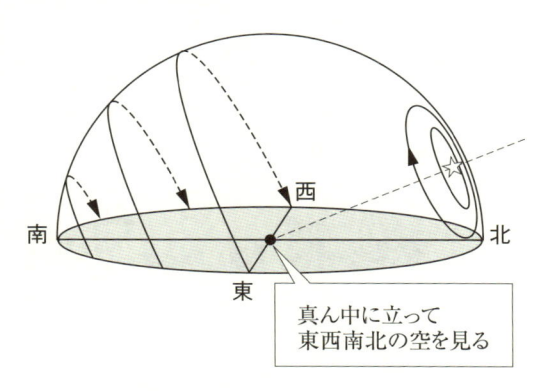

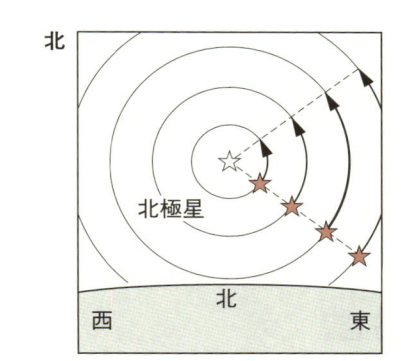

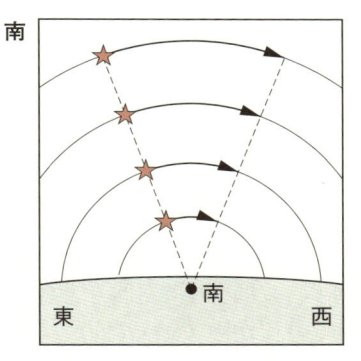

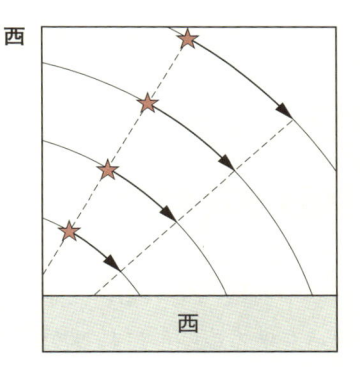

例題1 愛知県のある場所で，カメラを固定し，一定時間シャッターを開けたままにして，東，西，南，北それぞれの空の写真を写した。図のAからDまでは，写真をもとにして，主な星の動きを模式的に示したものである。図のAからDまでと，それぞれを観察した方位の組み合わせとして最も適当なものを，次のアからエまでの中から選んで，そのかな符号を書け。

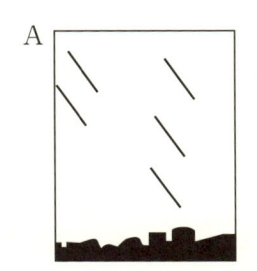

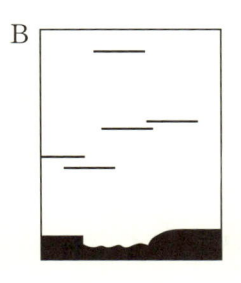

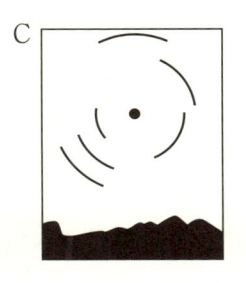

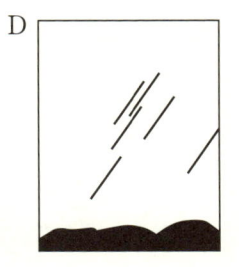

ア　A 西，B 南，C 北，D 東　　　イ　A 西，B 北，C 南，D 東
ウ　A 東，B 南，C 北，D 西　　　エ　A 東，B 北，C 南，D 西

(2003年　愛知県A)

> **例題1の解答**　ア

星は，東の空から右上がりに昇り（D），南の空を通って（B），西の空へ右下がりに沈む（A）。北の空は北極星を中心に反時計回りに回っているように見える（C）。

> **例題2**　図は，北の空の星の動きを観察し，ある時間ごとにカシオペヤ座の位置をスケッチしたものである。午後11時のカシオペヤ座は図の A の位置にあった。この日の午後8時のカシオペヤ座はどの位置にあったか。図のア〜ウから1つ選び記号で答えなさい。
>
> （2005年　沖縄県）

> **例題2の解答**　ウ

北の空の星は反時計回りに1時間に15°ずつ動いて見える。午後8時は午後11時の3時間前なので，15°×3＝45°より，
A から45°時計回りに戻った位置にある。

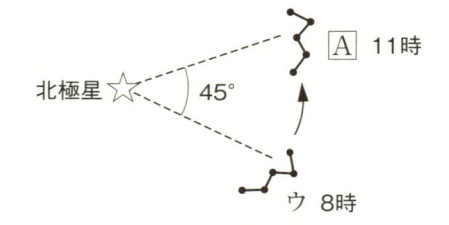

解説 ▶ 地球の自転

地球は**地軸**（北極と南極を結ぶ線）を軸として，西から東へ1日に1回転している。これを**自転**という。星や太陽が東から西へ動いて見えるのは，地球が自転しているからである。

また，北極星が動かないのは，北極星が地軸の延長線上にある星だからである（実際は，ほんのわずかに中心からそれているので，小さな円を描いている）。

日本の位置する北緯35°付近で方位磁針をおくと，左下の図で示すようになる。これを真上（北極星の位置）から見たのが右下の図である。地球は西から東に自転している。これを真上から見ると，反時計回りになる。

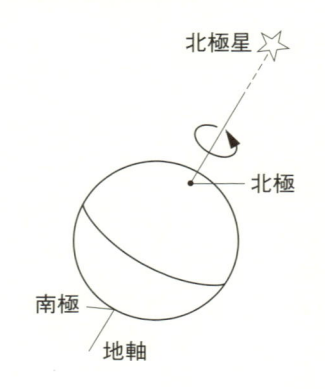

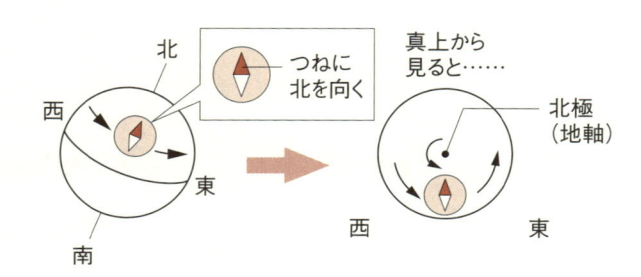

太陽が明け方に東の空から昇り，南の空を通って，夕方に西へ沈むのは，地球が反時計回りに自転しているからである。つまり，地球が西→東に自転している結果，星や太陽の日周運動（東→西）が起きているように見えるのである。

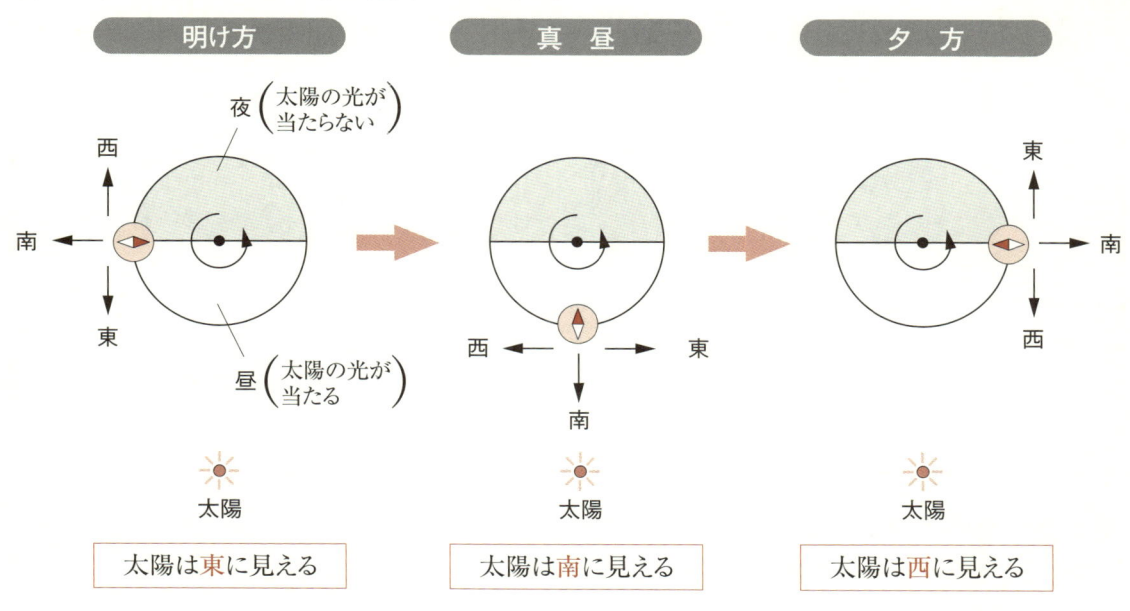

	明け方	真昼	夕方
	太陽は東に見える	太陽は南に見える	太陽は西に見える

まとめ ▶ 地球の自転と日周運動

日周運動	地球から見た星の動き	南の空：東→西 北の空：反時計回り	1時間に 15°ずつ動く
地球の自転	北極星から見た地球の動き	西→東（反時計回り）	

ポイント
星が時間ごとに動いて見えるのはなぜか
➡ 地球が自転しているから

2 時刻と方角

> **転写** 時刻と方角の考え方

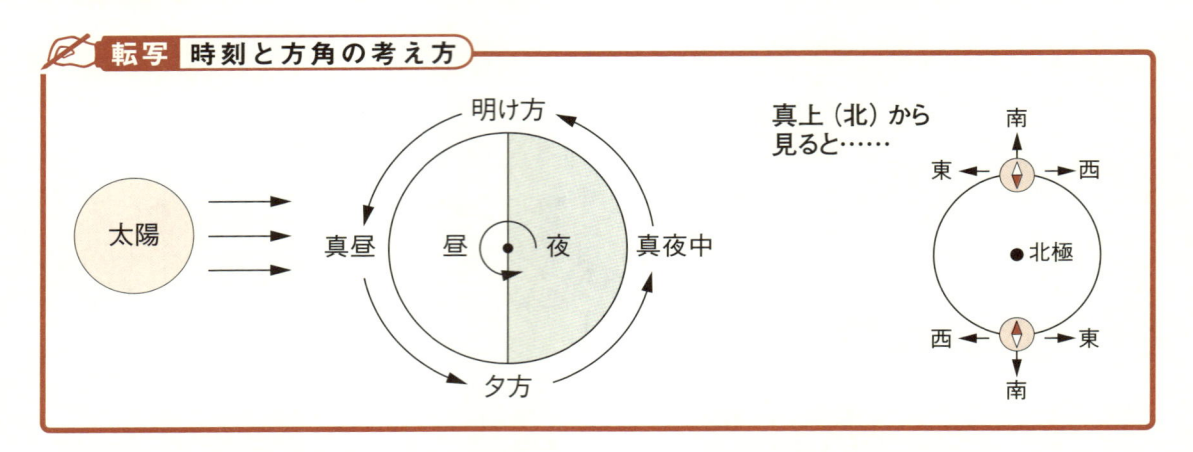

解説 ▶ 時刻の考え方

時刻は「太陽と地球の位置関係」と「地球の自転の向き」で決まる。時刻を考えるときは，明け方，真昼，夕方，真夜中の4つが重要である。

太陽の光が当たらない地球の裏側が「真夜中」。地球は（真上＝北から見ると）反時計回りに自転しているので，真夜中を反時計回りに90°進めると「明け方」になる。以後，90°ごとに「真昼」，「夕方」と続き，1回転して「真夜中」に戻る。

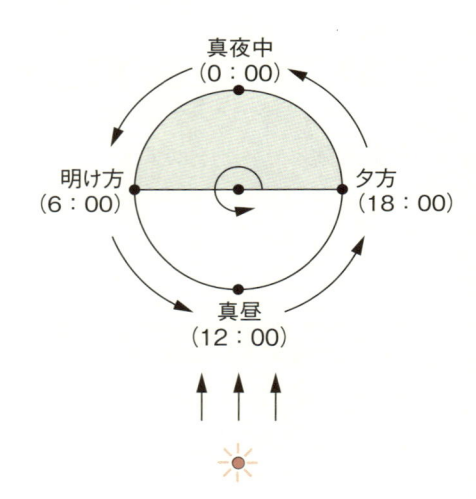

解説 ▶ 方角の考え方

方角は方位磁針をおいて考える。方位磁針のN極はつねに北（北極）をさすので，北の方角を決めてから，残りの方角を確定する（北の反対が南，南を向いて左手が東）。

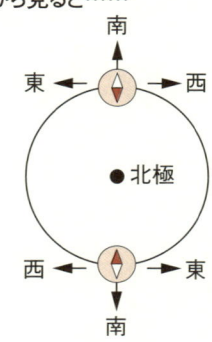

例題1 図は北極の上空から見た太陽と地球の位置関係である。次の (1) ～ (3) について，それぞれ図のア～エのどの方角を示しているか。

(1) 夕方，南の空

(2) 真夜中，東の空

(3) 明け方，西の空

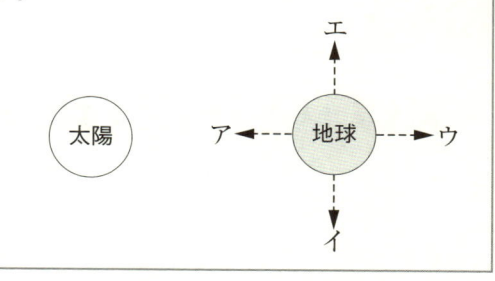

例題1の解答　(1) イ　(2) エ　(3) ウ

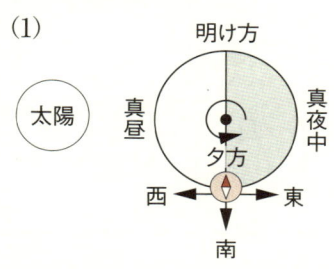

(1) 夕方の位置に方位磁針をおくと，南の空はイの方向になる。

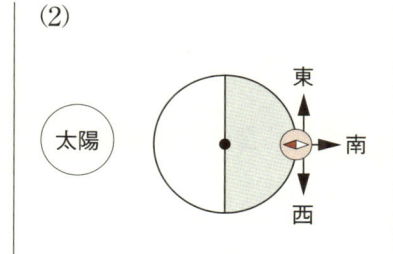

(2) 真夜中の位置に方位磁針をおくと，東の空はエの方向になる。

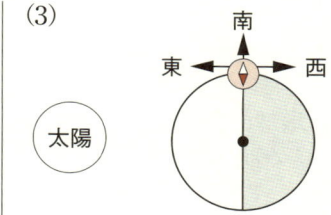

(3) 明け方の位置に方位磁針をおくと，西の空はウの方向になる。

3 天体の1年の動き

転写 地球の公転と年周運動

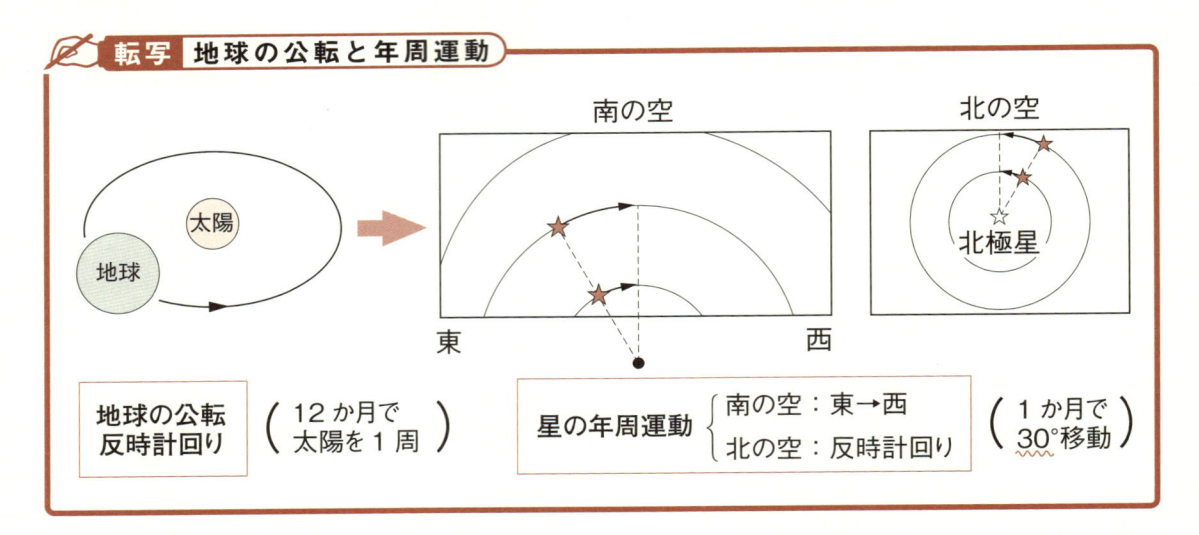

| 地球の公転
反時計回り | （12か月で
太陽を1周） | 星の年周運動 | 南の空：東→西
北の空：反時計回り | （1か月で
30°移動） |

解説 ▶ 年周運動

　さそり座は夏の星座で，オリオン座は冬の星座である。同じ時刻に星を観測すると，星は少しずつその位置を変え，1年で1周してもとの位置に戻ってくる。これを星の**年周運動**という。1年（12か月）で360°回転するのだから，360°÷12＝30°より，1か月で30°動いて見える。

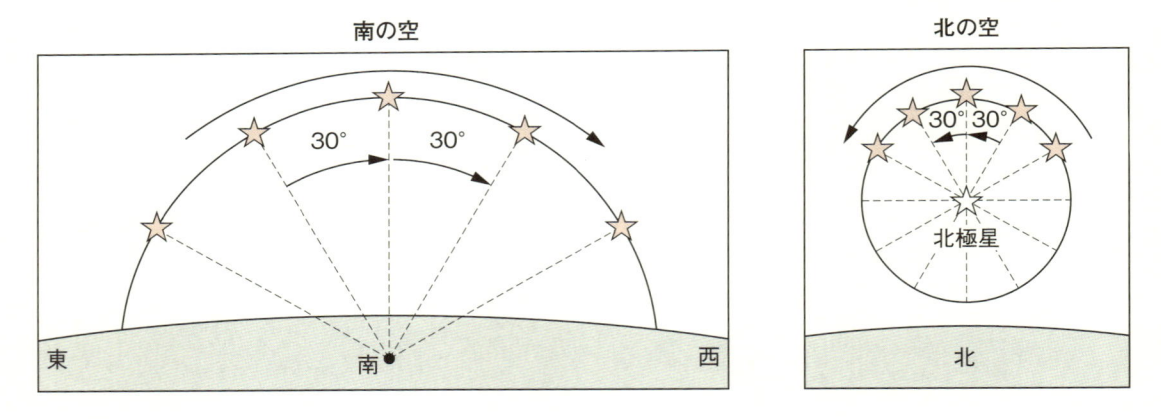

　星を同じ時刻に観測すると，1か月で30°ずつ動いて見える。南の空の星は，東→南→西へ，北の空の星は，北極星を中心に反時計回りに動いて見える。この動き方は日周運動と同じである。

星の日周運動	1時間に15°ずつ動いて見える
星の年周運動	1か月に30°ずつ動いて見える

解説 ▶ 地球の公転

地球は太陽のまわりを1年で1周している。これを**公転**（こうてん）という。星が1か月に30°ずつ動いて見えるのは、地球が1か月に30°、太陽のまわりを公転しているからである。

たとえば、毎月1日の午前0時にオリオン座を観測すると……

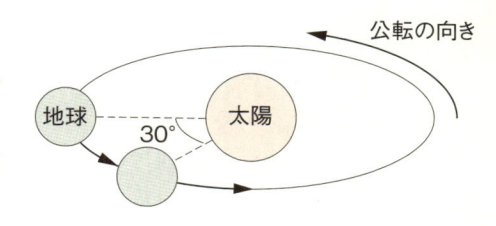

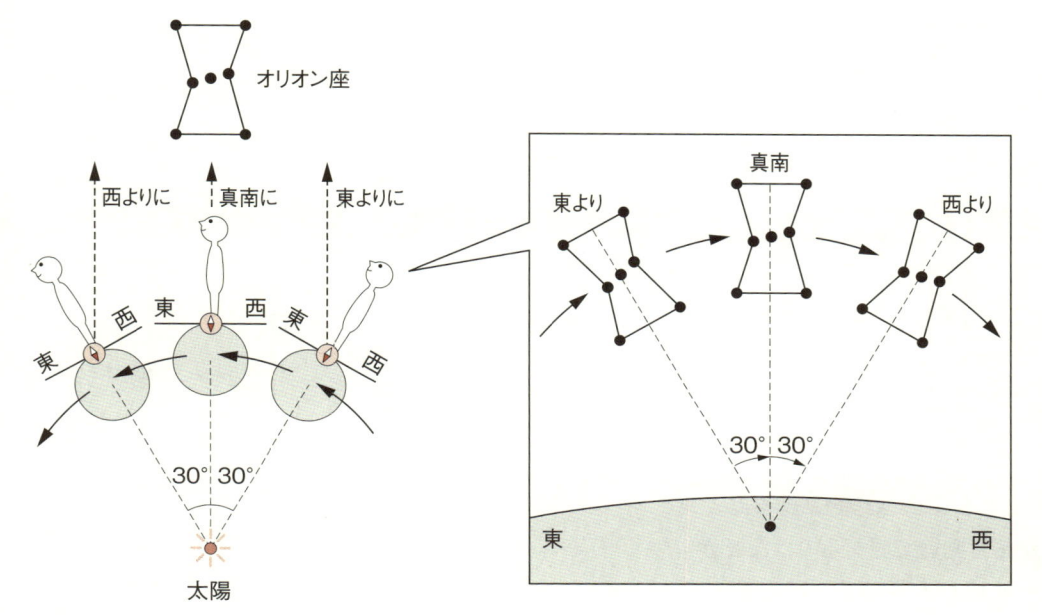

例題1 ある日の21時、北の空の星の動きを観察した。図は、カシオペヤ座と北極星の位置を記録したものであり、点線は北極星を中心に30°ごとにひいたものである。

(1) 2か月後の21時のカシオペヤ座の位置として適切なものはどれか、図の1～6の中から1つ選び、その番号を書きなさい。

(2) 1か月後、図と同じ位置にカシオペヤ座が見えるのは何時か。

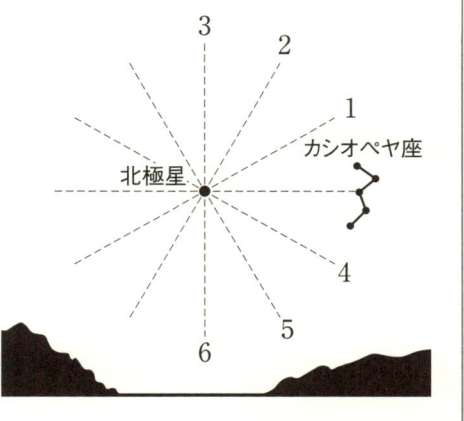

（2005年　青森県・改題）

例題1の解答　(1) 2　　(2) 19時

(1) 北の空は，1か月に30°ずつ反時計回りに動いて見える。
2か月後には，30°×2＝60°動いて見えるので，2の位置にくる。

(2) 1か月後の同じ時刻（21時）には，30°反時計回りに動いて見えるので，カシオペヤ座は1の位置にくる。また，日周運動では1時間に15°ずつ動くので，
30°÷15°＝2〔時間〕より，30°は2時間に相当する。
よって，1か月後にはもとの位置を，21時の2時間前に通過している。

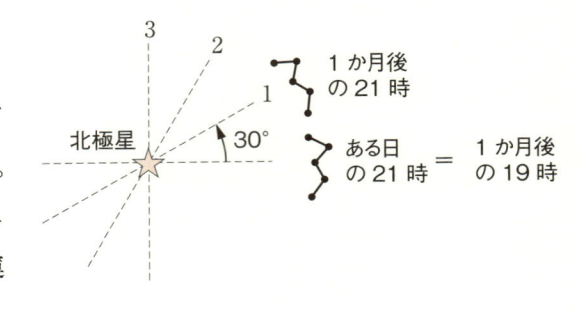

まとめ ▶ 地球の公転と年周運動

年周運動	地球から見た星の動き	南の空：東→西 北の空：反時計回り	1か月に 30°ずつ動く
地球の公転	北極星から見た地球の動き	太陽のまわりを 反時計回り	

ポイント

星が毎月動いて見えるのはなぜか。
➡ 地球が太陽のまわりを公転しているから。

練習問題

▶▶▶ 解答は216ページ

1 次の図は，岩手県のある場所で，ある年の1月20日にオリオン座を観察し，そのようすを模式的に表したものです。1月20日の午後9時にオリオン座は真南に観察されました。

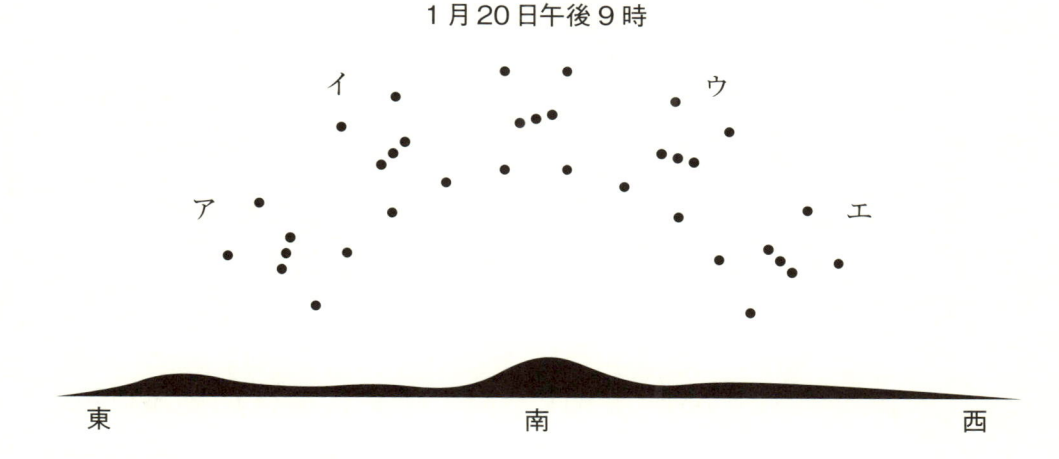

1月20日午後9時

東　　　　　南　　　　　西

(1) 図のイが観察されたのは，この日の何時ですか。

(2) 1か月後の午後9時にオリオン座を観察したとき，図のア～エのどの位置に見られますか。

(3) 午後9時に，アの位置にオリオン座が観察できるのは，何か月後ですか。

(2005年　岩手県・改題)

2 福岡県のある地点で，よく晴れた日の午後8時に，カシオペヤ座を観察した。このとき，カシオペヤ座は図のAに示す位置に見えた。観察した日から15日後の午後10時に，カシオペヤ座を再び観察すると，1～4に示すどの位置にあるか。1つ選び，番号で答えよ。

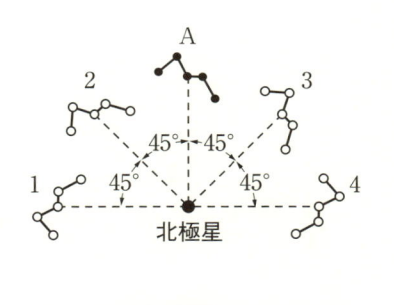

(2003年　福岡県)

4 昼の長さと季節の変化

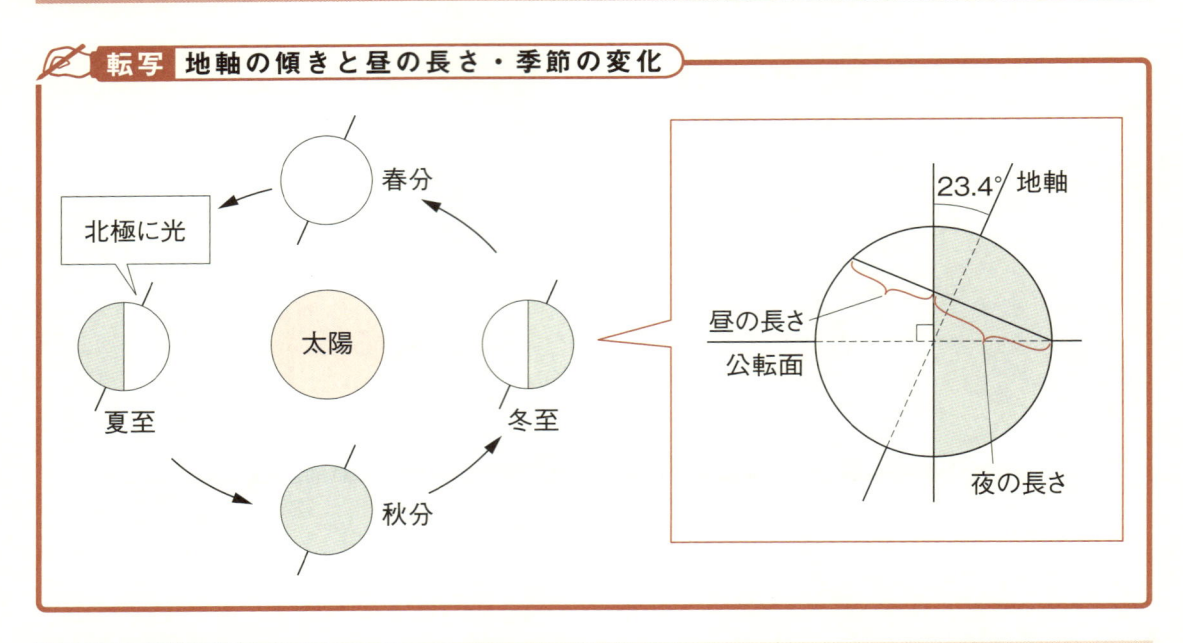

転写 地軸の傾きと昼の長さ・季節の変化

解説 ▶ 地軸の傾き

地球が公転する平面を**公転面**という。地軸は公転面に垂直な方向に対して，23.4°傾いている。地球が地軸を傾けたまま公転しているため，1年周期で昼の長さが変化する。季節が変化するのは，昼の長さが異なるからである。

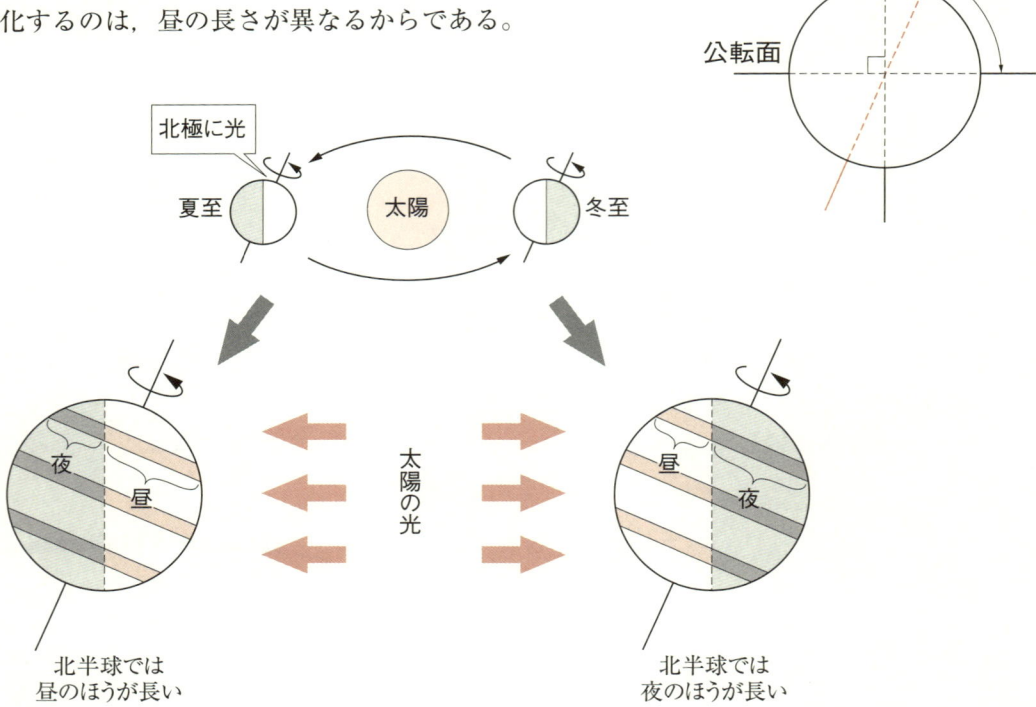

解説 ▶ 春分，夏至，秋分，冬至

下の図で，北極に光が当たっているところが夏至(げし)である。地球は反時計回りに公転しているので，夏至が決まれば順に「夏至 → 秋分(しゅうぶん) → 冬至(とうじ) → 春分(しゅんぶん)」と決まる。

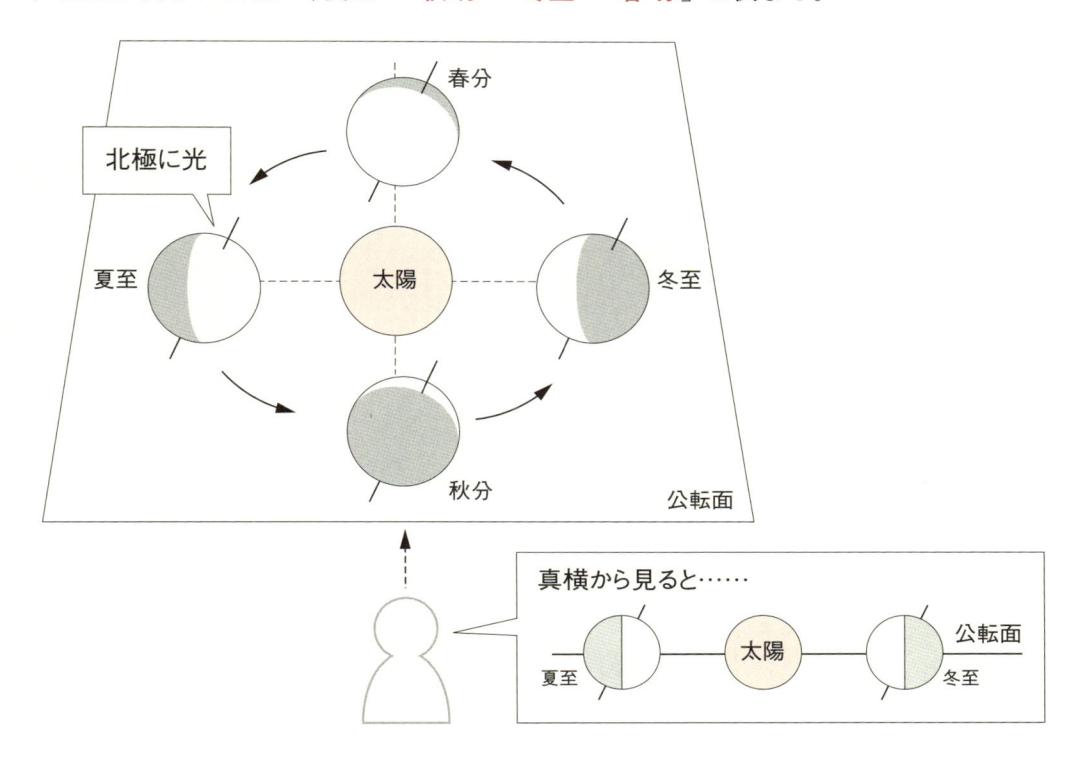

例題1 図は，太陽とそのまわりを公転する地球を模式的に表したものである。

(1) 自転の向きは，図のa，bのどちらか。

(2) 公転の向きは，図のA，Bのどちらか。

(3) 日本で春分にあたるのは，図のア～エのうち，どの位置のときか。

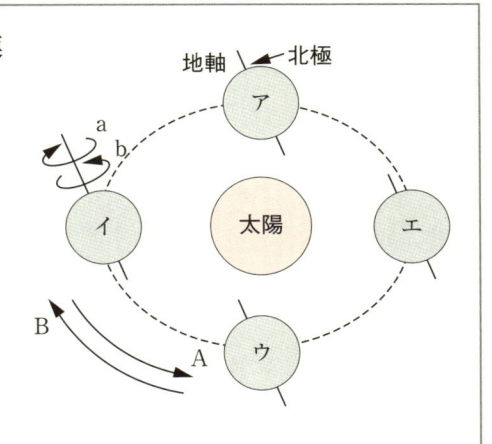

例題の解答　　(1) b　　(2) A　　(3) ウ

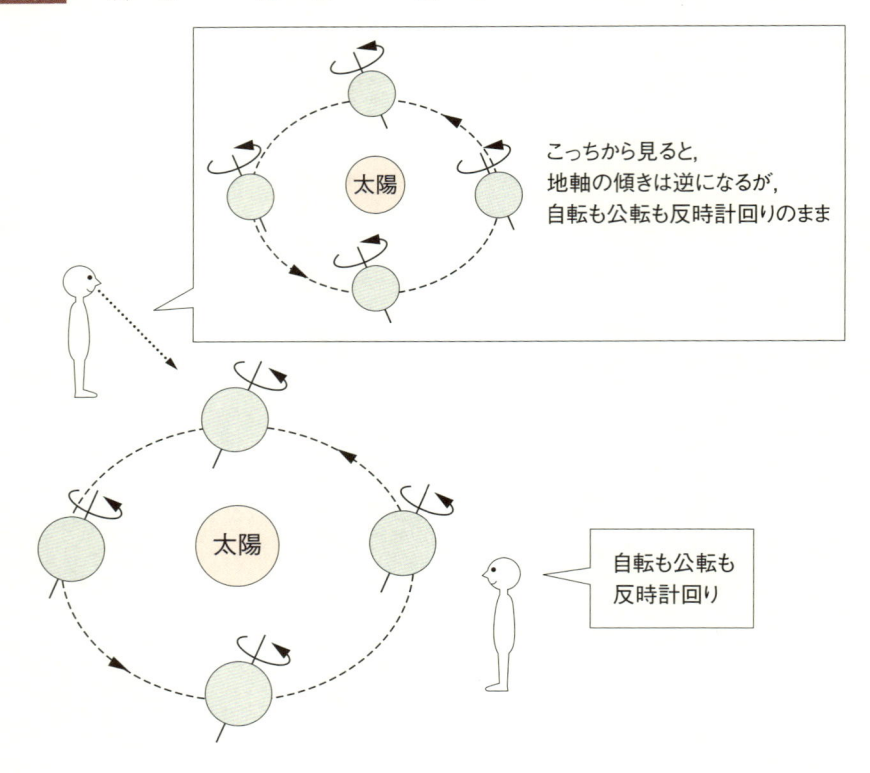

(1)(2)　自転の向きも，公転の向きも，真上（北の空）から見れば，どちらも反時計回りである。

(3)　北極に光が当たるのが夏至。公転の向きは反時計回りだから，夏至を基点に考える。

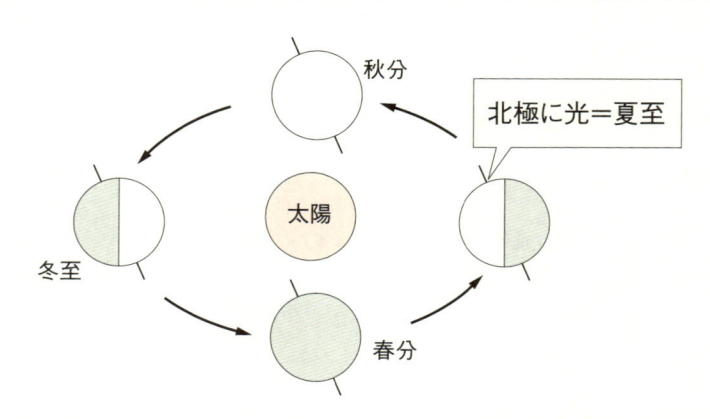

ポイント

四季の変化はなぜ起きるのか。
➡ 地球が地軸を一定の向きに傾けたまま公転しているため（187ページと同じ）。

練習問題

▶▶▶ 解答は217ページ

1. 図1は，春分，夏至，秋分，冬至の地球の位置を模式的に表したものである。図2は，図1のYの位置の地球をま横から見たものである。(1)・(2)に答えなさい。

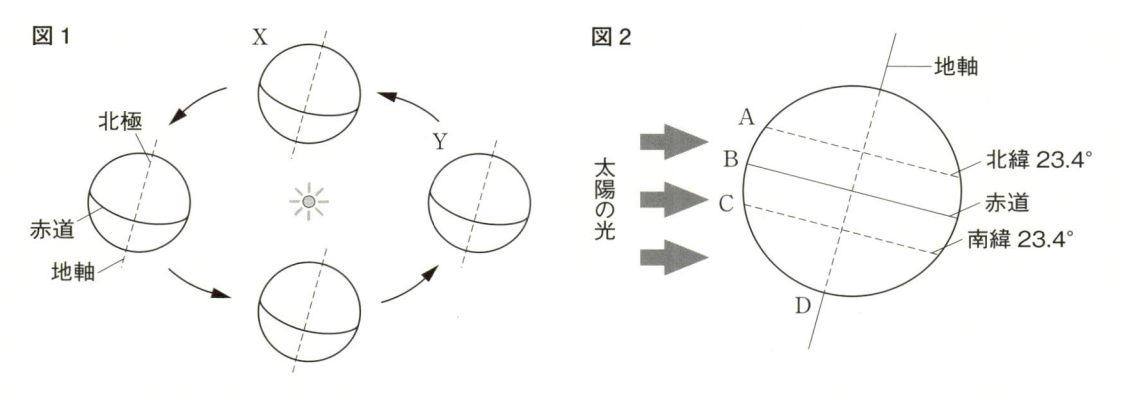

図1

図2

(1) 図1のXの位置の地球は，春分，夏至，秋分，冬至のいずれか，書きなさい。

(2) 図2で，昼夜の長さがほぼ同じになる地点はどこか，ア〜エから1つ選びなさい。

　ア　A地点　　　イ　B地点　　　ウ　C地点　　　エ　D地点

(2005年　徳島県)

2. 図1は，日本が春分，夏至，秋分，冬至の日の，太陽と地球の位置関係を模式的に表したものである。

(1) 日本が秋分の日のとき，地球の位置は，図1のA，B，C，Dのどれか。

(2) 図2は，地球が図1のAの位置にくる日の，ある時刻における，地球に差し込む太陽の光と地球の関係を表したものである。この日，地球上のある部分では一日中太陽が出ない。この部分を黒く塗りつぶしなさい。

(3) 地球が図1のCの位置からDの位置に移動していくと，日本では昼の長さは，どのように変化していくか，簡潔に書きなさい。

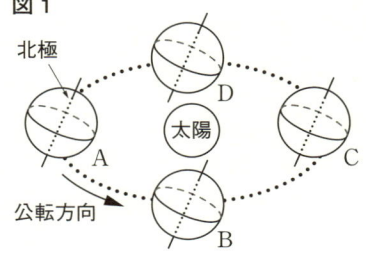

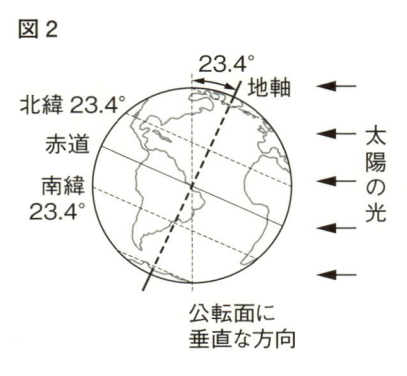

図1

図2

(2003年　栃木県・改題)

5 南中高度の求め方

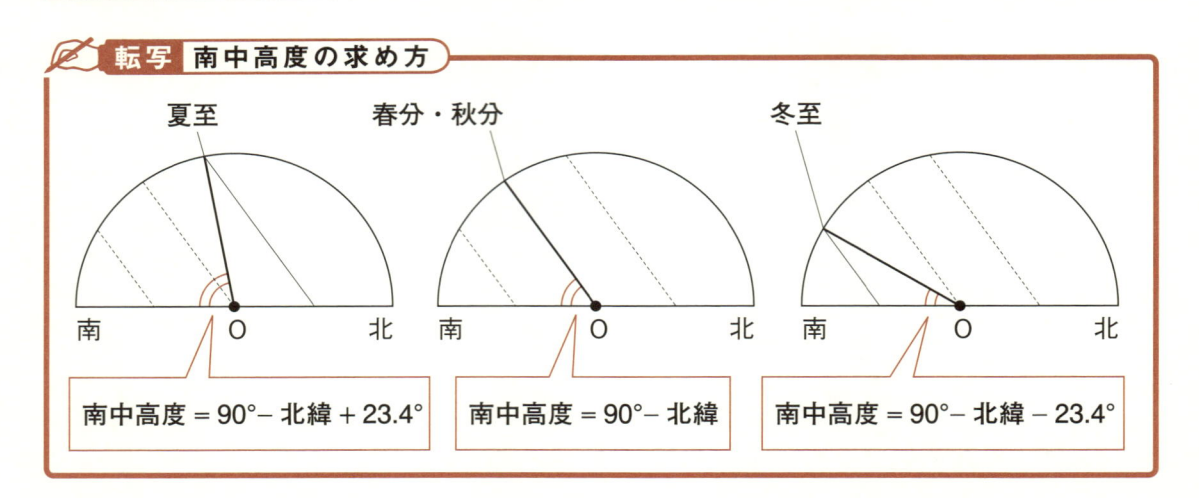

転写 南中高度の求め方

夏至　　南中高度 = 90° − 北緯 + 23.4°

春分・秋分　　南中高度 = 90° − 北緯

冬至　　南中高度 = 90° − 北緯 − 23.4°

解説 ▶ 南中と南中高度

太陽は，東→南→西と動いて見える。垂直に立てた棒の影が真北を向いたとき，太陽は真南にある。このように太陽や星が真南に来ることを**南中**といい，図のa°を**南中高度**という。

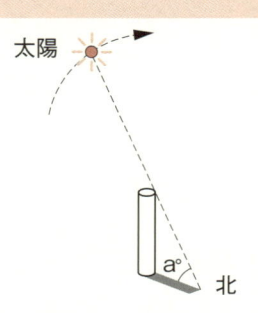

基本操作 ▶ 透明半球

太陽の動きをとらえるとき，直接太陽を観測するのではなく，影を追いかける。このとき**透明半球**を利用する。透明半球は文字どおり透明な半球で，正確に東西南北の向きを合わせた台の上に，テープで固定して使う。

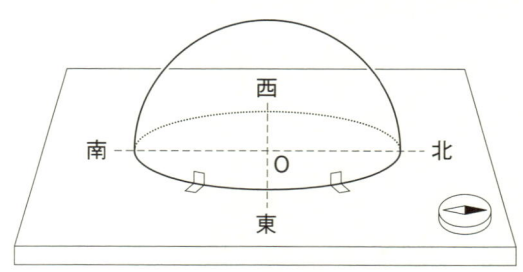

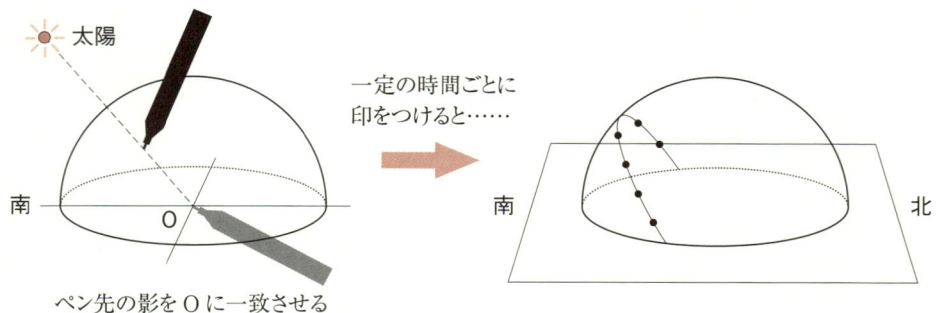

ペン先の影をOに一致させる

一定の時間ごとに印をつけると……

解説 ▶ 透明半球と南中高度

透明半球を扱うときは，図のOの位置に観測者がいるものとして考える。南中高度は，観測者が地面から見上げた角度の大きさに当たり，<u>太陽—観測者—真南を結ぶ角度</u>となる。

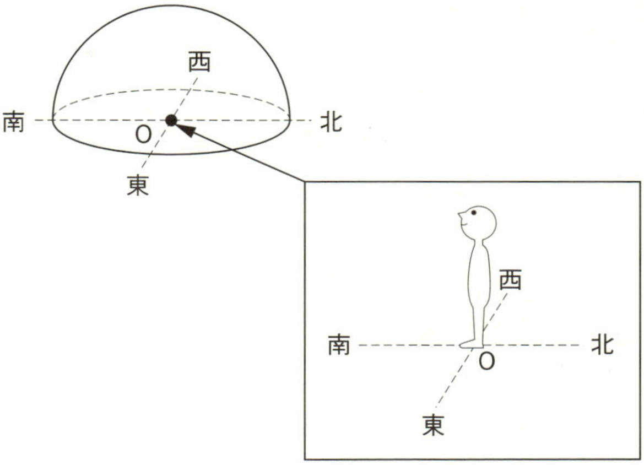

太陽の通り道

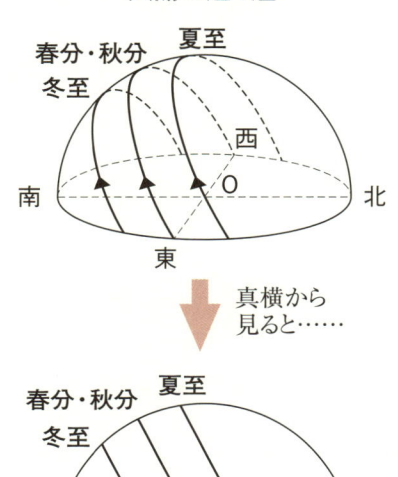

真横から見ると……

夏至（6月下旬）	一番北よりのコースをたどる。南中高度が最も高い。昼の長さが最も長い。
春分（3月下旬） 秋分（9月下旬）	太陽が真東から昇り，真西に沈む。昼と夜の長さが同じ。
冬至（12月下旬）	一番南よりのコースをたどる。南中高度が最も低い。昼の長さが最も短い。

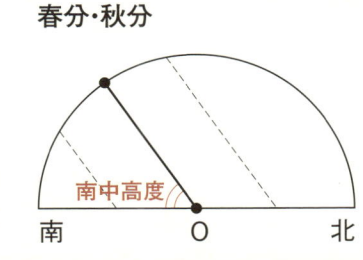

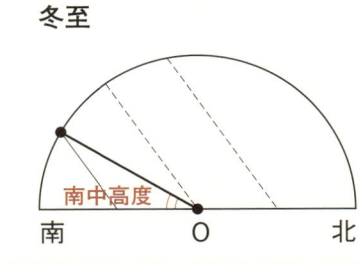

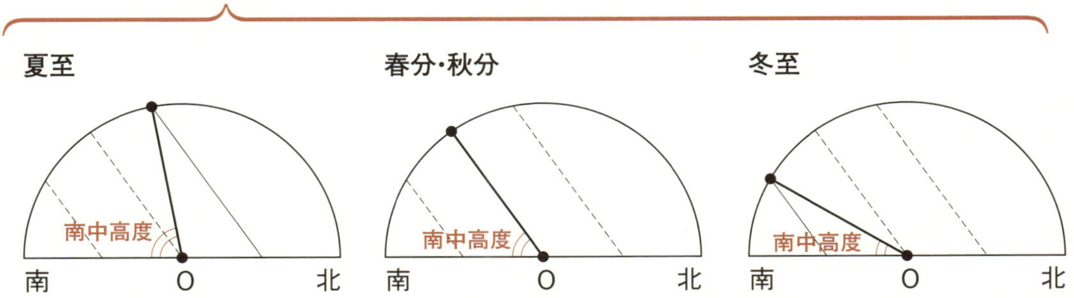

👉 ポイント

太陽の南中高度が季節によって変化するのはなぜか。

➡ 地球が地軸を一定の向きに傾けたまま公転しているため（184ページと同じ）。

例題1 北緯35°に位置するある場所で、冬至、春分、夏至の日における太陽の動きを、同じ透明半球上にフェルトペン（サインペン）で記録した。図1は、その透明半球上に太陽の動きを線で示したもので、点Mは春分の日に南中した点、点L、Nは冬至あるいは夏至の日のいずれかに南中した点である。また、点Oは透明半球を平面に置いたときにできる円の中心、点Pは点Oの真上の点、点A、B、C、Dはそれぞれ南、東、北、西の方角にある点とする。(1)〜(5)に答えなさい。

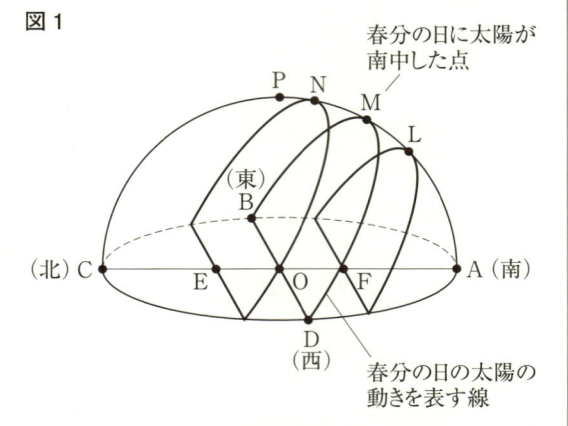

(1) 図1の透明半球で、太陽の位置を記録するとき、フェルトペンの先の影が、点A、B、C、D、E、F、Oのうち、どの位置にくるようにして印をつければよいですか。

(2) 地上において観察される、太陽などの天体の1日の見かけの動きを何といいますか。

(3) (2)のような1日の太陽の動きが観察される理由を説明した、次の文の □ に当てはまる言葉を書きなさい。

> 地球は、地軸を中心にして、□□□□ の向きに自転しているから。

(4) 図2は、図1の透明半球を点D（西）の方向から見た図である。夏至の日の南中高度を示しているのは、ア〜エのうちではどれですか。

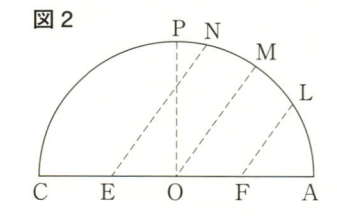

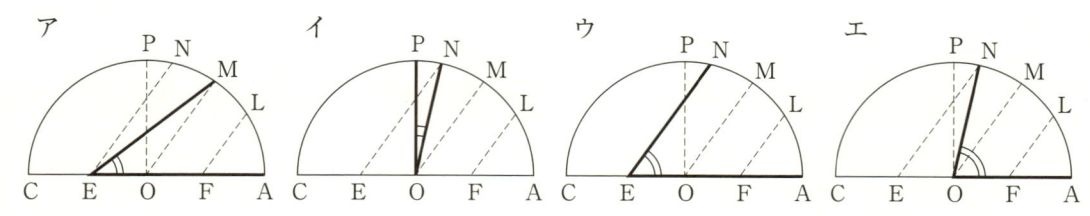

(5) この場所では、1年を通して、太陽の南中高度が変化したり、日の出から日の入りまでの時間の長さが変化したりする。この理由を「地軸」という言葉を使って説明しなさい。

（2005年　岡山県）

例題1の解答　(1)　O　　(2)　日周運動　　(3)　西から東　　(4)　エ
　　　　　　　(5)　地球が地軸を一定の角度に傾けたまま公転しているため。

(1)　ペン先をOに一致させるようにして印をつける。
(2)　太陽や星の1日の見かけの動きを日周運動という。
(3)　日周運動は地球が自転しているために起きる。太陽や星が東から西へ動いて見えるのは，地球が西から東へ自転しているからである。
(4)　夏至の日，太陽は最も北よりのコースをたどり，南中高度も1年で一番高くなる（図のN）。南中高度はOにいる観測者が南中した太陽を見上げるときの角度にあたるから，∠NOAが南中高度となる。
(5)　地球が地軸を一定の角度に傾けたまま公転しているので，昼の長さに違いが生じる。

解説▶北極星の高度

北極星の高度は観測者の立つ北緯に一致する。北緯35°の地では，北を向いて35°見上げたところに北極星が見える。赤道上では，北の地平線上に北極星が見える（高度0°）。

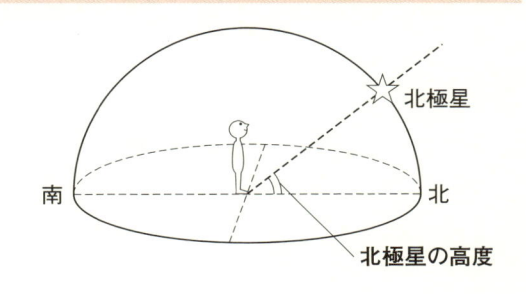

―― なぜ北極星の高度と北緯が一致するのか ――

北極星ははるかかなたにあるので，
地軸に平行な線の先は北極星をさしている。
右の図で，
●は観測者のいる北緯，
▲は北極星の高度を表す。
平行線の同位角より，×の角度は等しい。
地軸と赤道面は垂直だから，
　　●と×で90°……①
観測者は地面に垂直に立つから，
　　▲と×で90°……②
①と②より，
　　●と▲は等しい。
よって，北緯と北極星の高度は等しい。

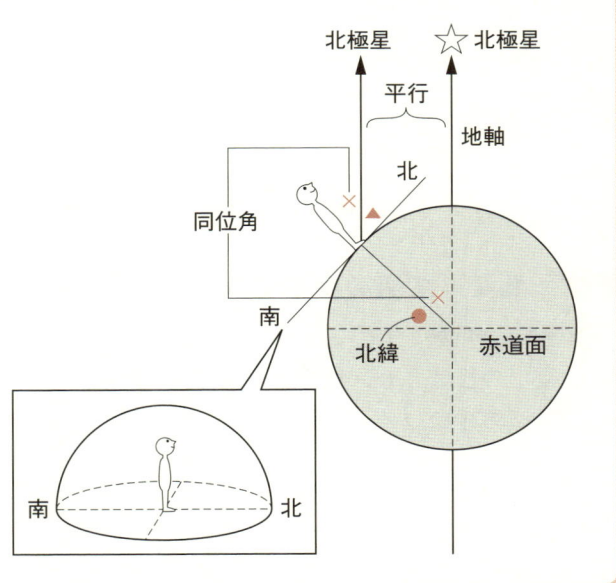

解説 ▶ 春分・秋分の南中高度の求め方

春分・秋分は，昼の長さと夜の長さが等しい。これは太陽の光が地軸に垂直（赤道面に平行）に入ってくるからである。

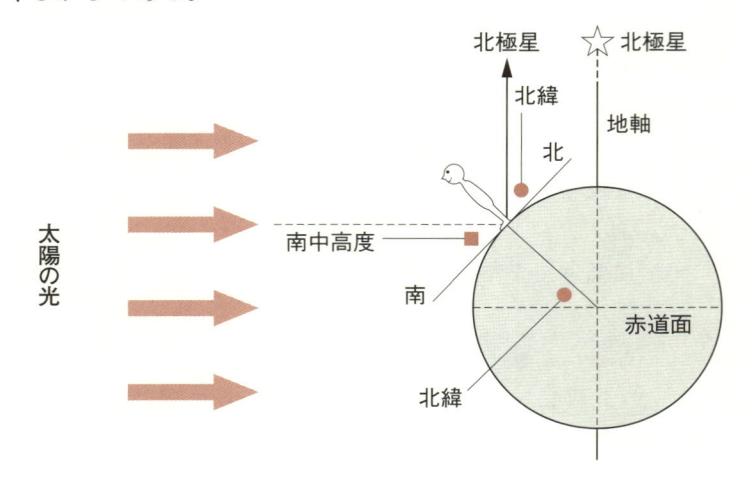

観測者から見ると，北極星の向きと太陽の光は垂直になっている。

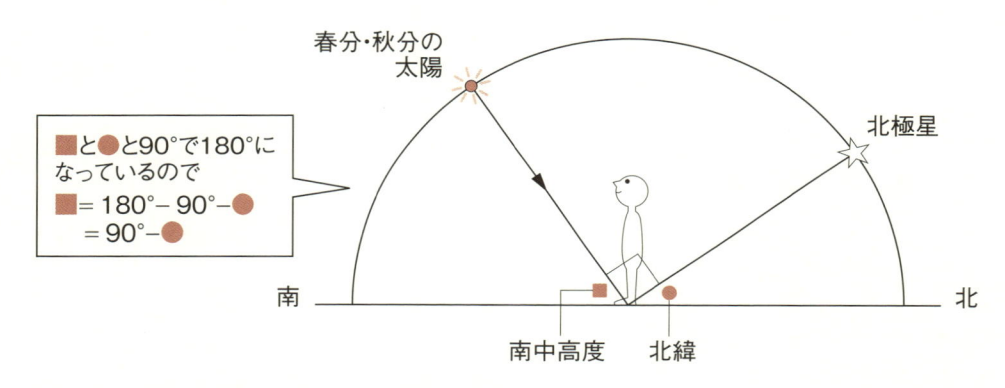

■と●と90°で180°になっているので
■ = 180°− 90°−●
  = 90°−●

春分・秋分の太陽の南中高度は $90°−北緯$ で求められる。

解説 ▶ 夏至・冬至の南中高度の求め方

地軸が公転面に垂直な方向に対して 23.4° 傾いているため，
- 夏至の日は春分・秋分よりも 23.4° 南中高度が高くなる。
- 冬至の日は春分・秋分よりも 23.4° 南中高度が低くなる。

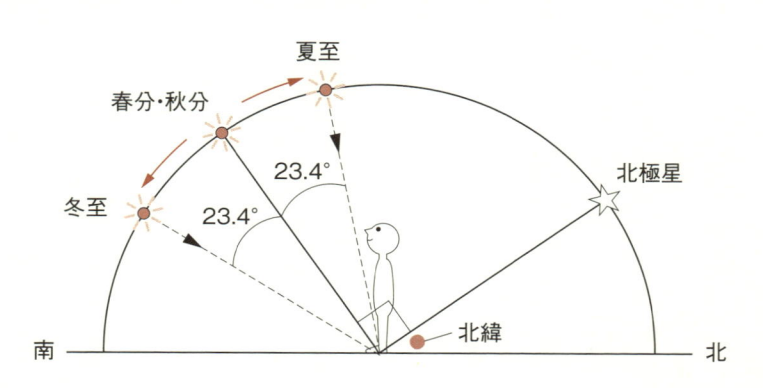

まとめ ▶ 南中高度の求め方

- 春分・秋分　　90°− 北緯
- 夏至　　　　　90°− 北緯 + 23.4°
- 冬至　　　　　90°− 北緯 − 23.4°

例題2 真理さんたちは，自分たちの学校がある地点の緯度を調べるために，夏至の日に，図1のように運動場の水平な場所に垂直に立っている旗のポールの影を観察したところ，ポールの影は，午前11時40分に真北にできた。また，図2のように，ポールとこのときの影を，長さの比をかえずに縮小してノートにかき，∠PQOの大きさをはかったところ，77°であった。真理さんたちの学校がある地点の緯度は何度か。ただし，地球の公転面に垂直な方向に対する地軸の傾きを23°とする。

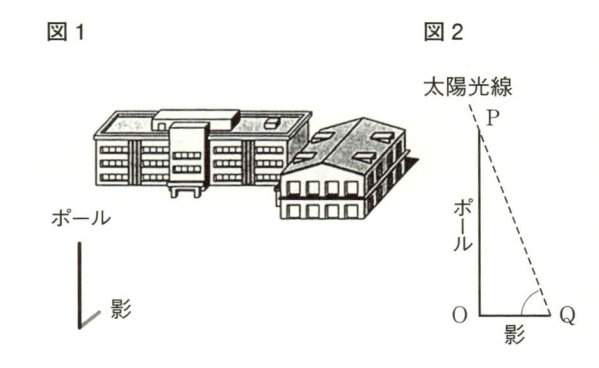

(2005年　奈良県・改題)

例題2の解答　北緯36°

夏至の日の南中高度は，90°− 北緯 + 23.4°（この問題では23°）で求められるから，北緯を x° とすると，

$$90 - x + 23 = 77$$
$$-x = 77 - 90 - 23$$
$$-x = -36$$
$$x = 36$$

練習問題

▶▶▶ 解答は218ページ

1. 6月下旬のある日，熊本県のある地点で太陽の1日の動きを調べた。図のように，発泡スチロール板に棒を垂直に立てて，平らな地面に置き，12時ごろ棒の影の先端に×印をつけた。このとき，棒の影は真北を向いていた。その後も1時間ごとに棒の影の先端に×印をつけていった。

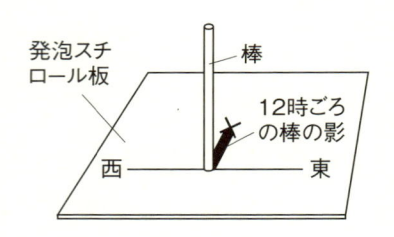

   (1) 図で，×印と棒の先端を結んだ直線と，棒の影とによってできる角度をこの日の太陽の ☐ という。☐ に適当な語を入れなさい。

   (2) 下線部の結果として正しいものを，下のア～エから1つ選び，記号で答えなさい。

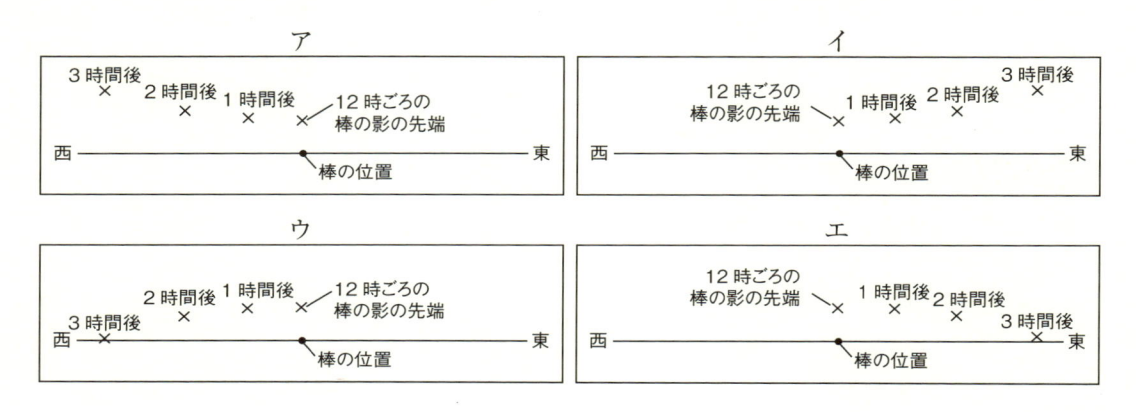

（2003年　熊本県）

6 黄道12星座

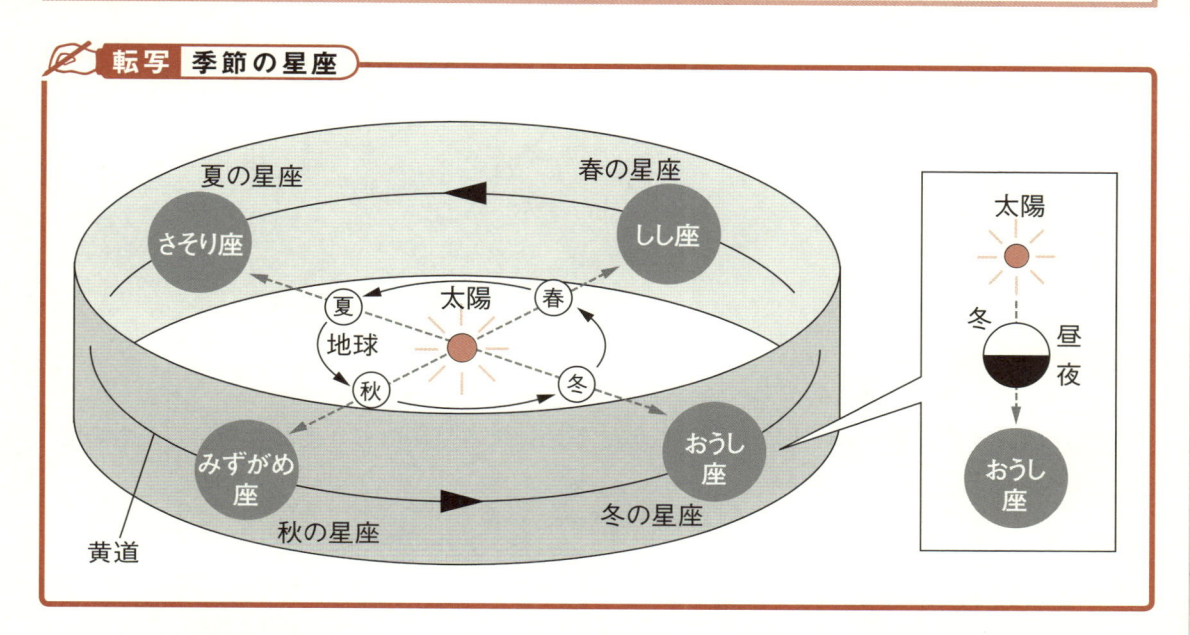

転写　季節の星座

解説 ▶ 黄道12星座

地球は太陽のまわりを1年で1周（公転）している。そのため，地球から見ると，太陽は1年で1周，天球上を動いているように見える。天球上の見かけの太陽の通り道を**黄道**という。黄道上には12の星座があり，これを**黄道12星座**という。

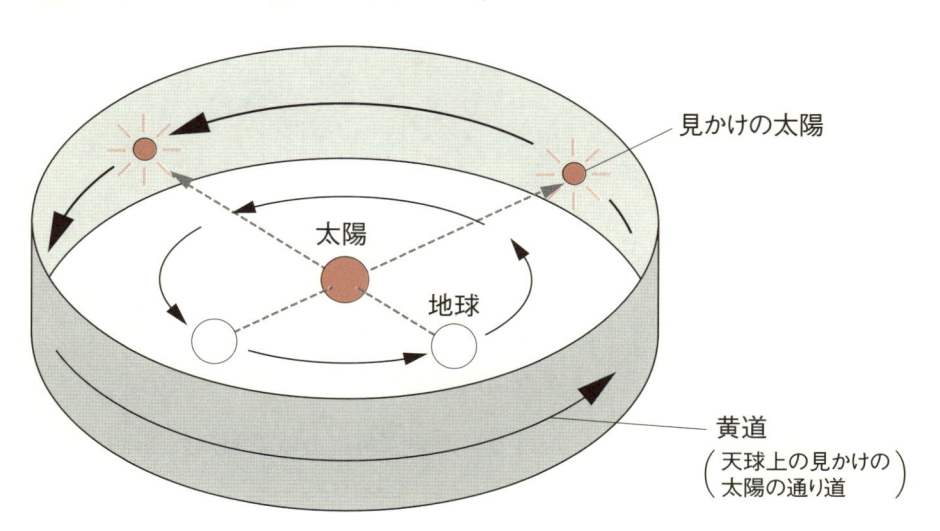

地球から見た太陽は，あたかも星座の間を移動して動いているように見える。1月の太陽の背後にはいて座があり，3月はみずがめ座，5月はおひつじ座がある。もちろん，昼間の太陽は明るいので，その背後にある星座は見えない。

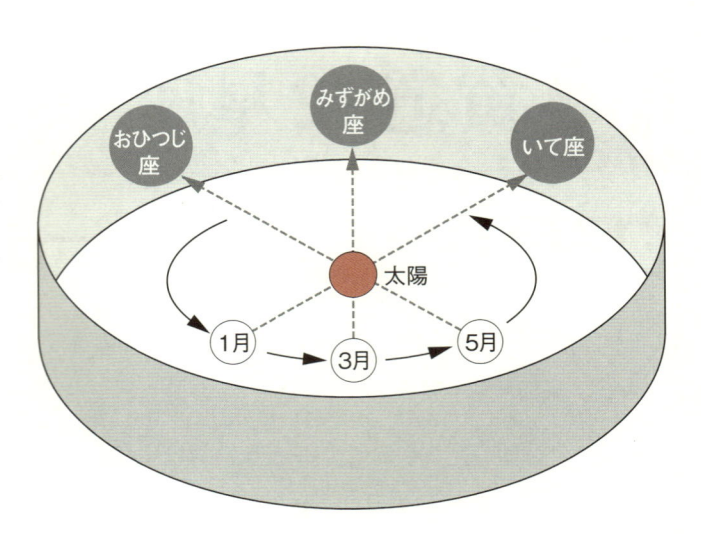

例題1 図は，太陽を中心とした地球の公転と季節による星座の移り変わりを示したものである。

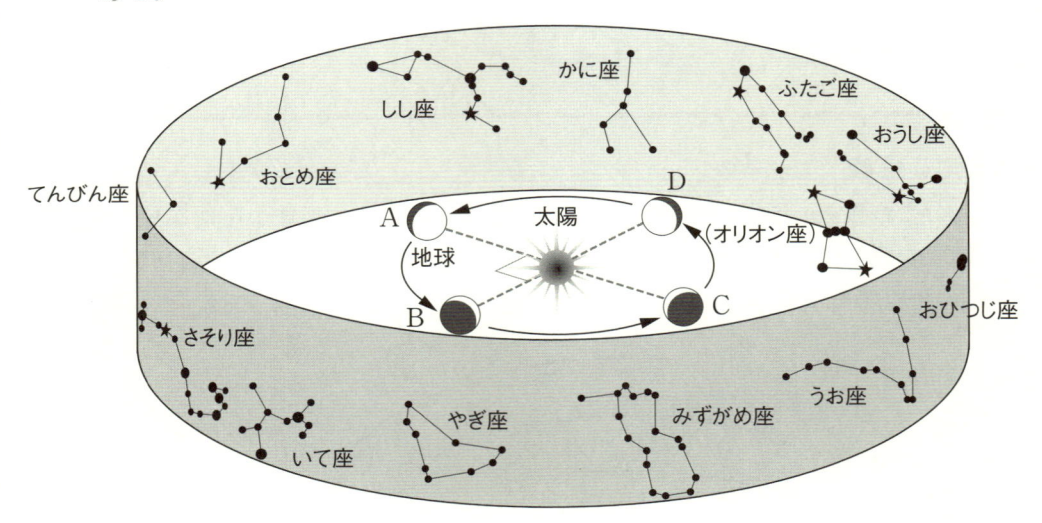

(1) 地球がAの位置にあるとき，太陽は何座の方向にあるか。

(2) 地球がBの位置にあるとき，真夜中に南中する星座は何座か。

(3) 地球がCの位置にあるとき，夕方に西の方角にある星座は何座か。

(4) 地球がDの位置にあるとき，明け方に南の方角にある星座は何座か。

(2004年 鳥取県・改題)

例題1の解答 (1) うお座　(2) いて座　(3) おとめ座　(4) おとめ座

(1) Aの位置から太陽のほうを見ると，太陽の背後にはうお座がある。

(2) 太陽の光が当たらない地球の裏側が真夜中。
真夜中の位置に方位磁針をおき，南の方角にある星座を調べる（176ページ参照）。

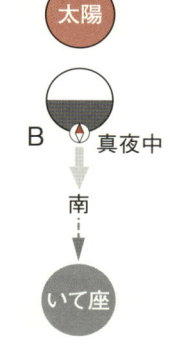

(3) 太陽の光が当たらない地球の裏側が真夜中。
真夜中を基準に反時計回りで
明け方→真昼→夕方となる。
夕方の位置に方位磁針をおき，
西の方角にある星座を調べる。

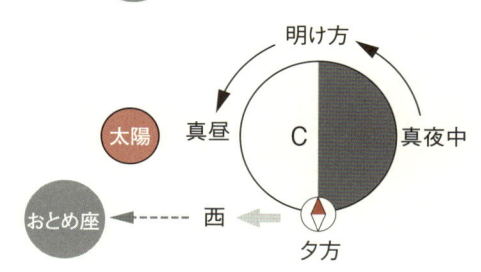

(4) 太陽の光が当たらない地球の裏側が真夜中。
真夜中を基準に反時計回りで明け方→真昼→夕方となる。
明け方の位置に方位磁針をおき，南の方角にある星座を調べる。
図を見ると，南の方角にはかに座，しし座，おとめ座がある。
しかし，星座をつくる星は，地球と太陽の距離に比べてはるかかなたにあるので，地球と太陽の距離は無視できるほど小さい。
地球がDの位置にあるときの明け方，南の方角を決めたら，次に太陽に視点を移し，太陽からその方角にある星座を見ると，おとめ座と特定できる。

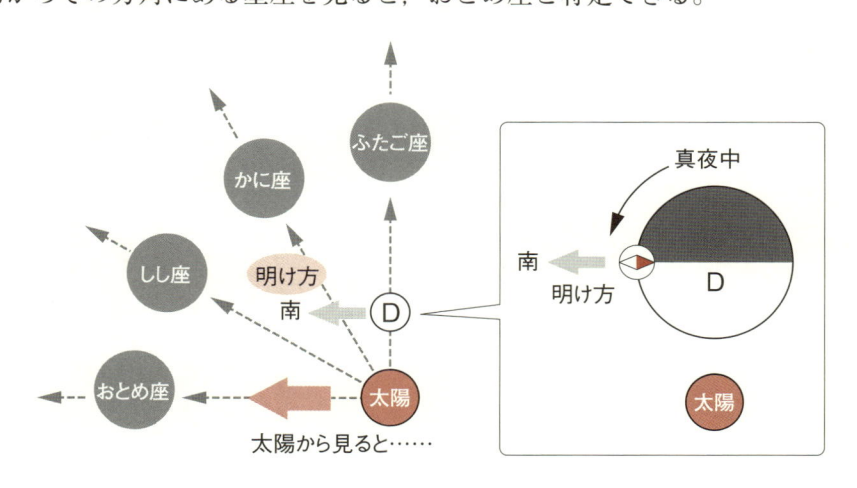

練習問題

▶▶▶ 解答は218ページ

1 図1と図2は，太陽を中心とした地球の動きをかいた模式図である。

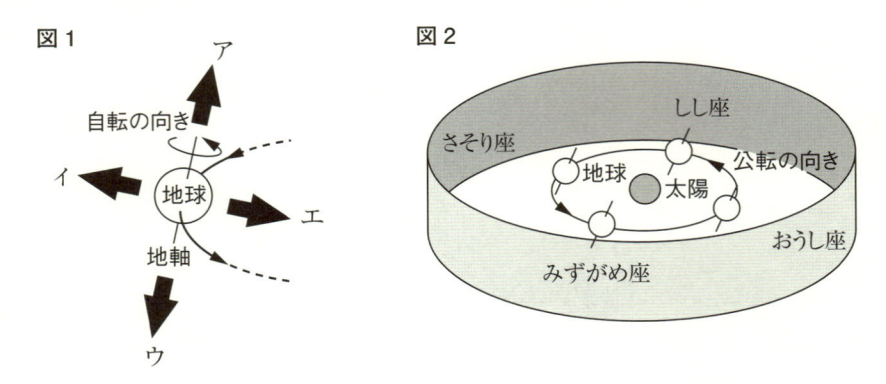

(1) 地球から見た北極星の方向として，正しいものはどれか。図1のア〜エから選び，記号で答えよ。

(2) 図2の星座は，天球上で太陽が1年間に動く通り道に沿って並んでいる。この通り道を何というか。

(3) 日本では，6月の真夜中にさそり座が南中するが，9月の早朝に南中する星座は，次のどれか。

　　ア　みずがめ座　　イ　おうし座　　ウ　しし座　　エ　さそり座

(2003年　長崎県・改題)

7 金星の満ち欠け

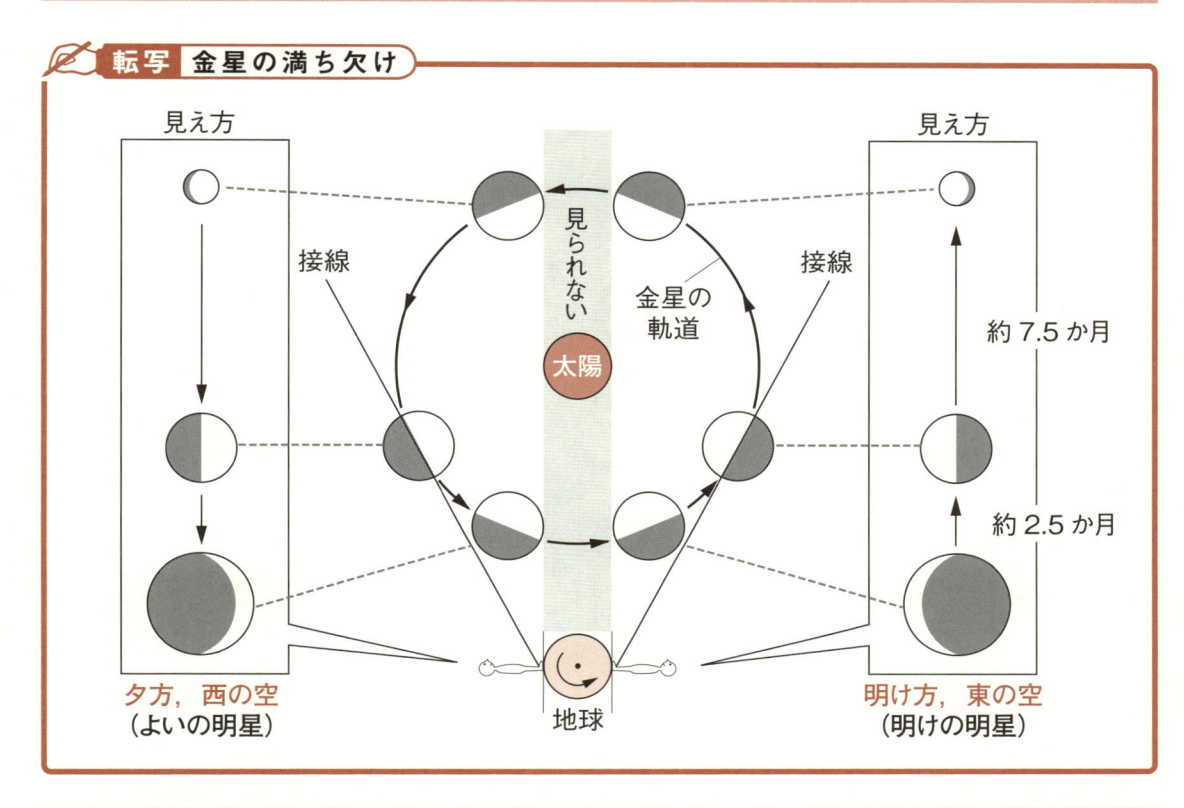

転写 金星の満ち欠け

見え方　　　　　　　　　　　　　　　見え方

接線　　見られない　　接線
　　　　　　　金星の軌道
　　　　　　太陽
　　　　　　　　　　　　　　約7.5か月

　　　　　　　　　　　　　　約2.5か月

　　　　　　地球

夕方，西の空　　　　　　　　　　明け方，東の空
（よいの明星）　　　　　　　　　（明けの明星）

解説 ▶ 恒星・惑星・衛星

- **恒星（こうせい）** みずから光りかがやく天体。位置は動かない。太陽，星座をつくる星。
- **惑星（わくせい）** 恒星のまわりを公転している天体。みずからは光を出さない。地球，金星など。
- **衛星（えいせい）** 惑星のまわりを公転している天体。みずからは光を出さない。月など。

太陽系には8つの惑星があり，地球の内側を公転している内惑星（水星，金星）と，地球の外側を公転している外惑星（火星，木星，土星，天王星，海王星）に分けられる。

解説 ▶ 金星の見え方

　金星の表面は二酸化炭素の濃い大気でおおわれ，平均気温480℃と高い。金星は太陽の光を反射してかがやいて見える（みずからは光を出さない）。公転面は地球の公転面とほぼ同じ。

　金星は地球の内側を公転する内惑星である。そのため，太陽の光が当たらない地球の夜側を通過することはできないので，金星を真夜中に見ることはできない。金星は明け方の東の空か，夕方の西の空のどちらかしか観測できない。

> **ポイント**
> 金星を真夜中に見ることができないのはなぜか
> ➡ 金星は地球の内側を公転する惑星だから

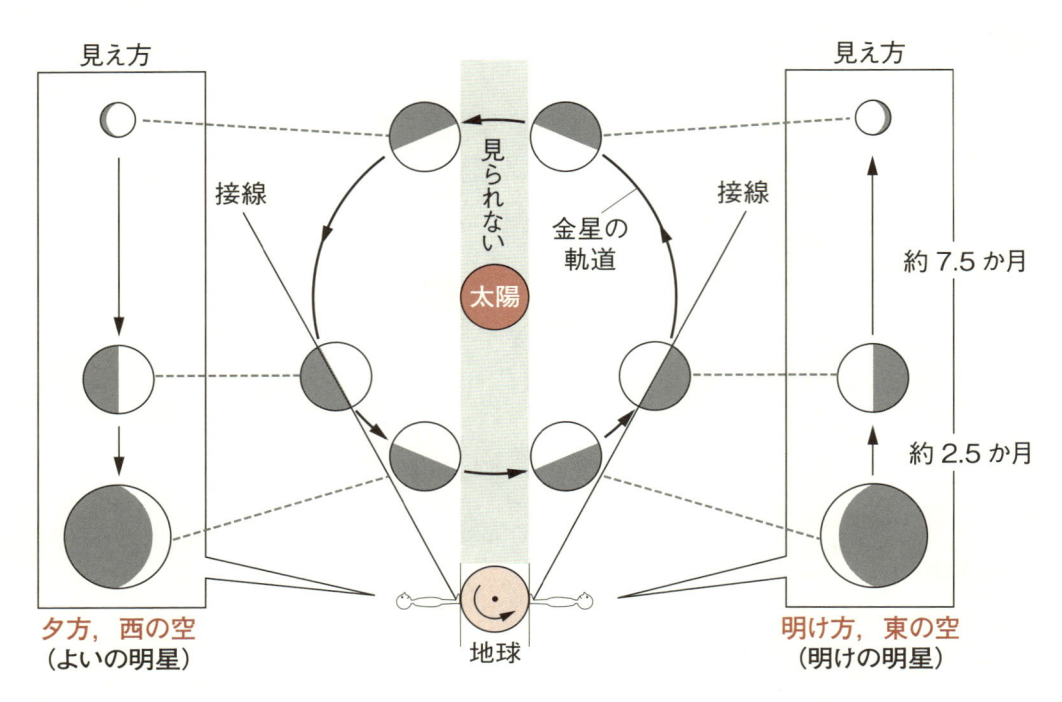

見え方　　　　　　　　　　　　　　　　　　　　見え方

接線　　金星の軌道　　接線

見られない

太陽

地球

夕方，西の空　　　　　　　　　　　　　　　　　明け方，東の空
（よいの明星）　　　　　　　　　　　　　　　　（明けの明星）

約7.5か月
約2.5か月

よいの明星

夕方，西の空にかがやく金星のこと。地球から見て太陽の左側に位置するので，金星の右側が明るくかがやく。だんだんと欠けていくが，近づいてくるので，見かけの大きさは大きくなる。

明けの明星

明け方，東の空にかがやく金星のこと。地球から見て太陽の右側に位置するので，金星の左側が明るくかがやく。だんだんと満ちていくが，遠ざかっていくので，見かけの大きさは小さくなる。

例題1 右の図は太陽，金星，地球の位置関係を示したものであり，AとBは金星の位置を示している。

(1) 金星や地球のように，太陽のまわりを公転している天体を何というか，書きなさい。

(2) 金星がAの位置にあるとき，石川県から見えるのは，いつごろのどの方向か，次のア〜エから1つ選び，その符号を書きなさい。

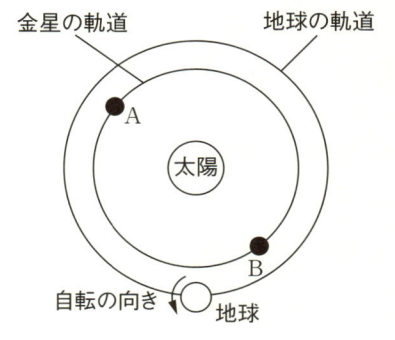

　　ア　明け方の東の空
　　イ　夕方の東の空
　　ウ　明け方の西の空
　　エ　夕方の西の空

(3) 金星がBの位置にあるとき，石川県から望遠鏡を使って地平線近くの金星を観測し，その形を確認した。そのときの形を肉眼で見たときと同じ向きになるようにかきなさい。

（2004年　石川県・改題）

例題1の解答　(1) 惑星　　(2) エ　　(3) 下の図を参照（左半分がかがやいて見える）

(1) 太陽のような恒星のまわりを公転している天体を惑星という。

(2) Aの金星は，地球から見て太陽の左側にある。よって，夕方の西の空に見える。

(3) Bの金星は地球から金星軌道にひいた接線の上にある。よって，地球から見て金星の左半分がかがやいて見える。

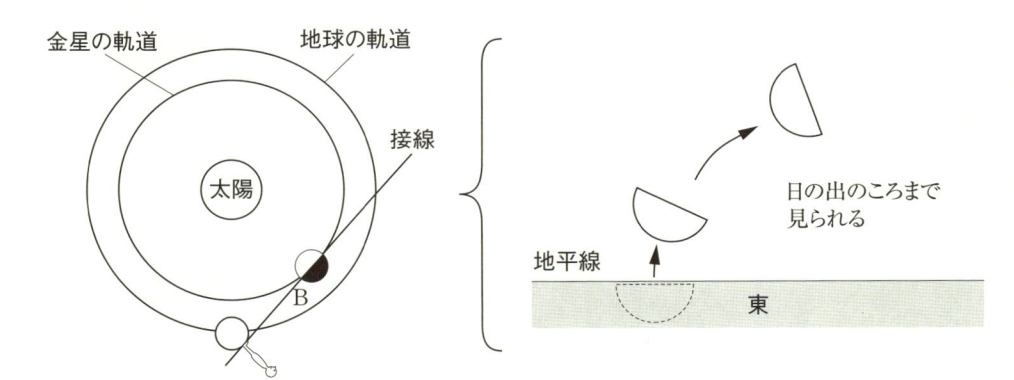

練習問題

▶▶▶ 解答は218ページ

1. 日本のある地点で、1月のある日の日没後、西の空には明るくかがやく金星が見えた。図は、地球と金星の公転軌道を模式的に表したものである。

    (1) この日の金星が図に示した位置にあったとき、地球は、図のa、b、c、dのいずれの位置にあったと考えられるか。a～dのうちから1つ選び、その記号を書け。

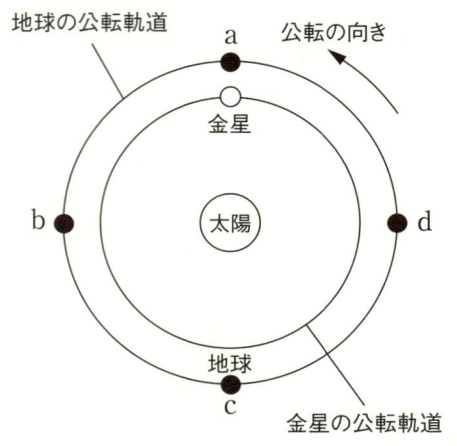

    (2) この日から1年後、金星はいつごろ、どの方向の空に見えると考えられるか。次のア～エから1つ選び、その記号を書け。ただし、金星の公転周期は225日とする。

    　　ア　明け方、東の空　　　イ　明け方、西の空
    　　ウ　夕方、東の空　　　　エ　夕方、西の空

    (2004年　奈良県・改題)

2. 日没後、西の空にひときわ明るくかがやいている金星が見えた。天体望遠鏡で観察すると白い半月形に見えた。図は、地球と金星の位置関係を模式的に表したものである。

    (1) この日の金星の位置はどこと考えられるか、A～Dから1つ選びなさい。

    (2) これから1か月間、同じ倍率の望遠鏡で金星の観察を続けると、どのような変化がみられるか、ア～エから1つ選びなさい。

    　　ア　だんだん大きくなり、形は満月形に近づく。
    　　イ　だんだん大きくなり、形は三日月形に近づく。
    　　ウ　だんだん小さくなり、形は満月形に近づく。
    　　エ　だんだん小さくなり、形は三日月形に近づく。

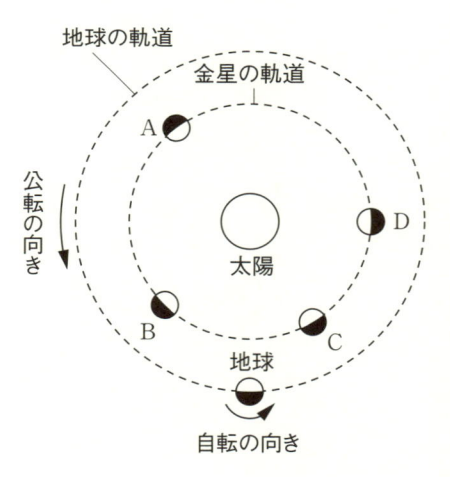

    (2004年　徳島県・改題)

8 月の見え方

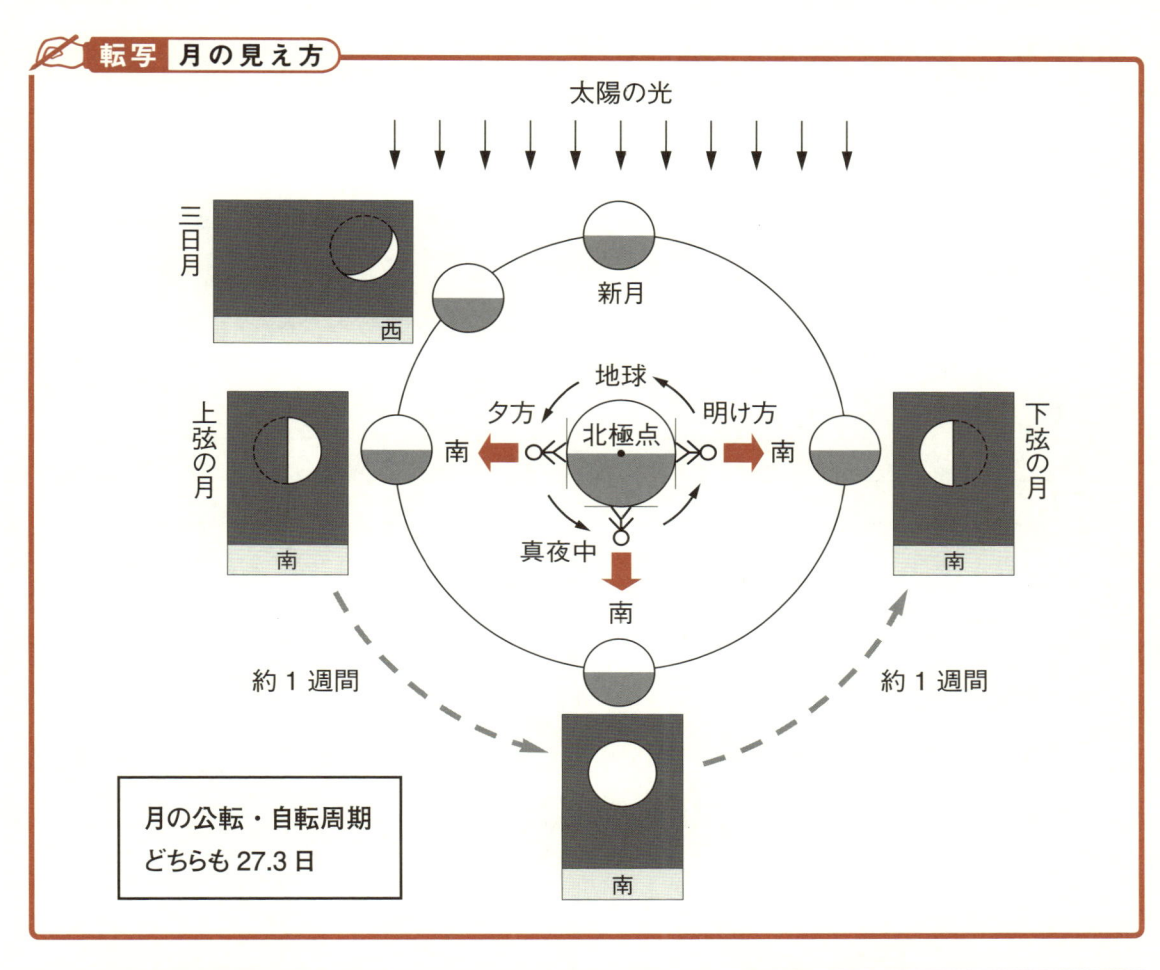

転写 月の見え方

(図: 月の満ち欠けと地球・太陽の位置関係)
- 太陽の光
- 三日月（西）
- 新月
- 上弦の月（南）
- 下弦の月（南）
- 地球、北極点、夕方、明け方、真夜中
- 南
- 約1週間
- 月の公転・自転周期 どちらも 27.3 日

解説 ▶ 月の大きさ

月の直径は約 3500 km, これは地球の $\frac{1}{4}$, 太陽の $\frac{1}{400}$ に当たる。

地球から月までの距離は約 38 万km, これは地球と太陽の距離 1 億 5000 万kmの $\frac{1}{400}$ に当たる。

つまり太陽は月の 400 倍の大きさであるが，地球から太陽までの距離が，月までの距離の 400 倍あるため，月と太陽は見かけ上の同じ大きさに見えることになる。

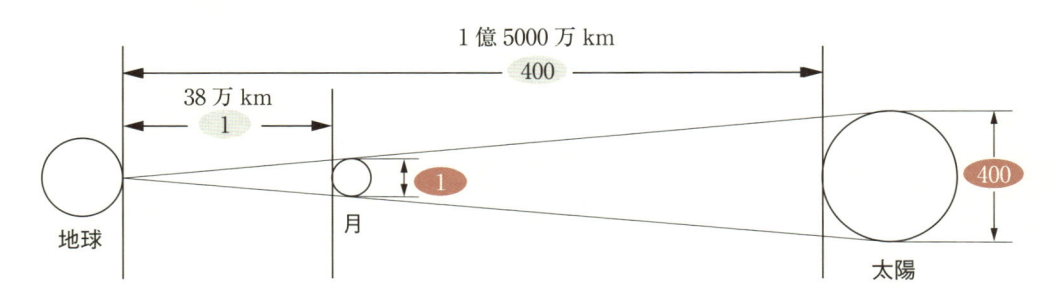

(図: 地球・月・太陽の大きさと距離の比較)
- 地球 — 月: 38 万 km (1)
- 地球 — 太陽: 1 億 5000 万 km (400)
- 月の直径: 1
- 太陽の直径: 400

解説 ▶ 月の自転と公転

月は地球という惑星のまわりを回る衛星である。月の公転周期は27.3日で，同じ27.3日で自転している。月は公転と同じ周期で自転しているため，地球からはいつも月の同じ面しか見えない（地球から月の裏側は見えない）。

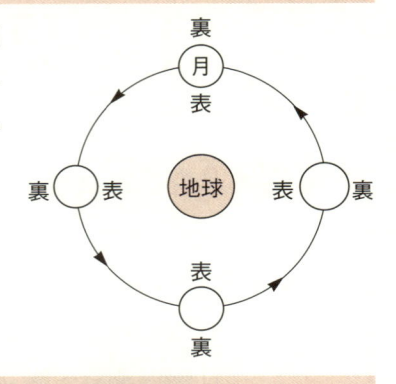

解説 ▶ 月の満ち欠け

月は太陽の光を受け，太陽の光を受けている部分だけがかがやいて見える。

	南中時刻	見え方
新月	12時	太陽の光を受けている部分が見えない。
⬇ 3日後		
三日月	15時	月の右側がかがやき，夕方西の空に見えてやがて沈む。
⬇ 約4日後		
上弦の月	夕方（18時）	月の右側半分がかがやき，夕方南中し，真夜中西の空に沈む。
⬇ 約1週間		
満月	真夜中（0時）	夕方東の空から昇り，真夜中に南中し，明け方西の空に沈む。
⬇ 約1週間		
下弦の月	明け方（6時）	月の左側半分がかがやき，真夜中東の空から昇り，明け方南中する。

月は，右側から満ちて満月になり，右側から欠けていく。

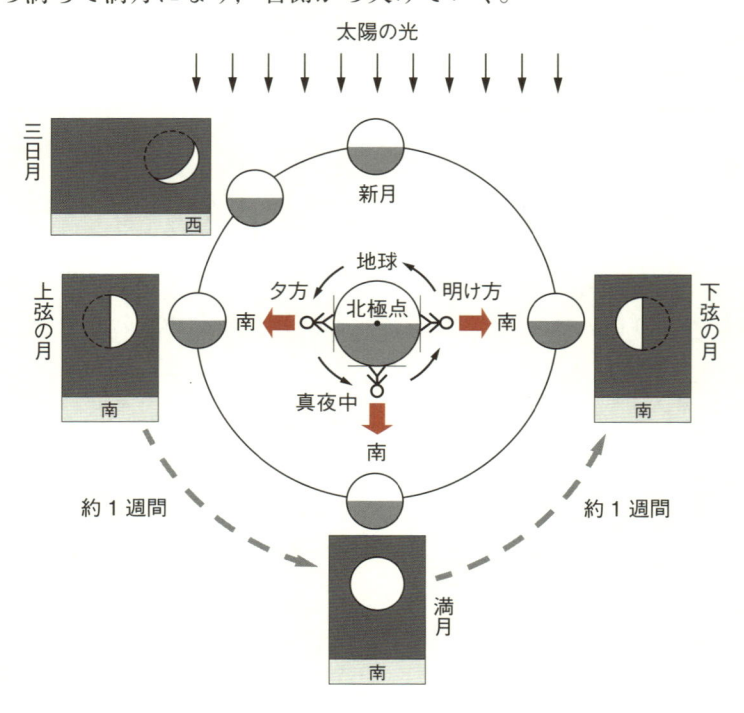

解説 ▶ 月の満ち欠けと公転周期

新月から次の新月までは約30日（29.5日）。月の公転周期27.3日よりも長くなるのは，月が公転する間に地球も公転してその位置が変わるからである。

右の図で，月がAからBまで1回転するのに27.3日かかる（公転周期）。しかし，その間も地球が公転しているため，新月にならない。Cで再び新月となる。

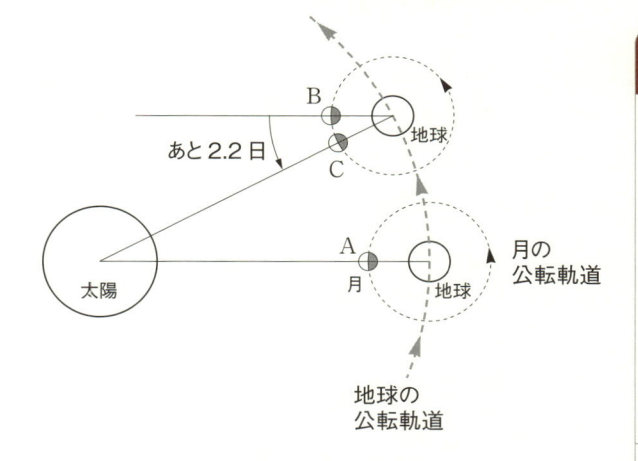

解説 ▶ 日食と月食

太陽と月は，見かけの大きさが同じである。そのため日中，太陽が月に隠されてしまう日食という現象が起きることがある。日食が起きるときは，太陽，月，地球の順に一直線に並ぶ新月のときである。

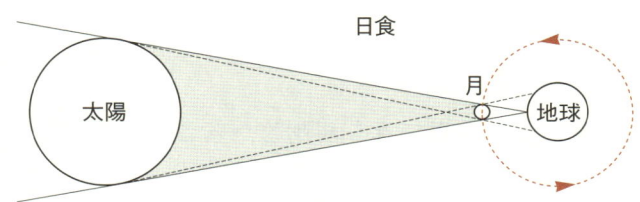

月が地球のかげの部分に入ってしまうと，月食という現象が起きる。月食が起きるのは，太陽，地球，月の順に一直線に並ぶ満月のときである。

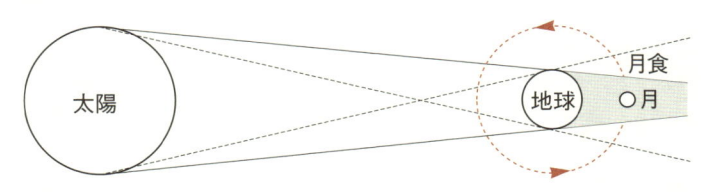

新月のとき必ず日食が起きるわけではない。満月の夜に必ず月食が起きるわけではない。地球の公転面と，月の公転面はぴったり一致していないからである。

練習問題

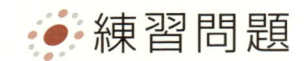

▶▶▶ 解答は 219 ページ

1 ある日のある時刻に，鳥取県のA中学校において，天体望遠鏡を用いて，月の表面上にあるクレーターのようすを観測した。その後数日間，同じ時刻に，同じクレーターを観察したところ，月面上のクレーターの位置は，変化することなく，毎日同じ位置に観察された。

(1) 下線部について，月は地球のまわりを約27日の周期で1周している。月は地球のまわりを回っているにもかかわらず，地球から観察したときに月の表面上のクレーターなどの位置は変化しない。このことを説明した文として，最も適当なものを，次のア〜エから1つ選び，記号で答えなさい。

　ア　月は，地球と異なり大気や水がほとんど存在していないので，クレーターが残りやすい。
　イ　月は自転をしていないため，常に地球に同じ面を向けている。
　ウ　月が地球のまわりを1周するのに要する時間と月の自転に要する時間が等しい。
　エ　月が地球のまわりを1周するのに要する時間と地球の自転に要する時間が等しい。

さらにA中学校において，肉眼で月を観測したところ，月が図1のように見えた。

(2) このように月が見える時の太陽・地球・月の位置関係として，最も適当なものを，図2中の①〜⑧から1つ選び，記号で答えなさい。

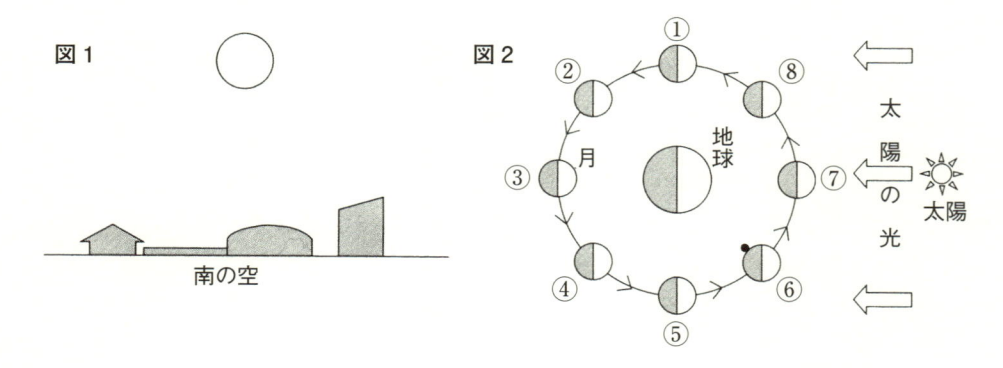

(3) この日の月の南中時刻はおよそ何時ごろと考えられるか。最も適当なものを，次のア〜エから1つ選び，記号で答えなさい。

　ア　午前0時ごろ　　イ　午前6時ごろ
　ウ　正午ごろ　　　　エ　午後6時ごろ

(4) 図2の⑥の位置にある月の「●」地点から地球を見たと仮定すると，地球はどのように見えるか。最も適当なものを，次のア〜オから1つ選び，記号で答えなさい。

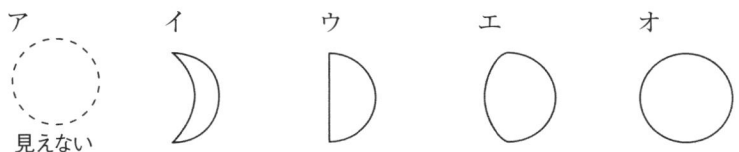

ア　　　　イ　　　　ウ　　　　エ　　　　オ

見えない

(2001年　鳥取県)

2 岩手県のある町で，日の入り直後に，金星と月を観察した。金星は西の空に明るくかがやいて見え，月は南の空に見えた。そこで，図Ⅰのように，太陽のまわりを回る金星と地球のようすと，図Ⅱのように，地球のまわりを回る月のようすを模式図で表し，太陽・地球・金星・月の位置関係を調べた。

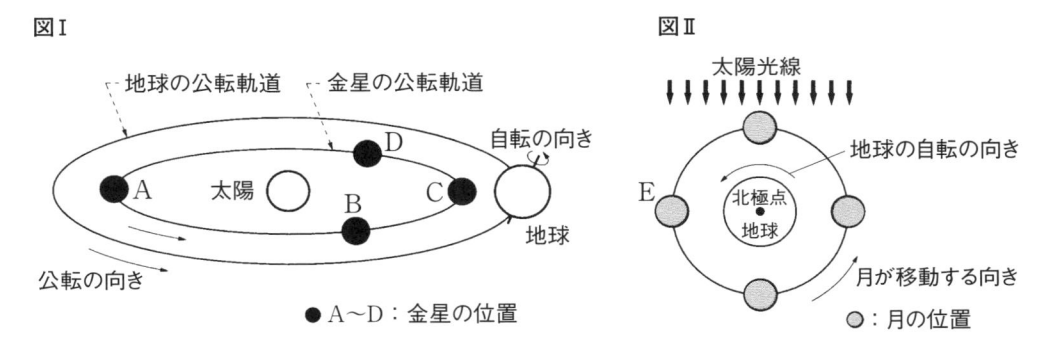

図Ⅰ
地球の公転軌道　金星の公転軌道　自転の向き
A　太陽　B　C　D　地球
公転の向き
●A〜D：金星の位置

図Ⅱ
太陽光線
地球の自転の向き
E　北極点　地球
月が移動する向き
○：月の位置

(1) この日の金星の位置は，図ⅠのA〜Dのうちどれか。1つ選び，その記号を書きなさい。

(2) この日，日の入り直後の月は図ⅡのEの位置にある。月は地球を約1か月で1まわりする。この町では，1週間後の同じ時刻に，月はどの方角に見えると推定されるか。次のア〜エのうちから正しいものを1つ選び，その記号を書きなさい。

ア　東　　イ　西　　ウ　南　　エ　北

(2002年　岩手県)

解答・解説篇

2分野 **生物** ……………………… 208

2分野 **地学** ……………………… 214

2分野 生物

第1章 植物の生活と分類

2 根・茎・葉のつくりとはたらき

▼練習問題の解答 (p.19)

> 1 (1) b　　(2) エ
> (3) 太陽の光を効率よく受けとることができる。
> (4) 維管束　　(5) P：ア　　Q：イ

1 (1) aはめしべ（柱頭），bはおしべ（やく），cはがく，dは子房。

(2) 子葉が1枚の植物を単子葉類，2枚の植物を双子葉類といい，双子葉類のうち花弁が合わさっている植物を合弁花類，1枚ずつ離れる植物を離弁花類という。
トウモロコシは単子葉類，アブラナは双子葉類の離弁花類，ツユクサは単子葉類，アサガオは双子葉類の合弁花類である。

(3) 互いに重なり合わないように葉をつけることで，どの時間帯でもどの葉にも光がよく当たり，効率よく光合成が行える。

(4) 根から吸収した水と養分の通り道である道管と，葉でつくられた栄養分の通り道である師管のたばが集まって維管束とよばれるつくりになる。維管束は物質の通り道であると同時に，からだの芯となってからだを支える役割もある。

(5) 光合成でつくられた栄養分は，デンプンの形で葉に一時保存される。デンプンは水にとけやすい糖に変えられ，葉から師管を通って必要な場所に必要なだけ送られる。

3 葉のはたらき① 呼吸と光合成

▼練習問題の解答 (p.24)

> 1 (1) ウ
> (2) 光合成によって二酸化炭素の量が減り，元のアルカリ性に戻ったため。
> (3) 試験管に集めた気体に火のついた線香を入れると，線香が激しく燃える。
> 2 (1) エ
> (2) 呼吸で吸収した酸素よりも，光合成で放出した酸素のほうが多いため。

1 (1) 空気に含まれている二酸化炭素がとけ込むなど，液面での気体の出入りを防ぐためにすばやくふたをする。

(2) 二酸化炭素は水にとけると，弱い酸性を示す。オオカナダモの光合成によって，BTB溶液中の二酸化炭素の量が減ると，溶液は二酸化炭素を吹き込む前のアルカリ性に戻る。

(3) 酸素には他のものが燃えるのを助ける性質がある（酸素自体は燃えない気体）。

2 (1) 葉は呼吸する。酸素をとり入れ，二酸化炭素を放出している。

(2) 光を当てた葉は光合成も始める。光合成で，葉は二酸化炭素を吸収し，酸素を放出する。袋の中の酸素がふえたのは，呼吸で吸収した酸素より多くの酸素を光合成で放出したためである。

4 葉のはたらき② 葉緑体

▼練習問題の解答 (p.29)

> 1 (1) エ　　(2) 緑色　　(3) ヨウ素液
> (4) ①② a・b（順不同）
> 　　 ③④ b・d（順不同）
> 　　 ⑤ 光

1 (1) 「デンプン反応が出た→光合成が行われた」ということを実験で調べようとしている。前日までにつくられたデンプンが葉に残っていると，この実験の結果つくられたものかどうか判別できない。

(2) 葉の緑色はエタノールにとけ出し，葉は白っぽくなる。とけた緑色の色素がエタノールを緑色に変える。

(3) ヨウ素液は，デンプンがあるところで青紫色に変化する。

(4) aとbはどちらも光が当たっている。緑色のbではデンプン反応があり，ふの部分のaではデンプン反応がないことから，光合成は葉の緑色の部分（葉緑体がある部分）で行われていることがわかる。
また，同じ緑色の部分どうしでも，光の当たったbではデンプン反応があり，光の当たらないdにはデンプン反応がないことから，光合成には光が必要だとわかる。

重点学習 蒸散量の計算

▼ 練習問題の解答 （p.31）

1. (1) 水面からの水の蒸発を防ぐため。
   (2) 1 cm³
2. (1) イ　(2) 葉の裏，気孔

1 (1) 水面に油を浮かせることで，水面からの水の蒸発を防いでいる。

(2) 「茎の太さや長さ，葉の大きさや数が等しい枝」なので各部分からの蒸散量は同じと考える。試験管Dの水の減少量は，植物の茎からの蒸散量と考える。蒸散が行われる場所と蒸散量の関係は次のように表せる。

	A	B	C	D
水の減少量〔cm³〕	12	8	5	x
葉の表	○	×	○	×
葉の裏	○	○	×	×
茎	○	○	○	○

葉の表からの蒸散量… $12 - 8 = 4$ cm³
茎からの蒸散量… $5 - 4 = 1$ cm³

2 (1) Cの1.5 cm³は茎からの蒸散量と考えられる。

枝	A	B	C	D
水の減少量〔cm³〕	8.5	2.9	1.5	x
葉の表	×	○	×	○
葉の裏	○	×	×	○
茎	○	○	○	○

葉の表側からの蒸散量
　… $2.9 - 1.5 = 1.4$ cm³
葉の裏側からの蒸散量
　… $8.5 - 1.5 = 7.0$ cm³
$x = 1.4 + 7.0 + 1.5 = 9.9$ cm³
（$x = 8.5 + 2.9 - 1.5 = 9.9$ cm³としてもよい）

(2) 蒸散によって水蒸気は気孔から出て行く。葉の裏側からの蒸散量が多いことから，葉の裏側に気孔の数が多いことがわかる。

5 植物の分類

▼ 練習問題の解答 （p.36）

1. (1) 花が咲くか，咲かないか
    （「種子でふえるか，胞子でふえるか」も可）
   (2) ア，イ，エ
2. (1) ア
   (2) 被子植物の花は胚珠が子房でおおわれている。裸子植物の花は子房がなく胚珠がむき出しになっている。
   (3) 維管束　(4) エ

1 (1) イネ（ア）とイチョウ（イ）は種子植物。イネは単子葉類で，目立たない花をつける。イチョウは裸子植物で，雄花をつける木と雌花をつける木は別々。ワカメ（ウ）は藻類，イヌワラビ（エ）はシダ植物，ゼニゴケ（オ）はコケ植物で，いずれも花は咲かず，胞子でふえる植物である。

(2) 種子植物とシダ植物を合わせて維管束植物とよぶこともある。藻類とコケ植物には維管束がない。

2 (1) a〜dのどの植物も光合成を行う。

(2) 胚珠は種子に変化する部分。胚珠が子房に包まれているのが被子植物，裸子植物には子房がなく胚珠がむき出しになっている。

(3) コケ植物には維管束がなく，体の表面全体から水分や養分を吸収している。

(4) ルーペは目に近づけて固定する。観察する物を前後に動かしてピントを合わせる。

第2章 人体のしくみ

3 刺激と反応② 神経系

▼ 練習問題の解答 （p.48）

1. (1) 反射，ア　(2) G，E，D，F，H
   (3) 大脳で判断し，命令するのに時間がかかるため。

1 (1) 刺激に対して，無意識に，大脳以外の部分が中枢となって起こる反応を反射という。

(2) 反射のときは脳（大脳）を経由せずに，感覚器官→感覚神経→せきずい→運動神経→筋肉と信号は伝わる。

(3) 目から大脳に届いた信号を判断し，命令（ブレーキを踏め）を下すまでの時間がかかっている。

5 消化と吸収① 消化

▼練習問題の解答（p.55）

1 (1) エ
 (2) だ液以外の条件が同じものを用意して，結果の違いがだ液のはたらきによることを特定するため。
 (3) 温度によるだ液のはたらきの違いを確かめるため。
2 (1) 赤褐色（黄色）に変化する
 (2) Z→X→Y

1 (1) だ液のはたらきでデンプンは分解されて糖になる。そのためヨウ素液のデンプン反応は出ないが，ベネジクト液を加えて加熱すると赤褐色になる。

 (2) だ液を入れた／入れないということ以外の条件は統一しておく。それにより「デンプンが糖に分解された」という結果が，だ液のはたらきによるものであることを特定できる。

 (3) 40℃の水の代わりに氷水につけた結果は，だ液を入れた試験管もヨウ素液のデンプン反応が出ている。つまりデンプンはほとんど分解されていない。③と⑦の結果の比較から，40℃のとき，だ液ははたらくが，0℃のとき，だ液ははたらかないことがわかる。

2 (1) セロハンの袋①の外で糖の反応が出ていることから，袋の中ではデンプンが糖に分解されたことがわかる。糖はセロハンの穴を通過できる大きさだが，すべての糖が通過して出てしまうのではない。袋の中と外で，糖の濃さが同じになった時点でしみ出すのが止まる。よって，袋の中にも糖は残っている。デンプンが十分に分解され，糖がたくさんあれば，赤褐色に変化するが，分解が十分でなく，糖がわずかであれば，黄色になる。

 (2) 実験bからデンプンの粒は大きく，セロハンの穴を通過できないことがわかる。実験aから糖はセロハンの穴を通過できる大きさであることがわかる。

7 血液の成分と循環のしくみ

▼練習問題の解答（p.63）

1 (1) ③と⑤
 (2) 血液を逆流させないはたらき。
 (3) ア 組織液　　イ リンパ管
   ウ 毛細血管　エ 肝臓

1 (1) 酸素を多く含む動脈血は，肺から心臓に向かう血液と，心臓から全身に向かう血液である。

 (2) 動脈は静脈に比べて壁が厚い。静脈には血液の逆流を防ぐ弁がところどころにある。

 (3) 血液の液体成分である血しょうは，毛細血管の壁からしみ出て，細胞のまわりを満たす組織液となる。組織液の一部はリンパ管に入り，リンパとなる。
 脂肪酸とモノグリセリドは小腸の柔毛で吸収されるとすぐに結合して脂肪の粒となる。この粒はリンパ管に入って運ばれる。アミノ酸とブドウ糖は毛細血管に入り，まず肝臓に運ばれる。
 血液中の有害物質は，肝臓で無害な物質に変えられる。この物質は不要物として，じん臓で血液からしぼりとられて排出される。

第3章 動物の分類

2 動物の分類

▼練習問題の解答（p.73）

1 (1) ③　　(2) 胎生　　(3) 肺
 (4) (X) 変温　(Y) 恒温
2 E

1 (1) Aは両生類，Bは魚類，Dはハチュウ類である（Cは鳥類，Eはホニュウ類）。選択肢では，メダカとフナが魚類，カエルとイモリが両生類，ヘビとトカゲがハチュウ類である。

 (2) 子の生み方は，卵を生む卵生と，子を生む胎生に分けられる。

 (3) 両生類は子のときは水中でえら呼吸をするが，おとなになると肺呼吸に変わる。

 (4) Cの鳥類とEのホニュウ類は，外界の気温にかかわらず体温が一定の恒温動物である。それに対して，Aの両生類，Bの魚類，

Dのハチュウ類は，外界の気温によって体温が変わる変温動物である。

② Aのミジンコは節足動物。③の「背骨がなく，外骨格をもち，あしに節がある」に分類される。同じ節足動物に，Eのザリガニが入る。ザリガニは節足動物の中でも甲殻類に入る。
①の「単細胞である」に分類されるのは，BのアメーバとCのゾウリムシ（原生動物）。
②の「背骨がある」に分類されるのは，Dのイモリ（両生類）。
④の「背骨がなく，あしは節がなく筋肉でできている」に分類されるのは，Fのマイマイ（軟体動物）。

第4章 遺伝と進化

1 細胞のふえ方（体細胞分裂）

▼練習問題の解答（p.80）

1 (1) 細胞の核を染色する。
　 (2) 視野を広げることで，観察に適した細胞を探しやすくするため。
　 (3) （A），E, D, F, B, C
　 (4) （下の図を参照）
　 (5) 細胞が分裂して数がふえる。
　　　 それぞれの細胞の体積が大きくなる。

1 (1) うすい塩酸は細胞どうしの結合を弱めるため，酢酸オルセイン液は核の染色のために用いる。指で根を押し広げないと，細胞が重なってうまく観察できない。

(2) 高倍率にすると，視野はせまくなり暗くなる。まず，低倍率で視野を広げ，観察に適したところを見つける。

(3) 見え始めた染色体はいったん中央に寄る。その後，両極に分かれ，仕切り板が現れる。

(4) 中央に寄った染色体は裂け目からはがれるようにして両極に分かれていく。

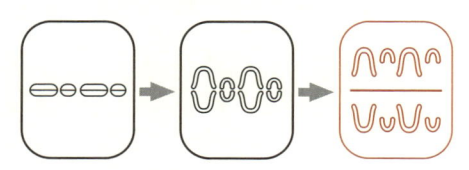

(5) 細胞分裂したとき，それぞれの細胞の体積は半分になる。それぞれがもとの細胞の体積に戻ることで，全体として成長する。

3 生殖細胞のでき方（減数分裂）

▼練習問題の解答（p.88）

1 (1) 減数分裂　(2)（下の図を参照）

1 (1) 生殖細胞（動物の精子・卵，植物の精細胞・卵細胞）ができるとき，染色体の数が半分になる分裂が起きる。これを減数分裂という。

(2) 親の染色体数が2なので，精子や卵の染色体数は半分の1になる。これらが合体して，染色体数2の受精卵になる。受精卵は細胞分裂をくり返し，細胞数をふやしていく。この時期のものを胚とよぶが，胚の細胞ひとつひとつの染色体数は2である。

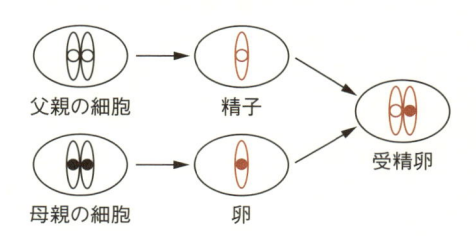

4 遺伝の規則性

▼練習問題の解答 (p.92)

1 (1) 部分 イ　名称 a　(2) 有性生殖
　(3) a 優　　b 劣
2 (1) ウ　　(2) ウ　　(3) イ
3 (1) 葉脈 ア　茎の断面 エ
　(2) 丸：しわ＝ 1：1

1 (1) エンドウは，胚珠が子房に包まれている被子植物。受精後，胚珠は種子に子房は果実に変化する。エンドウのさやは子房が変化した部分。

(2) 2つの生殖細胞が合体してできたものが新しい個体になるふえ方を有性生殖という（82ページ参照）。植物の生殖細胞は精細胞と卵細胞，動物は精子と卵。

(3) 両親から別々の形質を受け継いだ子には，どちらか一方の親の形質だけが現れる。現れるほうの形質を優性の形質，現れないほうを劣性の形質という。

2 (1) 子の遺伝子は，親の遺伝子 AA のうち一方と，aa の一方を受け継いでいるから Aa。

(2) 子が受け継いだ遺伝子は Aa。遺伝子 Aa をもつ種子から育てた株につく花でつくられる生殖細胞には，Aa のうちどちらか一方が入る。したがって精細胞は A または a どちらかの遺伝子が入る。

(3) 子の生殖細胞には A か a のどちらかが入るので，孫の遺伝子の組み合わせは，AA，Aa，aa。その割合は，AA：Aa：aa ＝ 1：2：1。AA と Aa は丸い種子をつくるので，丸：しわ＝ 3：1 の割合になる。

3 (1) エンドウは被子植物・双子葉類。葉脈は網目状，茎の維管束は輪に並び，根は主根と側根というつくり。

(2) 丸い種子をつくる遺伝子を A，しわの種子をつくる遺伝子を a とすると，しわの種子がもつ遺伝子は aa だが，丸い種子がもつ遺伝子は AA と Aa の2つが考えられる。丸い種子 AA から育てた株のめしべに，しわの種子 aa から育てた株の花粉をかけ合わせると，どれも遺伝子 Aa をもつので，すべての種子は丸である。

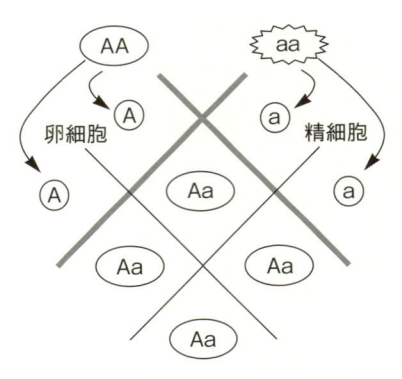

ところが，問題文の実験では，丸い種子としわの種子ができたとある。したがって，丸い種子 Aa から育てた株と，しわの種子 aa から育てた株の花粉のかけ合わせであったことがわかる。Aa と aa のかけ合わせでは，遺伝子 Aa と aa が 1：1 の割合でできるので，丸：しわ＝ 1：1

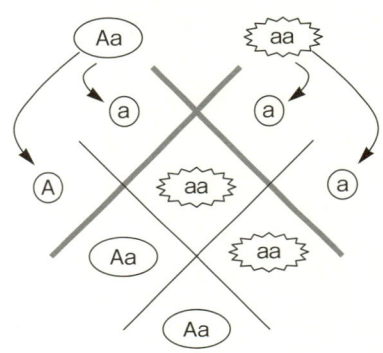

5 生物の変遷

▼練習問題の解答 (p.100)

1 (1) イ　　(2) イ
2 1. (1) ア　　(2) オゾン
　　(3) 進化　　(4) イ
　2. (1) イ→ウ→ア→エ
　　(2) 広範囲が見渡せる目のつき方は，外敵の発見をはやめ，あしは速く長時間走るのに適しているので，肉食動物から身を守るのに都合がよい。
　　(3) 2本足で歩くようになったから。

1 (1) 節足動物のからだは外骨格という固い殻でおおわれている。生活の場は，化石が見つかる場所から泥が堆積する場所と考えられる。

(2) セキツイ動物のなかまで，水中で生活するのが魚類，水辺で生活できる動物が両生類。より陸上の生活に適したからだのつくりに

なったのがハチュウ類。魚類の中から、ひれがあしに変わり、4本のあしをもち、水辺で生活できる両生類が現れた。

2 1. (1) 27億年前から、光合成によって酸素をつくり出す生物が活動した。この生物はラン藻類（シアノバクテリア）と考えられている。

(2) オゾン層は地上約25km付近にある。酸素（O_2）に紫外線が当たるとオゾン（O_3）になる。オゾンが生物に有害な紫外線を吸収するので、生物の陸上進出が可能になった。

(3) 生物が長い年月をかけて変化することを進化という。はじめ生命は海で誕生し、生命の最小単位である細胞1個の生き物（単細胞生物）から多細胞生物に変化し、しだいにからだのつくりが複雑になっていった。

(4) 生物の死がいやからだをつくっていた成分が集まってできた岩石は、石灰岩とチャート。石灰岩は、うすい塩酸にとけて気体（二酸化炭素）が発生する。チャートはとけない（122ページ参照）。

2. (1) 海にすむ無セキツイ動物から魚類が進化した。魚類から進化した両生類が陸上に進出し、両生類から陸上生活に適したハチュウ類が現れ、ハチュウ類から鳥類とホニュウ類が進化した。

(2) ウマのあしは中指1本が大きく発達し、爪はひづめとなり、速く長い距離を走るのに適したつくりになっている。ウマの目は顔の両側についており、広い範囲を見渡すことが可能である。

(3) 2本足で直立歩行するようになり、自由に使えるようになった前あしが、手としてのはたらきをするようになったと考えられる。

第5章 自然と人間

2 土壌動物と分解者

▼練習問題の解答 (p.109)

1 (1) 食物連鎖　(2) A
(3) ① 増加　② 減少　(4) イ
(5) 有機物を無機物に分解する。

1 (1) 自然界の生物どうしの食べる・食べられるという関係を食物連鎖という。

(2) バッタは植物を食べる。そのバッタをカエルが食べ、そのカエルをヘビが食べる。

(3) 食物連鎖では、Bの数が減少すると、Bに食べられていたAは増加する。Bを食べていたCは、エサが減るので減少する。

(4) 個体数はA＞B＞Cの順。食物連鎖（生態ピラミッド）の上位にある生物Cは、個体数が最も少ないが、体が大きいものが多い。

(5) 緑色植物は光合成をして有機物をつくり出す。動物は、直接または間接的にこの有機物をとり入れて生活のエネルギーを得ている。生物の死がいや排出物は有機物である。この有機物を利用して生活している菌類（カビ・キノコ）、細菌類は、有機物を無機物にまで分解している。

2分野 地学

第1章 大地の変化

3 堆積岩とその種類

▼練習問題の解答 (p.125)

1 (1) 堆積岩
  (2) Aの粒は角張っている。
      Bの粒は角がとれて丸みがある。
  (3) 長石　　(4) イ

1 (1)(2) マグマが冷えて固まってできた火成岩は，角張った粒でできている。流水のはたらきで運ばれて，積もって押し固められた堆積岩は，丸っこい粒でできている。

(3) 長石は，すべての火成岩に含まれている白色の鉱物である。

(4) 堆積岩は，粒の直径によってれき岩，砂岩，泥岩に分けられる。砂岩の粒の直径は，2〜1/16mmである。
また，粒の直径による分類とは別に，岩石の成分によって凝灰岩，石灰岩，チャートに分けられる。凝灰岩はおもに火山灰が積もってできたものである。石灰岩とチャートはともに生物の死がいなどが積もってできたものである。石灰岩はうすい塩酸にとけるが，チャートはとけない。

4 地層のなりたち

▼練習問題の解答 (p.132)

1 (1) ウ　(2)（古い順に）い，え，あ，う
  (3) 示相化石　　(4) ア
2 隆起

1 (1) 粒の直径でれき岩，砂岩，泥岩に分類する。砂岩の直径は，2〜1/16mm。

(2) まず，連続して積み上がっているので，下の層ほど古い。また，火山灰は同時期に広範囲に積もるので，火山灰の層を基準にして，各柱状図を見比べる。

(3) 堆積した当時の環境を知る手がかりとなるのは示相化石である。アサリ，ハマグリは浅い海，シジミは淡水（または淡水と海水の混じる場所）であったことを示す。

(4) 火山灰の層に注目する。BとDの柱状図で，火山灰の層に高低差はないことから，南北方向に傾きはない。A，B，Cそれぞれの柱状図で，火山灰の層がA→B→Cの順に地表から深くなっていることから，この地域の地層は，東のほうが低くなるように傾斜していることがわかる。

2 この地域の地層は，下から順に「石灰岩→泥岩→砂岩（途中に凝灰岩）→れき岩」と堆積した。「泥岩＜砂岩＜れき岩」としだいに粒の直径が大きくなっていることから，深い海（粒の小さい泥岩は沖合まで運ばれる）から浅い海（粒の大きいれき岩は河口付近に堆積する）に変化していったことがわかる。よって，隆起し続けた。

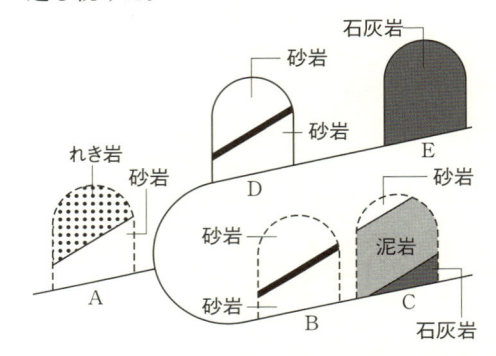

AとBとCは道路側から見ると，右下がりの地層が見られる

5 地震

▼練習問題の解答 (p.141)

1 (1) 14秒　　(2)（下の図を参照）
  (3) 18時24分40秒　　(4) ① ア　② イ

1 (1) C点の主要動の始まりの時刻（18時25分08秒）と初期微動の始まりの時刻（18時24分54秒）の差を求める。

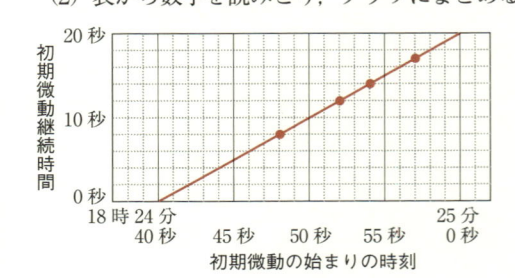

(2) 表から数字を読みとり，グラフにまとめる。

(3) 初期微動を起こすP波，主要動を起こすS波は，震源で同時に発生している。震源の初期微動継続時間はゼロである。(2)のグラフより，初期微動継続時間がゼロのときの初期微動のはじまりの時刻を読みとればよい。

(4) 同時に発生した2つの波は，伝わる速さが違うので，震源から離れるほど2つの波の到達時刻の差が開き，初期微動は長く続く。震源から離れるほど震度は小さくなる。

重点学習 初期微動継続時間と震源距離

▼練習問題の解答 (p.143)

1 (1) Y，主要動　　(2) 初期微動継続時間
(3) 9時15分58秒

1 (1) XはP波で，最初の小さなゆれ（初期微動）を起こす。YはS波で，大きなゆれ（主要動）を起こす。

(2) 小さなゆれが続いた時間を初期微動継続時間という。

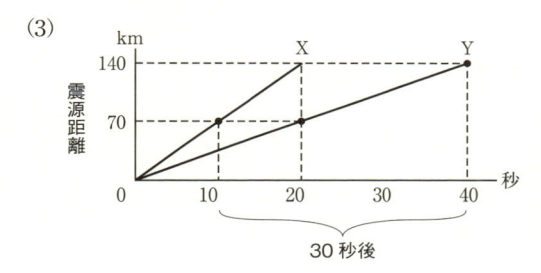

(3)

小さなゆれも大きなゆれも，震源からの距離と時間とが正比例の関係になる。震源からの距離が2倍になれば，ゆれの到達する時間も2倍になる。
震源距離70 kmのPに小さなゆれが起きるのは，地震発生から10秒後，大きなゆれは20秒後に起きている。震源距離がPの2倍（140 km）のQに大きなゆれが起きるのは，$20 \times 2 = 40$〔秒後〕である。Pに小さなゆれが起きてから，30秒後にQに大きなゆれが起きる。9時15分28秒に30秒をたして，9時15分58秒。

第2章 天気とその変化

1 空気中の水蒸気量

▼練習問題の解答 (p.152)

1 (1) 8.7 g
(2) 水蒸気量はだんだんふえた。

1 (1) 14時の気温は22℃，湿度は55％である。飽和水蒸気量の表より，気温22℃のときの飽和水蒸気量は19.4 g/m³であるから，このときの空気1 m³中の水蒸気量は，$19.4 \times 0.55 = 10.67$〔g〕である。よって，空気1 m³中に，あと $19.4 - 10.67 = 8.73$〔g〕の水蒸気を含むことができる。小数第1位まで求めるので，四捨五入して8.7 gが答えとなる。

(2) グラフから，この日の10時から16時までの気温は上昇していることが読みとれる。気温が上がれば飽和水蒸気量も増加する。しかし，湿度はほとんど変化していない。

湿度 = $\dfrac{\text{空気1 m}^3\text{に含まれる水蒸気量}}{\text{その気温における飽和水蒸気量}} \times 100$

分母（飽和水蒸気量）が大きくなったのに，湿度が変わらないということは，分子（空気1 m³に含まれる水蒸気量）も増加していることがわかる。

2 雲のでき方

▼練習問題の解答 (p.156)

1 (1) オ　　(2) 14 g
(3) 空気が下降すると圧縮されて温度が上がり，A地点より低いところでは温度が露点よりも高くなったから。

2 (1) 飽和水蒸気量　　(2) 減少，高く
(3) 膨張，下がる，露点

1 (1) 風向は風が吹いてくる方向であることに注意する。南西の風なら，風向の記号は南西の方角を向く。雨の天気記号は●である。

(2) 図2より，乾球は20℃，湿球は18℃を示しているので，示度の差は2℃である。湿度表より，ヨコ20℃，タテ2℃の湿度を探すと，81％だとわかる。気温は乾球の示す20℃だから，20℃のときの飽和水蒸気量を表2から読みとる。飽和水蒸気量17 g/m³に対して湿度81％だから，
$17 \times 0.81 = 13.77$〔g〕

小数第1位を四捨五入して，14gが答えとなる。

(3) 空気が上昇すると膨張して温度が下がるのとは逆に，空気が下降すると圧縮されて温度が上がる（低いところのほうがまわりの気圧が高いから）。温度が上がると，飽和水蒸気量がふえるので，雲をつくる水滴は水蒸気になり，見えなくなる。

2 (1) ゆげは小さな水滴である。ペットボトルをあたためると，中の空気の飽和水蒸気量は増加し，水滴（ゆげ）は水蒸気となって見えなくなる。

(2) ペットボトルを冷やすと，中の空気に含まれていた水蒸気の一部が水滴となってペットボトルがくもる。くもりが出ることで，中の空気が含む水蒸気量は減少する。一方，湿度はくもりが出たところで100％となる。温度を下げると湿度は上がる。

(3) 雲のでき方を実験で確かめている。空気が上昇すると，まわりの気圧が低いので膨張し，温度が下がる。ピストンを引くことで，丸底フラスコ内の気圧を下げ，空気を膨張させて温度を下げている。温度が下がれば飽和水蒸気量も下がる。露点に達すると，含みきれなくなった水蒸気が水滴となってくもる。

3 気団と前線

▼練習問題の解答 （p.165）

1　エ
2　(1) ウ　　(2) 77%
　　(3) 寒冷，12時〜14時　　(4) イ
3　(1) エ　　(2) ウ
　　(3) 寒冷前線が通過したから。

1 地表付近の風は，高気圧から時計回りに吹き出し，低気圧には反時計回りに吹き込む（北半球の場合）。高気圧の中心付近では下降気流が生じ，低気圧の中心付近では吹き込んだ風が上昇気流をつくる。

2 (1) 9時の記号を見ると，風は南から吹いている（風向の記号が出ている方向）。◎は雲量9, 10のくもりを表す。

(2) 表より，気温30℃のときの飽和水蒸気量は30g/m³。露点が25℃なので，この空気1m³は23gの水蒸気を含んでいる。よって，湿度は，

$\frac{23}{30} \times 100 = 76.66\cdots \fallingdotseq 77$〔％〕

(3) 12時〜14時の間で，南よりの風が北よりの風に変わり，気温が急激に下がっている。これは寒冷前線が通過したことを意味する。

(4) 気温が下がると飽和水蒸気量が下がる。空気が含むことのできる水蒸気量が下がるので，湿度は上昇する（満タンになりやすい）。

3 (1) 前線Xは寒冷前線である。寒冷前線の通過後は激しい雨が降る。風は低気圧の中心に向かって反時計回りに吹くので，A地点では北西の風（北西→南東），B地点では南西の風（南西→北東）が吹く。

(2) 寒冷前線の付近では，はね上げられた暖気が上昇気流となって積乱雲を発達させ，激しい雨を降らせる。

(3) 寒冷前線が通過すると，気温が急激に下がる。また，低気圧が去ったことで，気圧が上がりはじめる。

第3章 地球と宇宙

3 天体の1年の動き

▼練習問題の解答 （p.181）

1　(1) 午後7時　　(2) ウ
　　(3) 10か月後
2　2

1 (1) 南の空の星は「東→南→西」と動いて見える。1時間に15°ずつ動くので，イの位置は午後9時の2時間前に通過している。

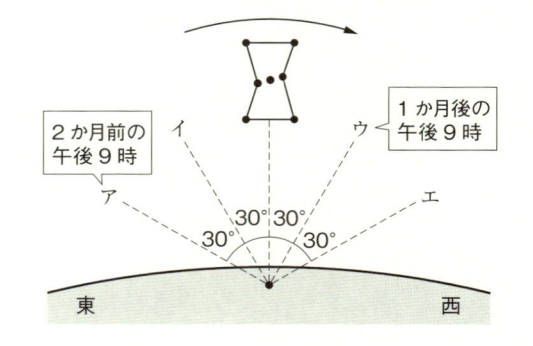

(2) 星を同じ時刻に観察すると，1か月に30°ずつ動いて見える。南の空の星は「東

→南→西」と動くので，1か月後の午後9時には，ウの位置に見える。

(3) アの位置に見えたのは，2か月前のこと。しかし，問いは「何か月後」かを聞いている。12か月で1周して元の位置に戻るので，2か月前の1年後，つまり10か月後の午後9時に，アの位置にくる。

2 北の空の星は，北極星のまわりを反時計回りに動いて見える。ある日の20時にAに見えた。15日後（つまり半月後）の20時には15°反時計回りに動いて見える。15日後の22時はその2時間後なので，さらに $15 \times 2 = 30°$ 反時計回りに動いた位置に見える。

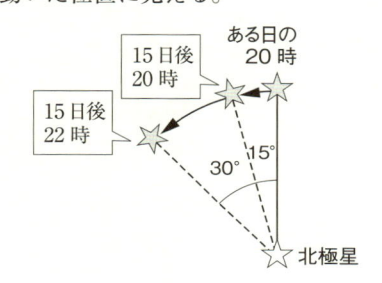

4 昼の長さと季節の変化

▼練習問題の解答（p.185）

1 (1) 春分　(2) イ
2 (1) B　(2)（次ページの図を参照）
　(3) 昼の長さは長くなっていく。

1 (1) 夏至の位置を見つけてから，反時計回りに「夏至→秋分→冬至→春分」と決めていく。

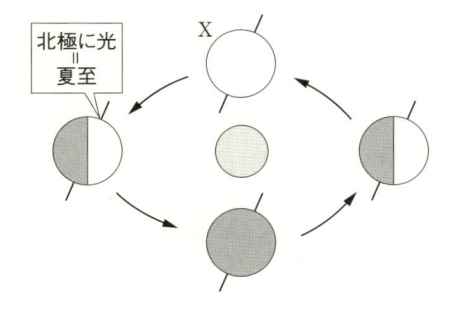

(2) 太陽の光に照らされた左半分が昼，右半分が夜になる。赤道（B）は，昼の長さと夜の長さが同じになっている。北半球（A）では夜のほうが長い。南半球（C）は昼のほうが長い。

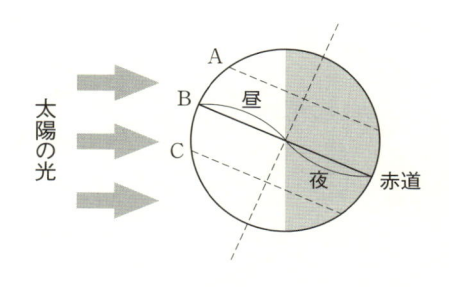

2 (1) 北極に光が当たるように地軸を傾けているAが夏至の位置。反時計回りに「夏至→秋分→冬至→春分」と決めていけば，Bが秋分だとわかる。

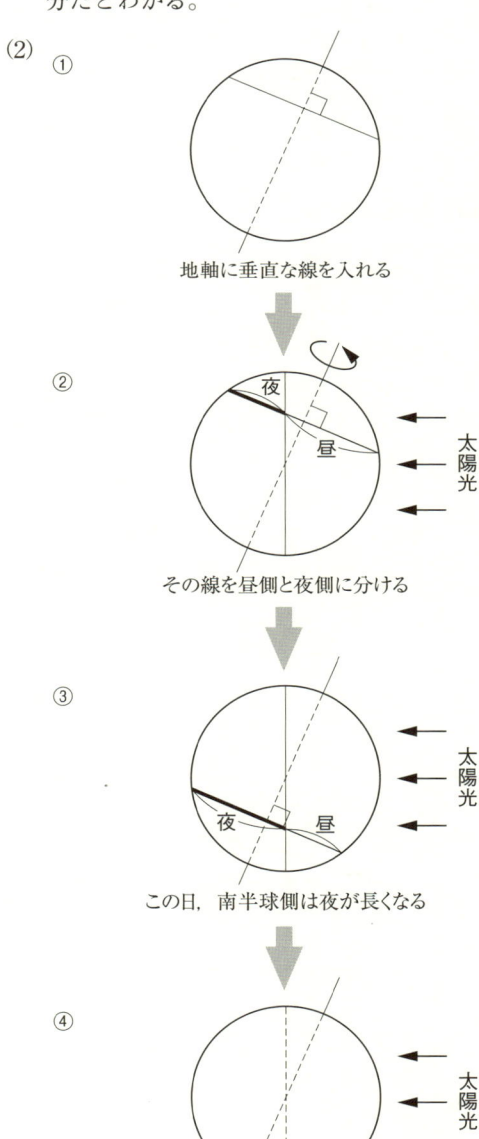

(2)
① 地軸に垂直な線を入れる
② その線を昼側と夜側に分ける
③ この日，南半球側は夜が長くなる
④ 全部が夜になる線の下側

〈正解の図〉

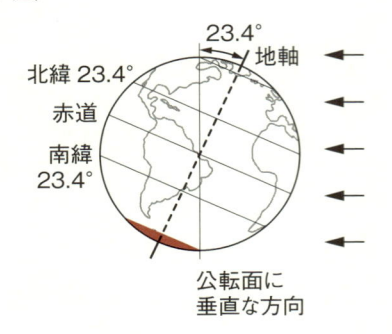

(3) Cは冬至。太陽の南中高度は最も低く、昼も一番短い。C→Dに移動するにしたがって、南中高度は高くなり、昼は長くなっていく（南中高度については次の単元で学習する）。

5 南中高度の求め方

▼練習問題の解答（p.192）

| 1 | (1) 南中高度 | (2) エ |

1 (1) 棒の影が真北を向いたとき、太陽は反対の真南にある（南中）。このとき、棒の先端と影の先端を結んだ直線と影がなす角を南中高度という。

(2) 6月下旬（夏至のころ）の太陽は真西よりも北よりに沈む。影の先端は、図のように東西のラインよりも南側に向かって伸ばしていく。

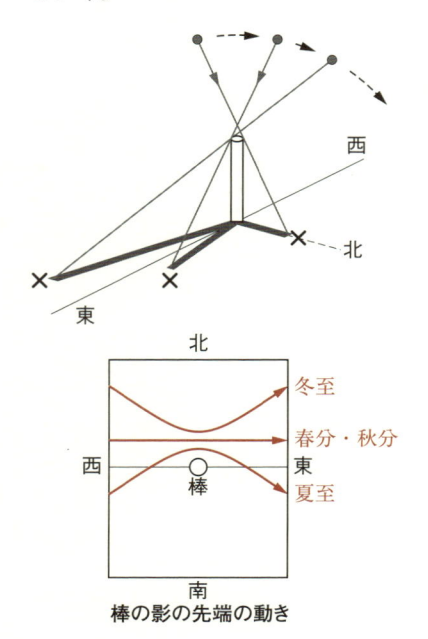

棒の影の先端の動き

6 黄道12星座

▼練習問題の解答（p.196）

| 1 | (1) ア | (2) 黄道 | (3) イ |

1 (1) 北極星は地軸のほぼ延長線上にある。

(2) 天球上の太陽の（見かけの）通り道を黄道という。

(3) 夏至のとき、地球は北極に光が当たるように地軸を傾けている。この3か月後の9月の早朝の南の空であるから、おうし座が見える。

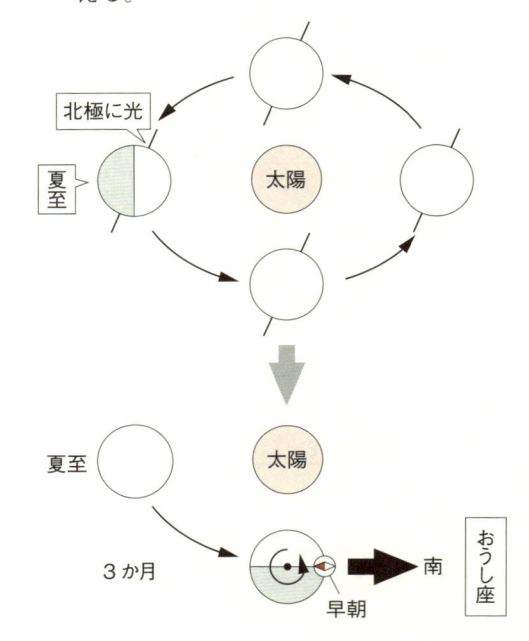

7 金星の満ち欠け

▼練習問題の解答（p.200）

| 1 | (1) b | (2) ア |
| 2 | (1) B | (2) イ |

1 (1) 地球がaまたはcに位置するとき、金星は見えないゾーンに入っている（Sは太陽）。

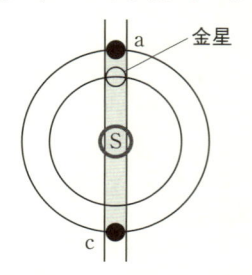

bから見た金星は太陽の左側なので、夕方・西の空に見える。dから見た金星は太陽の

右側なので，明け方・東の空に見える。

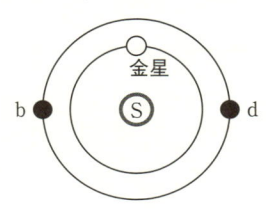

(2) 1年後（365日後），地球は元のbの位置に戻る。金星は225日で1周するので，365日後の金星は，365 = 225 + 140 より，金星は1周半以上回っている。1年後の金星は，bから見て太陽の右側にあるので，明け方・東の空に見える。

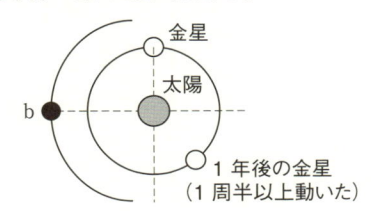

② (1) 金星が半円形に見えるときは，地球から金星軌道に引いた接線上に金星がのるときである。夕方，西に見えたので，金星は太陽の左側。

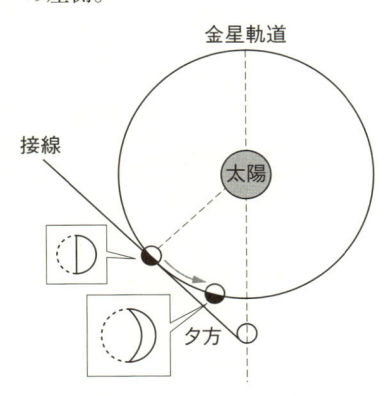

(2) 地球よりも公転周期が短い金星は，地球を「追い越していく」かっこうになる。しだいに近づくことになるので，だんだん大きく見えるようになる。形は三日月に近づいていく。

8 月の見え方

▼ 練習問題の解答 （p.204）

| ① | (1) ウ | (2) ③ | (3) ア | (4) エ |
| ② | (1) B | (2) ア | | |

① (1) 月の公転周期は27.3日で，1回の自転もこれに同じ。月は地球に対して常に同じ面を向けている。

(2) 図1は満月。太陽，地球，月の順に一直線に並んだときが満月。

(3) 満月は，夕方東の空からのぼり，真夜中に南中して，明け方西の空に沈む。満月のときの月は，地球から見て太陽と正反対に位置するので，太陽の日周運動と12時間のズレがある。

(4) 月面から地球を眺めることは難しいので，地球から見た場合に置き換えて考える。「⑥の月から見た地球＝地球から見た②の月」と考える。②の月は，上弦の月と満月の間なので，左側が少し欠けた見え方となる。

② (1) 金星は，内惑星なので真夜中に観測できない。金星が観測できるのは，夕方西の空か明け方東の空のどちらか。図Ⅰで，金星が地球から見て太陽の左のBの位置にあるとき，夕方西の空に観察できる。金星が太陽の右のDの位置にあるとき，明け方東の空に観測できる。地球から見て太陽とほぼ同じ方向にあるAとCのとき，金星は観察できない。

(2) 月が図ⅡのEの位置にあるとき，夕方南中している。公転周期を約4週間とすると，1週間後の月はおよそ90°公転して満月として見える。満月は，夕方東の空からのぼって，真夜中に南中する。夕方に観測するので，東の空に見える。

巻末付録

転写 指示薬と物質の見分け方

〈指示薬〉

指示薬	調べる性質，もの	色の変化
リトマス紙	酸性	青 → 赤
	アルカリ性	赤 → 青
BTB溶液	酸性	黄
	中性	緑
	アルカリ性	青
フェノールフタレイン液	アルカリ性	透明 → 赤
塩化コバルト紙	水	青 → 赤（ピンク）
ヨウ素液	デンプン	青紫色
ベネジクト液	糖	うすい青 → 赤褐色 ※糖が微量のときは，うすい青 → 黄緑色
酢酸カーミン液	核と染色体	赤色に染める

〈物質の見分け方〉

物質	見分け方
金属 （銀，銅，マグネシウムなど）	①みがくと光る　　　③熱や電気をよく通す ②たたくと延びる
水	塩化コバルト紙：青→赤（ピンク）
二酸化炭素	石灰水に通すと白くにごる
酸素	火のついた線香を入れると線香が炎をあげて燃える
水素	炎を近づけるとポッと音を出して水素が燃える
アンモニア	①水に非常によくとけ，水溶液がアルカリ性になる ②刺激臭 ③塩酸をガラス棒につけて近づけると，白い煙（塩化アンモニウム）が発生する
酸性の水溶液 （塩酸，炭酸水など）	①リトマス紙：青→赤 ②BTB溶液：黄 ③フェノールフタレイン液：変化なし（透明のまま） ④金属（マグネシウムや鉄）をとかし，水素が発生
アルカリ性の水溶液 （アンモニア水，石灰水， 水酸化ナトリウム水溶液など）	①リトマス紙：赤→青 ②BTB溶液：青 ③フェノールフタレイン液：透明 → 赤
中性の水溶液 （食塩水，エタノール水など）	①リトマス紙：変化なし ②BTB溶液：緑 ③フェノールフタレイン液：変化なし（透明のまま）

巻末付録

〈震度の階級〉

震　度	ゆ　れ　方
0	（人間）人はゆれを感じない。
1	（人間）屋内にいる人の一部がわずかなゆれを感じる。
2	（人間）屋内にいる人の多くがゆれを感じる。 （屋内の状況）電灯などのつり下げられたものがわずかにゆれる。
3	（人間）屋内にいる人のほとんどがゆれを感じる。 （屋内の状況）棚にある食器類が音をたてることがある。
4	（人間）かなりの恐怖感。ほとんどの人が目を覚ます。 （屋内の状況）つり下げたものは大きくゆれ，棚にある食器類は音をたてる。
5弱	（人間）多くの人が身の安全をはかろうとする。一部の人は行動に支障がでる。 （屋内の状況）つり下げたものは激しくゆれ，棚にある食器類が落ちることがある。
5強	（人間）非常な恐怖を感じる。多くの人が行動に支障を感じる。 （屋内の状況）棚にある食器類等の多くが落ち，重い家具が倒れることがある。
6弱	（人間）立っていることが困難になる。 （屋内の状況）重い家具の多くが移動，転倒。開かなくなるドアが多い。
6強	（人間）立っていることができず，はわないと動くことができない。 （屋内の状況）重い家具のほとんどが移動，転倒。戸が外れて飛ぶことがある。
7	（人間）自分の意志で行動できない。 （屋内の状況）ほとんどの家具が大きく移動し，飛ぶものもある。

（1996年10月以降，震度階級は10段階に分けられた）

巻末付録

もっと理解を深めるために ……… 推薦図書

　理科は今日教えられるような形になるまで，世界中のさまざまな人々の創意工夫や発見，そして誤りの歴史がありました。そして，そうした発見の原動力になったのが，「なぜ」という好奇心でした。単にテキストに書かれてあることを当たり前のこととして受け止めるのではなく，自分自身で疑問をもち，解決していくということが，とても大事なのです。下に紹介をするのは，そうした好奇心を刺激する科学の本です。

　「なぜそうなっているのか」について，人類の好奇心は衰えることなく，今この瞬間も，未来の理科の教科書を書きかえるような，さまざまな発見への挑戦が続いています。みなさんのうちの何人かが，将来，そうした教科書を書きかえるような発見をする人々の隊列に加わるようなことがあれば，こんなにうれしいことはありません。

- ▶『天動説の絵本―てんがうごいていたころのはなし』
  安野光雅著　福音館書店

- ▶『素数ゼミの謎』
  吉村　仁著　文藝春秋

- ▶『ワンダフル・ライフ』
  スティーヴン・ジェイ・グールド著　ハヤカワ文庫

- ▶『ゾウの時間　ネズミの時間―サイズの生物学』
  本川達雄著　中公新書

- ▶『君はレオナルド・ダ・ヴィンチを知っているか』
  布施英利著　ちくまプリマー新書

- ▶『物理学はいかに創られたか』（上・下巻）
  アインシュタイン，インフェルト著　岩波新書

- ▶『ご冗談でしょう，ファインマンさん』（上・下巻）
  リチャード・P・ファインマン著　岩波現代文庫

- ▶『奇妙な論理Ⅰ―だまされやすさの研究』
  マーティン・ガードナー著　ハヤカワ文庫

Q&A この本の使い方に関するQ&A

Q1 定期テスト対策として，どのような活用法がありますか。

A1 まず定期テストの出題範囲を確かめてください。教科書でどこの単元が範囲にあたっているかを確認します。そのうえで，『図でわかる中学理科』の目次ページで対応する単元を探します。目次ページには，学習する学年が書いてありますから，対応の参考になるはずです。

範囲がわかったら，その単元の解説を読み，例題を解き，転写図を転写して再現する。そのうえで，学校の先生が範囲のプリントなどを配っていれば，そうしたプリントに取り組みます。

すでにこの本で基本的な考え方が身についているので，ひとつひとつの内容が関連づけられ，意味もよくわかるはずです。理解しながら学習することで，より大きな効果が期待できます。

Q2 入試対策に使いたいのですが，どのように活用すればよいですか。

A2 「この本の使い方」にそって本書に取り組めば，十分入試に対応できる力がつきます。何度もくり返したうえで，志望校の過去問に取り組めば万全でしょう。

Q3 解説を読んでもよくわからないのですが，どうすればいいですか。

A3 この本は，ただ暗記ポイントを並べるのではなく，なぜそうなるのか（理由や背景），どうしてそうするのか（目的）をわかりやすく解説することで，みなさんが理解しやすいようにつくりました。でも，どうしても理解が及ばないことがあるかもしれません。その場合は，学校や塾の先生に積極的に質問しましょう。

質問することで理解も深まります。

また，全体を通して解説で書かれてあることがどうもわからないという人は，遠回りに思えても，シリーズの『中学国語基礎篇』『中学数学基礎篇』に取り組むことをおすすめします。

この二つの問題集は，各教科の基礎となる「論理を読む力」を養います。そうした基礎があったうえで説明を読むと，理解もぜんぜん違うのです。

湯村幸次郎(ゆむら・こうじろう)

1965年東京生まれ。山形大学理学部物理学科卒。大学時代は、「光物性」を専門としていた。卒業後、塾講師に。中学生に理科を教えるようになって20年以上になる。2003年4月よりZ会進学教室の理科講師として、私立トップ校、公立トップ校をめざす生徒たちを教えている。難しい概念をわかりやすく教え、実際に問題を解けるようにするその指導には定評がある。
E-Mail　yumura_kojiro@yahoo.co.jp

「未来を切り開く学力シリーズ」のホームページ
http://www.bunshun.co.jp/book/gakuryoku/index.htm

協力	小河勝
	室真彦
編集協力	田中幸宏
DTP	浦郷和美
装幀	坂田政則

未来を切り開く学力シリーズ
図でわかる中学理科　2分野（生物・地学）　改訂新版

2010年 2月25日　第1刷
2016年 7月10日　第9刷

著　者	湯村幸次郎
発行者	下山　進
発行所	株式会社 文藝春秋
	東京都千代田区紀尾井町3-23（〒102-8008）
	電話（03）3265-1211
印　刷	大日本印刷
製本所	DNP書籍ファクトリー

・定価はカバーに表示してあります。
・万一、落丁乱丁の場合は送料当社負担でお取替えいたします。
　小社製作部宛お送りください。

©Koujiro Yumura 2010　Printed in Japan　ISBN978-4-16-372240-5